JN094923

改訂版

TRADING BUSINESS

貿易実務
完全バイブル

貿易ビジネスコンサルタント
ジェトロ認定貿易アドバイザー
(現AIBA認定貿易アドバイザー)
黒岩 章
AKIRA KUROIWA

かんき出版

はじめに

貿易取引は、売買契約締結に至るまでの「契約」の段階と、実際に商品を動かして代金決済を行う「実行」の段階に大きく分けることができます。

本書は、『改訂版 はじめての人の貿易入門塾』『改訂版 これならわかる貿易書類入門塾』（いずれも小社刊）のレベルアップ版という位置付けです。すでに貿易実務のプロとして働かれている人、あるいはこれから働き始める人の助けになるよう、「実務の流れ」と「必要な書類の作り方」が一目でわかるようになっています。

Chapter 1 と Chapter 2 で貿易取引の枠組みや売買契約に至るまでの流れを説明しています。とくに、貿易取引を行う際に正しく理解しておくべき規則であるインコタームズについては、規則の説明にとどまらず、具体的な使用方法や実務上の留意点も解説しました。

Chapter 3 から Chapter 6 では、実行段階における各種業務を、輸送、通関、代金決済、保険の切り口に分け、各業務で作成される書類計 53 点を付して業務の内容と流れを説明しました。業務の流れをより正確に理解できるように、インボイス、パッキングリスト、税関輸出入許可証、船荷証券、信用状、為替手形、保険証券などの主要書類のデータをリンクさせています。

貿易取引を取り巻く環境が目まぐるしく変化する中、貿易実務の各手続きも進化を続けています。

私自身まだまだ勉強中の身ですが、私の現在までの実務経験と知識を取りまとめた本書が、新入社員から実務経験者のすべての方々の机上の１冊としてお役に立てることを心より願っております。

2021 年 9 月

黒岩 章

Contents

貿易実務完全バイブル

はじめに …… 003

Chapter 1

貿易取引のしくみ

01-01　貿易取引の主な関係者と業務 …… 012
01-02　貿易取引の形式 …… 014
01-03　貿易取引の当事者 …… 016
01-04　貿易取引書類の役割 …… 018
01-05　貿易の枠組み①　WTO …… 022
01-06　貿易の枠組み②　FTAとEPA …… 024
01-07　貿易に関わる条約や国際的レジーム …… 026
01-08　ウィーン売買条約（CISG） …… 029
01-09　日本の貿易管理の法体系 …… 031
01-10　日本の輸出貿易管理 …… 032
01-11　リスト規制とキャッチオール規制 …… 034
01-12　日本の輸入貿易管理 …… 037

Chapter 2

売買契約の流れと取引条件

02-01 市場調査(マーケティング) 042

02-02 信用調査 044

02-03 取引交渉の流れ 046

02-04 取引交渉の内容 048

02-05 契約書(Contract) 050

02-06 インコタームズ(INCOTERMS) 054

2020年版インコタームズ(Incoterms2020) 056

EXW 工場渡し(Ex Works) 058

FCA 運送人渡し(Free Carrier) 060

CPT 輸送費込み(Carriage Paid To) 062

CIP 輸送費保険料込み(Carriage and Insurance Paid To) 064

DAP 仕向地持込渡し(Delivered At Place) 066

DPU 荷卸込持込渡し(Delivered At Place Unloaded) 068

DDP 関税込持込渡し(Delivered Duty Paid) 070

FAS 船側渡し(Free Alongside Ship) 072

FOB 本船渡し(Free On Board) 074

CFR 運賃込み(Cost and Freight) 076

CIF 運賃保険料込み(Cost Insurance and Freight) 078

02-07 インコタームズ 2010と2020の対比 080

02-08 インコタームズ規則が定めていないこと 082

Chapter 3

輸送のしくみと書類

03-01　海上輸送に使う船の種類 …… 084

定期船

03-02　定期船サービス（Liner Service） …… 086
03-03　海上輸送コンテナの種類 …… 088
03-04　海上輸送コンテナのサイズ …… 090
03-05　コンテナヤード（CY）とコンテナフレートステーション（CFS） …… 092
03-06　FCL貨物とLCL貨物 …… 094
03-07　コンテナ貨物　輸出手続きの流れ …… 096
03-08　コンテナ貨物　輸入手続きの流れ …… 098
03-09　定期船（コンテナ船）のブッキング …… 100
03-10　定期船の運賃 …… 102
03-11　定期船（コンテナ船）の船荷証券 …… 104
03-12　定期船（コンテナ船）の書類 …… 106
03-13　貨物の検数と検量 …… 112
03-14　コンテナデマレージとディテンションチャージ …… 114

不定期船

03-15　不定期船サービス（Tramper Service） …… 116
03-16　不定期船の市場 …… 118
03-17　不定期船（ばら積み船）の運賃 …… 120
03-18　不定期船の用船契約 …… 122

03-19　不定期船貨物の輸出手続きの流れ …… 124
03-20　不定期船貨物の輸入手続きの流れ …… 126
03-21　不定期船（ばら積み船）の書類 …… 128

船荷証券

03-22　船荷証券（Bill of Lading）の機能と条約 …… 137
03-23　船荷証券（B/L）の種類 …… 140
03-24　海上運送状（Sea Waybill） …… 144
03-25　サレンダードB/L（Surrendered B/L） …… 146
03-26　B/Lの危機（B/L Crisis） …… 148
03-27　B/Lの紛失 …… 151

航空輸送

03-28　航空輸送の貨物とスペース …… 152
03-29　航空運賃 …… 154
03-30　直載貨物と混載貨物 …… 156
03-31　航空運送状（Air Waybill） …… 158
03-32　航空輸送の書類 …… 160

複合輸送

03-33　国際複合一貫輸送
（International Multimodal Transport） …… 165
03-34　ロジスティクス …… 167

Chapter 4
通関のしくみと書類

輸出通関

04-01 輸出業務と輸出通関 …… 170

04-02 税関への輸出申告 …… 172

輸入通関

04-03 輸入業務と輸入通関 …… 178

04-04 税関への輸入申告 …… 180

04-05 適正輸入通関 …… 184

04-06 関税率のしくみ …… 187

各種制度

04-07 AEO制度 …… 190

04-08 その他の通関に関わる制度 …… 192

04-09 輸出入通関と貿易手続きの電子化 …… 194

Chapter 5
決済のしくみと書類

外国為替

05-01 外国為替のしくみ …… 196

05-02 外国為替相場 …… 198

05-03 為替先物相場と為替予約 …… 202

05-04 為替変動リスクへの対策 …… 204

代金決済

05-05 代金決済の業務 208

05-06 送金決済 210

05-07 荷為替手形決済のしくみ 212

05-08 信用状(L/C)の機能 213

05-09 信用状統一規則(UCP600) 214

05-10 信用状の点検 216

05-11 信用状付荷為替手形決済(L/C 決済)の流れ 218

05-12 L/C決済の為替手形 220

05-13 信用状の種類 222

05-14 ディスクレパンシー発生時の対応 224

05-15 信用状のない荷為替手形決済(D/P決済、D/A決済)の流れ 226

05-16 D/P決済、D/A決済の為替手形 228

05-17 ネッティング 230

05-18 貿易決済の電子化の動き 232

05-19 輸出ファクタリングとフォーフェイティング 233

貿易金融

05-20 輸出金融と輸入金融 234

船積書類

05-21 船積書類(Shipping Documents) 236

05-22 インボイス(Invoice) 238

05-23 パッキングリスト(Packing List) 240

05-24 原産地証明書(Certificate of Origin) 242

05-25 特定原産地証明書(Certificate of Origin for EPA) 244

05-26 原産地証明の自己申告制度
(自己証明制度／ Self-certification system) 246

05-27 領事査証(VISA)その他の船積書類 248

＊船荷証券はChapter 3を参照　　＊保険証券はChapter 6を参照

Chapter 6

保険のしくみと書類

保険

06-01 貨物海上保険の必要性 252

06-02 貨物海上保険の基本事項と料率 254

06-03 貨物海上保険の基本条件と戦争約款、ストライキ約款 256

06-04 貨物海上保険の保険期間 260

06-05 保険証券(Insurance Policy) 262

06-06 保険の申込み 264

06-07 保険求償の流れ 266

06-08 代位求償 270

06-09 共同海損(General Average) 272

その他の保険

06-10 輸出FOB保険 274

06-11 貿易保険 277

06-12 貿易保険の申込み 278

06-13 生産物賠償責任(PL)保険と企業総合賠償責任(CGL)保険 280

06-14 クレーム(Claim)と解決方法 284

索引 286

貿易取引のしくみ

貿易実務には、さまざまな国の条約や関係者、書類が複雑に関わり合います。本章では、貿易取引の基本的なしくみを押さえ、全体像をつかみます。

Chapter 1

01-01

Trading

貿易取引の主な関係者と業務

貿易取引は、輸出者と輸入者との売買契約から始まり、契約の完結までにさまざまな関係者との業務が発生します。

輸出者と輸入者はさまざまな関係者と折衝を行う

貿易取引は、商品の売手である輸出者と買手である輸入者が売買契約を結ぶことで始まり、お互いに契約上の義務を果たすことで完結します。

輸出者の義務は契約通りに商品を輸入者に引き渡すことであり、輸入者の義務は商品の引取りと代金を支払うことです。貿易実務はこの輸出者と輸入者の義務を果たすために必要な各種業務であり、モノとカネと情報の流れを効率よく進めるために作り上げられてきたしくみといえます。

輸出者と輸入者の業務

輸出者が義務を果たすためには、商品を製造あるいは仕入れて準備するほか、梱包や船積港までの国内輸送・輸出通関手続きを代行する海貨・通関業者、輸出許可審査を行う税関、仕向港までの貨物輸送をする船会社や航空会社などの輸送業者、代金決済業務を引受ける銀行、輸出規制の対象となっている商品であれば許認可を審査する関係省庁など、さまざまな関係者との業務が発生します。

同じく、輸入者が義務を果たすためには、代金決済業務を引受ける銀行、輸入通関手続きや貨物を引取る手続きを代行する海貨・通関業者、輸入審査や関税の徴収を行う税関、貨物保険を引受ける保険会社など多くの関係者との業務が発生します。これら一連の業務が輸出者と輸入者にとっての貿易実務であり、商品、輸送手段、輸送ルート、契約内容などによりさまざまな内容となります。

▶貿易取引の全体像

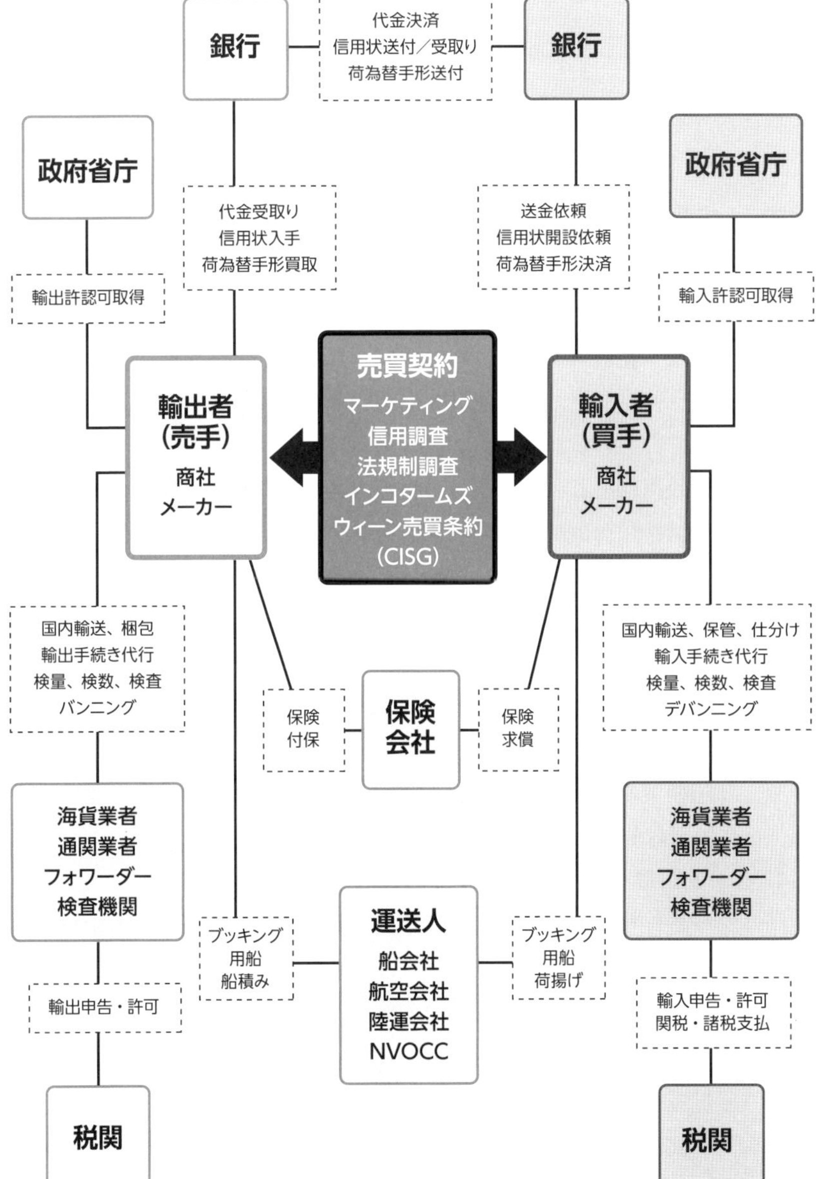
銀行
代金決済
信用状送付／受取り
荷為替手形送付
銀行
政府省庁
代金受取り
信用状入手
荷為替手形買取
送金依頼
信用状開設依頼
荷為替手形決済
政府省庁
輸出許認可取得
輸入許認可取得
売買契約
マーケティング
信用調査
法規制調査
インコタームズ
ウィーン売買条約
(CISG)
輸出者
(売手)
商社
メーカー
輸入者
(買手)
商社
メーカー
国内輸送、梱包
輸出手続き代行
検量、検数、検査
バンニング
国内輸送、保管、仕分け
輸入手続き代行
検量、検数、検査
デバンニング
保険
付保
保険
会社
保険
求償
海貨業者
通関業者
フォワーダー
検査機関
海貨業者
通関業者
フォワーダー
検査機関
ブッキング
用船
船積み
運送人
船会社
航空会社
陸運会社
NVOCC
ブッキング
用船
荷揚げ
輸出申告・許可
輸入申告・許可
関税・諸税支払
税関
税関

01-02

Trading

貿易取引の形式

貿易取引には、本書で取扱う商品の売買取引のほかに、モノの動きを伴わないサービス貿易や投資なども含まれます。

モノの貿易

モノの貿易は、契約当事者や契約形態により分類されています。

» 直接貿易と間接貿易

直接貿易は、製造者（売手）や需要家（買手）が自ら輸出者または輸入者となって海外取引先と直接貿易取引を行う形態です。間接貿易は、貿易商社を介して行う貿易形態です。直接貿易は中間マージンを削減できたり、海外取引先の情報をより接近してつかめるメリットがありますが、貿易取引に係る与信リスク、契約リスク、輸送リスク、為替リスクなど多くのビジネスリスクを負います。間接貿易は貿易商社の広い海外ネットワークを利用して仕入先や販売先情報を取得でき、リスクの多くを貿易商社にヘッジすることができますが、相応の中間マージンの支払いが発生します。

» 仲介貿易

海外A国からB国へ輸出取引を行う貿易取引を日本企業が仲介する形態で、三国間貿易とも呼ばれます。商品はA国からB国へ直送されますが、代金決済は日本の企業が仕入先、販売先とそれぞれ行います。

» 委託加工貿易

海外から原材料を輸入して、国内で加工後に製品として輸出する貿易形態を順委託加工貿易といいます。反対に、海外に原材料を輸出し、加工された製品を輸入する形態を逆委託加工貿易といいます。

» 個人輸入

個人が自己の消費のために海外から小口輸入を行う形態です。

サービスの貿易

サービス貿易の特徴は、モノの移動を伴わないこと、生産と消費が同時に起こるということにあります。WTO 協定の一部であるサービスの貿易に関する一般協定（GATS*）では、サービス貿易を 4 つの取引形態に分類しています。

» 第1モード　国境を超える取引

提供者が自国からサービスを提供する形態で、テレフォンセンターの海外へのアウトソーシングなどがあげられます。

» 第2モード　海外における消費

消費者が提供国に移動してサービスを受ける形態で、海外旅行による消費などがあげられます。

» 第3モード　業務上の拠点を通じてのサービス

提供者が消費国に設けた拠点を通じてサービスを提供する形態で、銀行の海外支店による金融サービスなどがあげられます。

» 第4モード　自然人の移動によるサービス提供

提供者が消費国に移動してサービスを提供する形態で、外国人演奏家によるコンサートなどがあげられます。

▶ サービス貿易の 4 形態

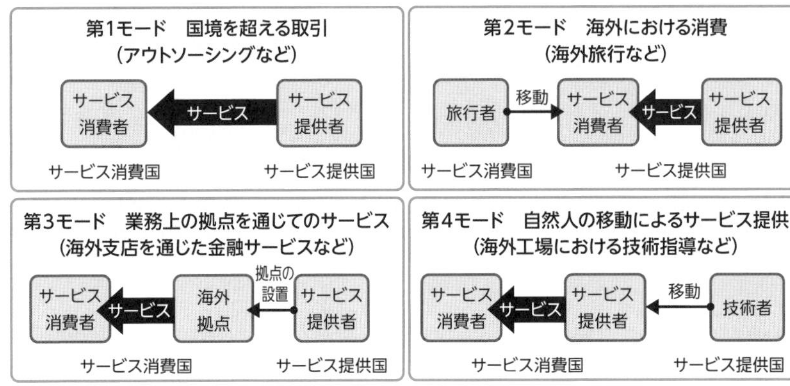

＊ GATS：General Agreement on Trade in Services

01-03

Trading

貿易取引の当事者

貿易取引で発生する危険や損益は本人（Principal）に帰属します。

貿易取引の当事者

モノの貿易取引の当事者は、売買契約を結ぶ輸出者（売手）と輸入者（買手）であり、取引に係る危険や損益は当事者本人（Principal）に帰属します。一般的に輸出者や輸入者は海外の代理店（Agent）と契約したり、販売店（Distributor）を設けてマーケティングや営業活動を行います。

代理店と販売店

代理店は、輸出者や輸入者との代理店契約に基づいて各種活動を行いますが、販売活動に係るリスクや損益はあくまでも本人である売手や買手に帰属します。代理店は、業務の対価として代理店手数料（Agent Commission）を受領します。ある一定の地域を独占して代理店業務を引受ける場合は、総代理店（Sole Agent）または独占代理店（Exclusive Agent）と呼ばれます。

一方、販売店は、販売活動に係るリスクや損益を販売店が負担する契約形態で、売手との販売店契約に基づいて商品を購入して第三者に販売します。販売店は販売価格の設定を自ら行い、その結果生じる損益は販売店に帰属します。大手企業の海外現地法人の多くは、販売店として機能しています。ある一定の地域を独占して販売店業務を引受ける場合は、総販売店（Sole Distributor）または独占販売店（Exclusive Distributor）と呼ばれます。

▶輸出代理店と輸出販売店の概略

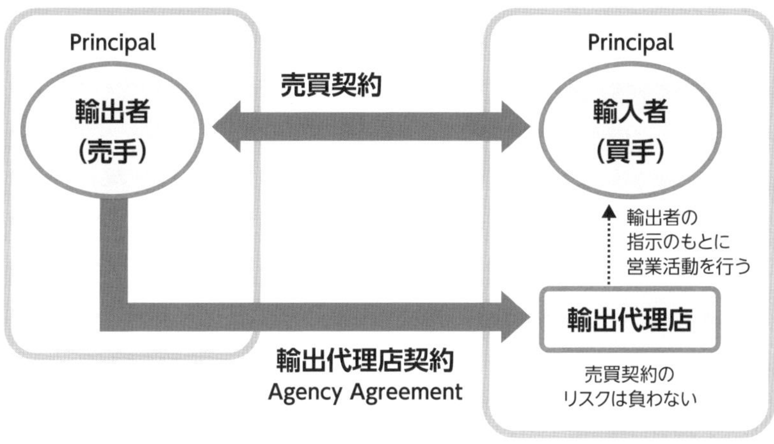
輸出代理店契約
Principal
輸出者
(売手)
売買契約
Principal
輸入者
(買手)
輸出者の
指示のもとに
営業活動を行う
輸出代理店
輸出代理店契約
Agency Agreement
売買契約の
リスクは負わない

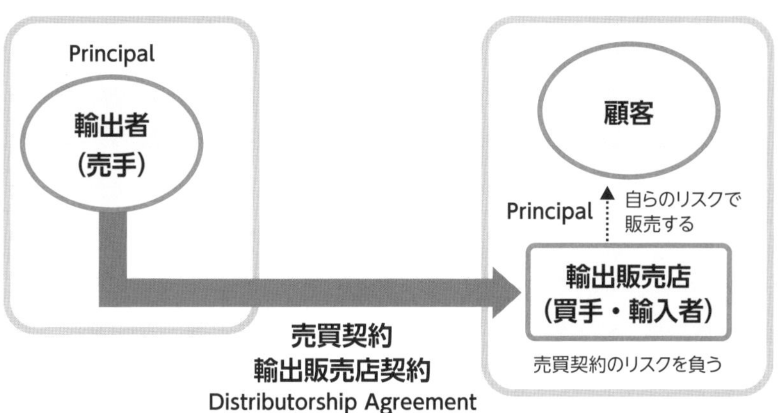
輸出販売店契約
Principal
輸出者
(売手)
顧客
Principal
自らのリスクで
販売する
輸出販売店
(買手・輸入者)
売買契約
輸出販売店契約
Distributorship Agreement
売買契約のリスクを負う

01-04

Trading

貿易取引書類の役割

貿易取引では書類がモノとカネの流れを仲介します。

船積書類(Shipping Documents)

貿易取引では業務を行った証としていろいろな書類が作成されます。輸出者が船積みを行った証拠として輸入者に送り、代金決済の証拠となる書類は船積書類と呼ばれます。船積書類を「モノの代役」として流通させることにより、モノの流れとカネの流れを仲介する役割を果たしています。主な船積書類にはインボイス（P.239)、パッキングリスト（P.241)、原産地証明書（P.243)、保険証券（P.263）などがあげられます。

各業務の書類

船積書類のほかにも、貿易手続きを行う過程では申請書、許可証、証明書、指示書、保証状、報告書などさまざまな書類が作成され、それぞれの役割を果たしています。

» 輸送業務の書類

一般的な書類（重量容積証明書、機器受領書、海上運送状、輸入貨物引取保証状、到着案内)、コンテナ船関係（コンテナロードプラン、ドックレシート、デリバリーオーダー、デバンニングレポート)、在来型貨物船関係（用船契約書、船積指図書、メーツレシート、リマーク消し保証状、荷渡指図書、ボートノート)、航空輸送関係（航空運送状、リリースオーダー）など。

» 通関業務の書類

船積依頼書、輸出入許可通知書（税関)、輸出入承認許可申請書（官公庁）など。

» 決済業務の書類

船積書類、外国送金依頼書、為替手形、信用状など。

» 保険業務の書類

貨物海上保険申込書、クレーム通知書、サーベイレポート、貿易一般保険申込書、賠償責任保険証書など。

▶各業務の書類一覧表

貿易書類一覧

日本語	英語	略称	掲載ページ
契約関係の書類			
輸出承認申請書	EXPORT LICENSE	E/L	36
輸入承認申請書	IMPORT LICENSE	I/L	39
信用調査報告書	CREDIT REPORT		45
オファーシート	OFFER SHEET		47
売買契約書	SALE AND PURCHASE AGREEMENT		51
売約書	SALES NOTE	S/N	52
輸送業務の書類			
海上輸送			
船荷証券（コンテナ船）	BILL OF LADING	B/L	105
船荷証券（用船契約B/L）	CHARTER PARTY B/L	B/L	125、143
船荷証券（受取式・指図式）	BILL OF LADING	B/L	142
船荷証券（船積式・記名式）	BILL OF LADING	B/L	143
海上運送状	SEA WAYBILL	SWB	145
サレンダードB/L	SURRENDERED B/L		147
ブッキング確認書	BOOKING CONFIRMATION		101
B/Lインストラクション	B/L INSTRUCTION	B/I	108
コンテナパッキングリスト（for CLP）	CONTAINER PACKING LIST（for CLP）		109

日本語	英語	略称	掲載ページ
機器受渡書	EQUIPMENT INTERCHANGE RECEIPT	EIR	110
デバンニングレポート	DEVANNING REPORT	D/R	111
重量証明書	CERTIFICATE OF WEIGHT		113
用船契約書	CHARTER PARTY	C/P	130
停泊期間計算書	LAYDAYS STATEMENT	L/S	131
船積指図書	SHIPPING ORDER	S/O	132
メーツレシート	MATE'S RECEIPT	M/R	133
保証状（リマーク消し）	LETTER OF GUARANTEE	L/G	134
荷渡指図書（在来型貨物船）	DELIVERY ORDER	D/O	135
ボートノート	BOAT NOTE	B/N	136
保証状（輸入貨物引渡）	LETTER OF GUARANTEE	L/G	149
航空輸送			
航空運送状	AIR WAYBILL	AWB	159
航空貨物引渡指図書（リリースオーダー）	RELEASE ORDER	R/O	161
請求書（フォワーダー）	DEBIT NOTE		162
到着案内	ARRIVAL NOTICE	A/N	163
荷渡指図書（航空輸送）	DELIVERY ORDER	D/O	164
複合運送証券	COMBINED TRANSPORT BILL OF LADING		166
通関業務の書類			
船積依頼書	SHIPPING INSTRUCTION	S/I	175
輸出許可通知書（NACCS）	EXPORT PERMIT	EP	176
輸入許可通知書（NACCS）	IMPORT PERMIT	IP	182
決済業務の書類			
信用状	LETTER OF CREDIT	L/C	217
為替手形(L/C決済)	BILL OF EXCHANGE	B/E	221
為替手形(D/P、D/A決済)	BILL OF EXCHANGE	B/E	229

日本語	英語	略称	掲載ページ
主な船積書類			
コマーシャルインボイス	COMMERCIAL INVOICE	INV	239
パッキングリスト	PACKING LIST	P/L	241
船荷証券（輸送業務を参照）	BILL OF LADING	B/L	
保険証券（保険業務を参照）	INSURANCE POLICY	I/P	
原産地証明書	CERTIFICATE OF ORIGIN	C/O	243
特定原産地証明書	CERTIFICATE OF ORIGIN FOR EPA	C/O	245
原産地証明 自己証明申告文	TEXT OF THE STATEMENT ON ORIGIN		247
領事査証	VISA		249
各種証明書 （例：船齢証明書）	CERTIFICATE (Ex. CERTIFICATE OF VESSEL'S AGE)		250
保険業務の書類			
保険証券	INSURANCE POLICY	I/P	263
貨物海上保険申込書	APPLICATION FOR MARINE CARGO INSURANCE		265
クレーム通知書	NOTICE OF CLAIM		268
サーベイレポート	SURVEY REPORT		269
貿易保険申込書	APPLICATION FOR TRADE INSURANCE		279
PL保険見積書	ESTIMATION FOR PRODUCTS LIABILITY INSURANCE		282
企業総合賠償責任保険証書	COMPREHENSIVE GENERAL LIABILITY INSURANCE POLICY	CGL	283

01-05

Trading

貿易の枠組み①
WTO

WTOはGATTの多角的貿易体制を受け継いだうえで、さまざまな国際通商ルールを話し合う機関として機能しています。

WTOは貿易管理体制の基盤

保護主義的な経済ブロック化が第2次世界大戦の一因になったとの反省を踏まえて、1948年、貿易の自由化を目指すGATT[*1]（関税及び貿易に関する一般協定）体制が敷かれました。日本は1955年にGATTに加入しました。

GATTは国際機関ではなく暫定組織として運営されていました。その後、GATTのウルグアイ・ラウンド交渉（1986年～1993年）で、貿易管理体制の確固たる基盤の必要性が求められ、マラケシュ協定により常設の国際機関としてWTO[*2]（世界貿易機関）の設立が合意されました。

WTOはGATTの多角的貿易体制を継承しつつ、さらにアンチダンピングやセーフガードなどの貿易ルールの拡充、サービス貿易・知的所有権・投資措置など新しい分野の協定、紛争解決手続の強化など、物品貿易だけではなく包括的な国際通商ルールを協議する機関として機能しています。

WTOに加盟するには、物品やサービスの市場アクセス自由化やWTO協定を順守する国内体制の整備が求められます。

閣僚会議が最高意思決定機関

WTOの最高意思決定機関は閣僚会議で、WTO協定では少なくとも2年に1回は開催することとなっています。

＊1　GATT：General Agreement on Tariffs and Trade
＊2　WTO：World Trade Organization

▶WTOの主要協定の構成

本体	世界貿易機関を設立するマラケシュ協定	
附属書1A	関税および貿易に関する一般協定(1994年のGATT)	GATT
	農業に関する協定	農業協定
	衛生・植物検疫措置の適用に関する協定	SPS協定
	貿易の技術的障害に関する協定	TBT協定
	貿易に関連する投資措置に関する協定	TRIMs協定
	第6条の実施に関する協定(アンチダンピング協定)	アンチダンピング協定
	第7条の実施に関する協定(関税評価協定)	関税評価協定
	船積み前検査に関する協定	PSI協定
	原産地規則に関する協定	原産地協定
	輸入許可手続に関する協定	ライセンシング協定
	補助金および相殺措置に関する協定	補助金協定
	セーフガードに関する協定	セーフガード協定
	貿易円滑化に関する協定	TF協定
附属書1B	サービスの貿易に関する一般協定	GATS
附属書1C	知的所有権の貿易関連の側面に関する協定	TRIPS協定
附属書2	紛争解決に関わる規則及び手続に関する了解	DSU
附属書3	貿易政策検討制度	TPRM

SPS　Agreement on the Application of Sanitary and Phytosanitary Measures
TBT　Agreement on Technical Barriers to Trade
TRIMs　Agreement on Trade-Related Investment Measures
PSI　Agreement on Preshipment Inspection
TF　Agreement on Trade Facilitation
GATS　General Agreement on Trade in Services
TRIPS　Agreement on Trade-Related Aspects of Intellectual Property Rights
DSU　Understanding on Rules and Procedures Governing the Settlement of Disputes
TPRM　The Trade Policy Review Mechanism

出所：WTO、財務省HPより作成

01-06

Trading

貿易の枠組み②
FTAとEPA

FTAやEPAのしくみは企業のグローバル化を推進しています。

自由貿易協定と経済連携協定

貿易の自由化推進はWTOの枠組みによる全体交渉のほかに、特定国間で結ぶ自由貿易協定FTA[*1]や経済連携協定EPA[*2]が行われています。

FTAは、「特定の国や地域の間で物品の関税やサービス貿易の障壁削減・撤廃することを目的とする協定」で、EPAは「貿易の自由化に加え、投資、人の移動、知的財産の保護や競争政策におけるルール作り、さまざまな分野での協力の要素を含む幅広い経済関係の強化を目的とする協定」です。

WTO協定ではすべての加盟国に対して等しく関税をかける最恵国待遇（Most Favored Nation Treatment）の原則がありますが、FTAやEPAは実質上すべての関税撤廃などの一定条件のもとでこの原則の適用を除外し、貿易自由化をさらに推進するためのしくみです。

日本は、経済、外交、政治を含めた広い範囲でのメリットが期待できるEPAの締結を指向しており、日・シンガポールEPA（2002年発効）をはじめ各国とのEPA締結および交渉を行っています。

EPAは主として2国間の協定ですが、複数国間と協定することもでき、世界各地で交渉が行われています。日本が初めて結んだ複数国間のEPAは「日・ASEAN包括的経済連携（AJCEP[*3]）協定」（2008年発効）で、その後もTPP11（2018年発効）、日EU・EPA（2019年発効）と拡大しています。

複数国間で結ぶFTAやEPAは、調達先の自由度を高める効果がありますので、企業のグローバル調達・製造を支えるしくみとなっています。

＊1　FTA：Free Trade Agreement
＊2　EPA：Economic Partnership Agreement
＊3　AJCEP：ASEAN-Japan Comprehensive Economic Partnership

▶FTAとEPAの関係

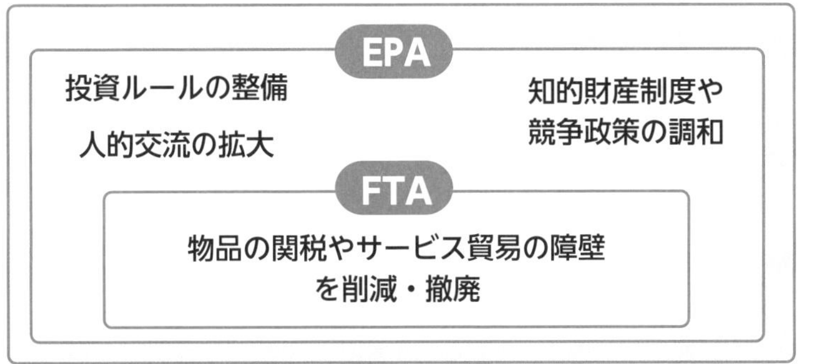

▶EPA協定の活用例と手続き

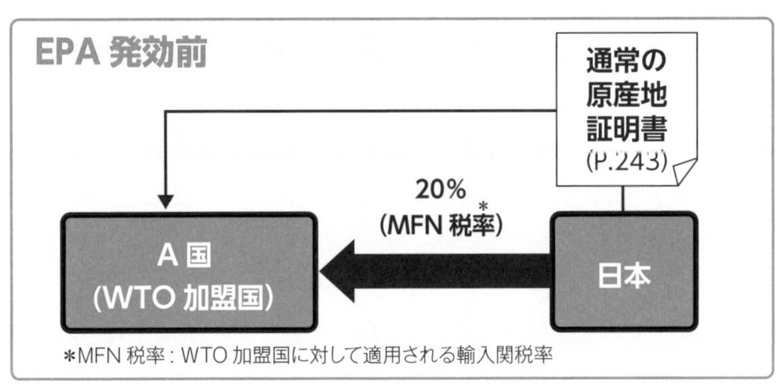

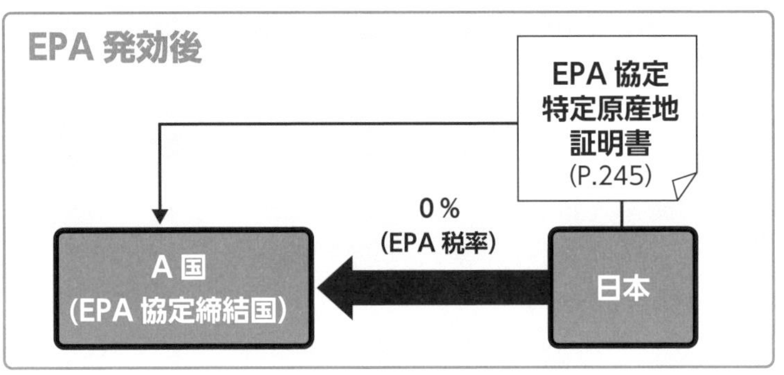

01-07

Trading

貿易に関わる条約や国際的レジーム

地球規模の環境保護や武器の拡散防止の観点から、さまざまな条約や協定が設けられています。

国際条約と規制

貿易の自由化はWTO協定のもとで推進されています。しかし一方で、環境や動植物の保護、あるいは武器の拡散防止や安全保障など、世界規模で管理が必要な事柄については、条約や規制が設けられています。

» ワシントン条約*1

絶滅の危機に瀕する動植物の保護を目的として1975年に発効した条約で、野生動植物の種の絶滅のおそれの程度に応じて附属Ⅰ、Ⅱ、Ⅲを作成して国際取引の規制を行っています。動植物本体に加えて毛皮、ベルト、漢方薬など加工品も、規制の対象となっています。旅行者による帰国時持込みも当然ながら規制の対象で、空港の出国カウンター近くに注意を促すショーケースが見受けられます。

» バーゼル条約*2

有害廃棄物の国境を越える移動及びその処分を規制する条約（1992年発効）で、日本は1992年に国内法として「特定有害廃棄物等の輸出入等の規制に関する法律」（通称バーゼル法）を制定し、1993年に加盟しました。

インボイスに無害な品目を記載したにもかかわらず、実際は有害廃棄物を架空の輸入者宛に輸出するという国際的な不法投棄事件の発生を契機として本条約は制定されました。税関では、このような不正輸出を阻止するため、コンテナ全体をX線検査する装置も導入しています。

» モントリオール議定書*3

オゾン層の保護のためのウィーン条約に基づいて、オゾン層を破壊するおそれのある物質を指定して製造、消費、貿易を規制する国際的な環境保

＊1　CITES：Convention on International Trade in Endangered Species of Wild Fauna and Flora

＊2　Basel Convention on the Control of Transboundary Movements of Hazardous Wastes and their Disposal

護目的の取決めで、1987年に採択されました。

地球の成層圏にあるオゾン層は、地表の動植物にとって有害な波長の太陽紫外線を吸収し生態系の保護に役立っています。このため、電子部品の洗浄剤や消火剤等に使用されていたオゾン層を破壊するおそれのある物質（特定フロン、ハロン、四塩化炭素など）の大気中への排出を抑制するために貿易も規制されているものです。日本の場合は、オゾン層破壊物質の輸出入には経済産業大臣の承認が必要です。

» ワッセナーアレンジメント[*4]

武器や大量破壊兵器転用物の拡散防止を目的とした規制（1996年）で、日本は外為法（輸出貿易管理令）に落とし込んでリスト規制とキャッチオール規制（P.34）を行っています。

▶条約や規制への取り組みや留意点

ワシントン条約

日本で市販されている化粧品を輸出したが、ワシントン条約で規制されているキダチアロエ（付属書 II）が成分に含まれていた事案があります。十分な成分確認を行い、輸出承認を取得する必要があります。

モントリオール議定書

製造メーカーによるフロン類の回収・再利用の促進や、対象機器の引取り、引取った機器のリサイクル等、家電や自動車のリサイクル法の取組みが行われています。

バーゼル条約

再利用を目的とする金属くず（メタルスクラップ）の輸出と輸出申告がなされたが、税関が内容を確認したところ鉛を含有する塩化ビニルで被覆された電線が多量に混入しており輸出は許可されなかった事案があります。

ワッセナーアレンジメント

ミサイルの発射台などに転用されるおそれがあるパワーショベルを中国経由で北朝鮮に輸出しようとした事案や、核兵器開発に転用可能な炭素繊維を中国経由でイランへ不正輸出しようとした事案があります。

＊3　Montreal Protocol on Substances that Deplete the Ozone Layer

＊4　WA：The Wassenaar Arrangement on Export Controls for Conventional Arms and Dual-Use Goods and Technologies

安全保障　貿易管理　国際的な枠組み

	大量破壊兵器				通常兵器
	核兵器	生物・化学兵器		ミサイル	
国際条約	核兵器不拡散条約(NPT)	生物兵器禁止条約(BWC)	化学兵器禁止条約(CWC)	ー	ー
輸出管理レジーム	原子力供給国グループ(NSG)	オーストラリア・グループ(AG)		ミサイル関連技術輸出規制(MTCR)	ワッセナー・アレンジメント(WA)

国際条約：核兵器、生物化学兵器そのものを規制

輸出管理レジーム：大量破壊兵器や通常兵器の開発に用いられる汎用品等を規制

NPT　Nuclear Non-Proliferation Treaty
BWC　Biological Weapons Convention
CWC　Chemical Weapons Convention
NSG　Nuclear Suppliers Group
AG　Australia Group
MTCR　Missile Technology Control Regime
WA　The Wassenaar Arrangement

安全保障　輸出貿易管理　日本の枠組み（外為法とその政省令）

	貨物	技術
法律(国会)	外国為替及び外国貿易法(外為法)	
	第48条	第25条
政令(内閣)	輸出貿易管理令(輸出令)規制品目は別表1に記載	外国為替令(外為令)規制品目は別表に記載
省令・告示(経済産業省)	「輸出貿易管理令別表第1及び外国為替令別表の規定に基づき貨物又は技術を定める省令(貨物等省令)」(貨物および技術の詳細な仕様を記載しています)	
通達(貿易経済協力局)	「輸出貿易管理令の運用について(運用通達)」(語句の解釈について記載しています)	「外為法と外国為替令の規定に基づき許可を要する技術を提供する取引又は行為について(役務通達)」(同左)

（通達名は簡略化しています）

出所：経済産業省 HP、CISTEC 資料より作成

01-08

Trading

ウィーン売買条約 (CISG)

CISG加盟国との貿易取引には、ウィーン売買条約が適用されます。

ウィーン売買条約とは

ウィーン売買条約（CISG*）は国連国際商取引法委員会（UNCITRAL）が制定した国際物品売買契約に関する条約で、1988年に発効しました。日本は2008年8月に加盟、2009年8月1日より本条約が発効しています。

本条約は、前文と本文101条からなる4部構成となっており、貿易取引における売買契約成立の有無と売主・買主の権利義務について定めています。それ以外の事項、たとえば所有権の移転時期などについては売買契約の準拠法に規律されます。

CISGとインコタームズとの関係

この条約は企業間の物品の売買契約に適用されますので、貿易取引相手国が本条約の加盟国であれば条約が適用されます。

一方で、この条約は強制法規ではなく任意法規ですので、契約当事者が合意すれば、本条約の適用を排斥あるいは変更することができます。すなわち、契約当事者がインコタームズ（P.54）の適用を契約書で合意すれば、インコタームズ規定が本条約に優先して適用されます。

ただし、本条約が規定している範囲はインコタームズよりも広いので、契約成立の要件や契約違反に関わる事項などインコタームズの規定外の事項は本条約が適用されます。

インコタームズ採用の表現例

» 貿易条件として表示する

例：CIP Container Terminal, Port of Shanghai, INCOTERMS 2020

＊CISG：United Nations Convention on Contracts for the International Sales of Goods

» 採用合意条項を契約書に入れる

例：The trade terms used in this contract shall be construed and governed by INCOTERMS latest version

CISGと日本の国内法との関係

本条約の規定には日本の民法や商法と異なる点があります。たとえば、契約成立の時期は、日本の民法では承諾の意思表示が発信されたときですが、本条約では承諾の意思表示が申込者に到達したときと規定されています。そのほか、瑕疵担保や契約解除などの規定にも違いがあります。これらの相違点は契約で排除しない限り、本条約の規定が適用されます。

▶ウィーン売買条約（CISG）の概要

第1部	本条約の適用範囲および総則 第1章　適用範囲 第2章　総則
第2部	契約の成立（申し込みの効力発生など）
第3部	物品の売買（売主・買主の権利義務の規定など） 第1章　総則 第2章　売主の義務 第1節　物品の受渡し及び書類の送付 第2節　物品の適合性及び第三者の権利又は請求 第3節　売主による契約違反についての救済 第3章　買主の義務 第1節　代金の支払 第2節　引渡しの受領 第3節　買主による契約違反についての救済 第4章　危険の移転 第5章　売主及び買主の義務に共通する規定 第1節　履行期前の違反及び分割履行契約 第2節　損害賠償 第3節　利息 第4節　免責 第5節　解除の効果 第6節　物品の保存
第4部	最終規定（条約の締結、効力発生、廃棄等の規定）

01-09

Trading

日本の貿易管理の法体系

外為法が基本となり、各種法律により詳細が規定されています。

外為法と関税関係法令3法

日本の貿易管理は、「外国為替及び外国貿易法」（通称外為法）が基本法となり、外為法下の政令である「輸出貿易管理令」「輸入貿易管理令」および「外国為替令」にて具体的な輸出入貿易の規制が定められています。また、外為法のほかにも食品衛生法などの輸出入関連法が定められています。

輸出入通関に関する諸手続きや関税については、関税関係法令３法（「関税法」「関税定率法」「関税暫定措置法」）が定められています。関税法では、関税関係法令以外の輸出入に関する許可・承認を定める法令（外為法も含む）は他法令と呼んでおり、他法令で規制を受ける商品を輸出入しようとする場合は、税関手続きを行う前に、その法律を管轄する省庁より許認可を受けておく必要があります。

▶日本の貿易管理　法体系

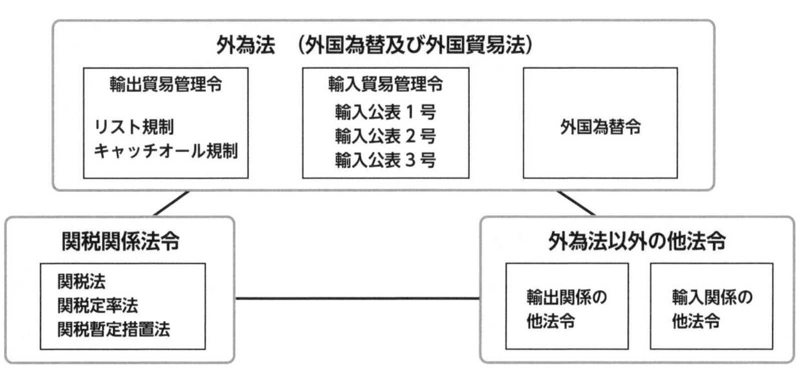

01-10

Trading

日本の輸出貿易管理

日本からの輸出は、輸出貿易管理令と外国為替令を中心に管理されています。

外為法の輸出貿易管理令による貨物輸出の管理

外為法の輸出貿易管理令では、輸出に際し許可あるいは承認を必要とする品目を規定しており、別表1と別表2としてリストアップしています。

別表1は大量破壊兵器や通常兵器の輸出を規制する内容で、輸出に際しては経済産業大臣の許可を取得する必要があります。別表1の第1項から第15項にはリスト規制品が記載され第16項にキャッチオール規制(P.34)が規定されています。

別表2にはワシントン条約やバーゼル条約など国際的に管理されている品目や日本の産業保護を目的とした品目などが規定されており、輸出に際しては経済産業大臣の承認を取得する必要があります。

外為法の外国為替令による技術提供の管理

外国為替令は、外国において技術を提供する行為や、国内において非居住者に技術を提供する行為に対して、許可あるいは承認を必要とする技術(プログラムの概念も含む)を規定しています。規制される技術は、外国為替令別表の第1項から第15項にリスト規制技術が記載され、第16項にキャッチオール規制が規定されています。

その他の輸出入関連法による管理

外為法のほかに、不公正な輸出取引の防止を目的として相手国の工業所有権や著作権を侵害する貨物や虚偽の原産地を表示した貨物など不正な輸出取引を禁止する輸出入取引法(経済産業省)や、文化財保護法(文化庁)、植物防疫法(農林水産省)など各種法律が制定されています。

▶貨物の輸出

貨物が日本から外国に出ていくこと。
送出す「形態」「理由」「価格」は問いません。

- 貨物輸出の例
  - ・商取引でコンテナ船で輸送（典型的な輸出）
  - ・サンプル品を無償で海外に郵送した。
  - ・輸入した商品を返品するために返送した。
  - ・海外子会社の工場へ修理部品を送付した。
  - ・個人旅行で手荷物を持出した。
- 貨物輸出の時点
  - ・船舶への船積み、航空機への搭載の時点。

▶技術の提供

①技術を外国で提供すること。
　相手は居住者、非居住者を問わず、誰でも対象。
②技術を日本国内で、非居住者に提供すること。

- 技術提供の例
  - ・海外オフィスで日本人出向者に設計図を渡した。
  - ・オンラインストレージに保管した技術を海外でダウンロードさせた。
  - ・海外駐在員の一時帰国時に技術情報を渡した。
- 居住者、非居住者の判定

	個人		法人等 (法人、団体、機関等)
	本邦人(日本人)	外国人	
居住者	・日本に居住する者 ・在外日本公館に勤務する者	・日本の事務所に勤務する者 ・日本に入国後6カ月以上経過した者	・日本にある法人等 ・外国法人等の日本の支店、出張所その他の事務所 ・日本にある在外公館
非居住者	・外国にある事務所*に勤務する者 ・2年以上外国に滞在する目的で出国した者 ・同目的で出国し、2年以上外国に滞在する者 ・上記の者で、一時帰国し、その滞在期間が6カ月未満の者	・外国に居住する者 ・外国政府又は国際機関の公務を帯びる者 ・外交官又は領事館及び随員又は使用人。ただし、外国において任命又は雇用された者に限る。	・外国にある外国法人等 ・日本の法人等の外国にある支店、出張所その他の事務所 ・日本にある外国政府の公館及び国際機関 ・合衆国軍隊等及び国際連合の軍隊等とその構成員/家族/販売機関等

＊事務所：本邦法人の海外支店等及び現地法人並びに国際機関を含む。
＊家族の居住性：同居・同一生計家族の居住性は、当該居住者又は非居住者の居住性に従う。

（出所：財務省 HP より作成）

01-11

Trading

リスト規制とキャッチオール規制

日本の輸出安全保障貿易は、リスト規制と、それを補完するキャッチオール規制の２段構えで管理されています。

輸出安全保障貿易管理体制

日本の輸出安全保障貿易管理は、貨物の輸出については輸出貿易管理令にて、技術の提供については外国為替令にて規制されています。

» リスト規制（List Control）

輸出しようとする貨物や提供しようとする技術の仕様をリスト化して規制する制度で、貨物が輸出貿易管理令別表１の第１～15項に該当する場合、および技術が外国為替令別表の第１～15項に該当する場合には、経済産業大臣の許可を必要とする制度です。本規制は世界全地域向けを対象としており、輸出先が自社の海外工場や日系企業であっても規制対象となります。

» キャッチオール規制（Catch-all Control/End-use Control）

キャッチオール規制はリスト規制を補完するしくみで、リスト規制対象外のすべての貨物と技術を対象として、大量破壊兵器や通常兵器の開発等に用いられる可能性のある需要者および国や地域向けの輸出を規制しています。この規制に該当する要件には次の２通りがあります。

1　インフォーム要件（経済産業省の判断）

経済産業省から許可を取得するよう通知を受けた場合に適用されます。

2　客観要件（輸出者の判断）

① 用途要件：輸入先において大量破壊兵器や通常兵器の開発等*に用いられるおそれがあると輸出者が判断した場合に許可を取得します。

② 需要者要件：輸入者や需要者が大量破壊兵器や通常兵器の開発等を行う（行っていた）と輸出者が判断した場合に許可を取得します。

＊ 開発、製造、使用もしくは貯蔵

なお、明らかに大量破壊兵器や通常兵器の開発には用いられない食料品や木材等はキャッチオール規制の対象外となっています。

▶日本の安全保障貿易管理制度の概略

	リスト規制	キャッチオール規制		
		大量破壊兵器	通常兵器	
規制対象品目	政令で定める品目：武器、原子力、化学兵器、生物兵器、ミサイル、先端材料、材料加工、エレクトロニクス、電子計算機、通信、センサ、航法装置、海洋関連、推進装置など	リスト規制品目以外の全品目（食品、木材を除く）	リスト規制品目以外の全品目（食品、木材を除く）	リスト規制品目以外の全品目（食品、木材を除く）
規制対象地域	全地域	グループA[*1]を除く全地域	国連武器禁輸国[*2]	グループAの国と国連武器禁輸国を除くすべての国[*3]
許可が必要となる要件	—	1, インフォーム要件 2, 客観要件①②	1, インフォーム要件 2, 客観要件①	1, インフォーム要件

＊1　グループA（旧ホワイト国）：国際輸出管理各レジームに参加し、輸出管理を実施している国（輸出貿易管理令別表第3の国：アメリカ合衆国、オーストラリア、カナダ、フランスなど）

＊2　国連武器禁輸国・地域（「輸出貿易管理令別表第３の２」の地域）：国連安全保障理事会の決議により、武器輸出が禁止されている国（アフガニスタン、リビア、北朝鮮など）

＊3　グループＡの国と国連武器禁輸国を除くすべての国（中国、ロシア、トルコなど）

▶輸出　キャッチオール規制　汎用品の軍事用への転換例

品目	民生用途	軍事懸念用途
炭素繊維	ゴルフクラブ、航空機部品	ミサイル部品
冷凍凍結乾燥機	インスタントコーヒー製造器	細菌の保存
工作機械	自動車部品製造	ウラン濃縮用遠心分離機製造

出所：経済産業省HPより作成

▶輸出承認申請書（Export License）の例

別表第一の二

根拠法規	輸出貿易管理規則第１条第１項第２号
主務官庁	経　済　産　業　省

輸出承認申請書

経済産業大臣又は＿＿＿＿＿＿税関長殿

※承認番号	EL（15-A）-000××
※有効期限	20××年12月25日

申請者　かんき商事株式会社

記名押印又は署名　代表取締役 黒岩 章　（代表者印）

住所　東京都中央区日本橋1-1-××

申請年月日　20××年3月10日

電話番号　03-3262-801×

次の輸出の承認を輸出貿易管理令第２条第１項第１号の規定により申請します。

取引の明細

(1) 買主名　DILLON CORPORATION　　住所　20×× ATLANTIC STREET, STAMFORD, CT, 0690 U.S.A.

(2) 荷受人　買主に同じ　　住所　買主に同じ

(3) 仕向地　U.S.A.　　経由地　DIRECT

(4) 商品内容明細

商品名	型及び等級	輸出貿易管理令別表第２貨物番号	単位	数量	価額 単価	価額 総額
COSMETICS ①FACIAL CREAM （商品名） （ALOE ARBORESCENS） （学術名）		36	No. <g>	10,000 <0.003>	¥500	FCA JAPAN ¥5,000,000
②LIPSTICK （ALOE ARBORESCENS）				5,000 <0.002>	¥800	¥4,000,000
<CONTENT OF ALOE ARBORESCENS>				計 15,000 <0.005>		計 ¥9,000,000

（ただし、数量及び総額が＿××＿%増加することがある。）

※承認又は不承認

この輸出承認申請は、｛外国為替及び外国貿易法第６７条第１項／輸出貿易管理令第２条第１項第１号（及び第　号）／輸出貿易管理令第８条第２項｝の規定により

承認	する。
~~承認~~	~~しない。~~
~~次の条件を付して~~	~~承認する。~~

条件

経済産業大臣又は税関長の記名押印

日付　20××年3月25日

資格　経済産業大臣

記名押印　○○××　（経済産業大臣印）

出所：経済産業省のHP をもとに作成

01-12

Trading

日本の輸入貿易管理

日本への輸入は、輸入貿易管理令で管理されています。

外為法、輸入貿易管理令による管理

輸入貿易管理令では、輸入に際し承認あるいは確認を必要とする品目を規定しており、輸入公表第一号、第二号、第三号としてリストアップしています。

» 輸入公表第一号（輸入割当制度　IQ*品目）

輸入量の制限を行う非自由化品目として輸入割当品目を規定しており、輸入に際しては経済産業大臣の割当・承認を取得する必要があります。たらこ、のりなどの水産物や国際協定であるモントリオール議定書附属書に定められている規制物質などがリストされています。

» 輸入公表第二号（原産地・船積規制制度）

特定の原産地または船積地域からの特定貨物を規定する「2号承認」と原産地や船積地域にかかわらず特定の貨物を規定する「2の2号承認」があり、いずれも輸入に際しては経済産業大臣の承認を取得する必要があります。前者には中国、北朝鮮および台湾を原産地または船積地域とするさけ、ます、並びにこれらの調製品など、後者にはワシントン条約附属書Ⅰに掲げる動植物などがリストされています。

» 輸入公表第三号（事前確認・通関時確認制度）

輸入前に所轄大臣の確認が必要な事前確認品目と、輸入通関時に税関で確認を受ける通関時確認品目を規定しています。前者には文化財（文化庁）、後者には農薬などがリストされています。

＊IQ：Import Quota

関税関連法による管理

関税法では、覚せい剤、けん銃、有価証券の偽造品、特許権や実用新案権などの知的財産権を侵害する物品などの輸入が禁止されています。

その他の輸出入関連法による管理

上記法令のほかにも、薬事法、植物防疫法など多くの法律においても輸入が禁止あるいは検疫や許可・登録が必要なものがあります。

▶輸入関係他法令

法令名	主な品目	主管省庁
外国為替及び外国貿易法 輸入貿易管理令	輸入割当品目（にしん等） 輸入制限品目（鯨等）事前確認品目（ワクチン等）	経済産業省
鳥獣の保護及び狩猟の適正化に関する法律	鳥及びその加工品、獣及びその加工品、鳥類の卵	環境省
銃砲刀剣類所持等取締法	けん銃、小銃、機関銃、猟銃、空気銃等	警察庁
印紙等模造取締法	印紙に紛らわしい外観を有するもの	国税庁
毒物及び劇物取締法	毒物、劇物	厚生労働省
大麻取締法	大麻草、大麻草製品	
覚せい剤取締法	覚せい剤、覚せい剤原料	
麻薬及び向精神薬取締法	麻薬、向精神薬、麻薬等原料	
あへん法	あへん、けしがら	
薬事法	医薬品、医薬部外品、化粧品、医療機器など	厚生労働省　農林水産省
水産資源保護法	こい、きんぎょその他のふな属魚類	農林水産省
肥料取締法	肥料	
農薬取締法	農薬	
砂糖及びでん粉の価格調整に関する法律	砂糖、でん粉	
加工原料乳生産者補給金等暫定措置法	バター、脱脂粉乳、練乳等	
主要食糧の需給及び価格の安定に関する法律	米、米粉、もち、米飯、大麦、小麦など	
火薬類取締法	火薬、爆薬、火工品（導火線等）	経済産業省
高圧ガス保安法	高圧ガス	
化学物質の審査及び製造等の規制に関する法律	化学物質	
石油の備蓄の確保等に関する法律	石油、揮発油、灯油及び軽油	
郵便切手類模造等取締法	郵便切手類に紛らわしい外観を有するもの	総務省
アルコール事業法	アルコール分 90 度以上のアルコール	経済産業省
食品衛生法	すべての飲食物、添加物、食器、容器包装、おもちゃ等	厚生労働省
植物防疫法	植物（顕花植物、しだ類又はせんたい類に属する植物）	農林水産省
狂犬病予防法	犬、猫、あらいぐま、きつね、スカンク	
家畜伝染病予防法	馬、鶏、あひるなど及びこれらの動物の肉、ソーセージ、ハム等	
感染症の予防及び感染症の患者に対する医療に関する法律	エボラウイルス、炭疽菌、ボツリヌス毒素等	厚生労働省
特定外来生物による生態系等に係る被害の防止に関する法律	ブラックバス、カミツキガメ等	環境省

*「他法令」：関税関係以外の法令で、輸出又は輸入に関して許可承認等を定めたもの。

▶輸入承認申請書(Import License)の例

別表第一
T2010

根拠法規	輸入貿易管理規則
主務官庁	経済産業省

輸入（承認・~~割当~~）申請書

申請者名 かんき商事株式会社　　記名押印又は署名 黒岩 章 （代表者印）

住　所 東京都中央区日本橋1-1-××　　資　格 代表取締役

電話番号 03-3262-801×　　申請年月日 20××年1月8日

次の（△輸入の承認を輸入貿易管理令第4条第1項 / ~~△輸入割当てを輸入貿易管理令第9条第1項~~）の規定に基づき申請します。

I　申請の明細

1 関税率表の番号等	2 商品名	3 型及び銘柄	4 原産地	5 船積地域（船積港）	数量及び単位（金額）
93.04	救命索発射装置	RESCUELIFE	U.S.A	U.S.A	100 SETS. 総額(US$)
備考					

II　輸入割当て

※割当数量及び単位（割当額）

※証明書番号

※期間満了日

※上記Iの輸入は、輸入貿易管理令第9条第1項の規定に基づき、IIの数量及び単位を　割り当てる　・　割り当てない　・　次の条件を付して割り当てる

※経済産業大臣の条件の付与又は特別の有効期間の設定

上記「I 申請の明細」欄中 | 1 | 2 | | | | の記載事項は、経済産業大臣の承認を受けなければ変更することができない。

III　輸入の承認

輸入割当証明書の日付及び番号

※承認番号 IL(15-2TA)-900×××（輸入承認番号）

※延長後有効期間満了日

※有効期間満了日 20××年 9月30日（有効期限）

※上記Iの輸入は、輸入貿易管理令第4条第1項の規定に基づき

承認する
~~承認しない~~
~~次の条件を付して承認する~~

※条　件

経済産業大臣の記名押印（輸入割当て）

日　付

資　格

記名押印

経済産業大臣又は税関長の記名押印（輸入の承認）

日　付 20××年 1月20日

資　格 経済産業大臣

記名押印 ○○××

（経済産業大臣印）

出所：経済産業省のHPをもとに作成

売買契約
の流れと取引条件

この章では、貿易取引の前半ステージである
売買契約締結までの流れとともに、
基本的な貿易取引規則であるインコタームズ
とその使用方法を解説します。

02-01

Trading

市場調査（マーケティング）

マーケティングの主な要素は４つのＰです。

市場と商品のマッチングを探る

マーケティングは、ターゲットとする市場と商品のマッチングを探る作業で、顧客のニーズや嗜好の調査、顧客層の購買力に見合った適切な価格戦略の策定、ニーズに合った商品の調達や開発、商品の宣伝活動、ブランド戦略、最適販売ルートの調査などを行います。このように多くの要素を複合的に検討することをマーケティングミックスと呼んでいます。

▶マーケティング４Ｐ

Products（商品計画）	Price（価格）	Promotion（販売促進）	Place（流通）
品質 デザイン 性能 ブランド	定価 割引 支払い期限	広告 販促グッズ 特典	流通チャンネル 店舗立地 在庫、配送

輸出のマーケティング

輸出のマーケティングでは、ターゲット市場は海外になりますので、その国の風土、気候、文化、政治、人口、一人当たりGDP、宗教など、基本的な情報に始まり、発展途上国であれば今どの段階にあるか、など商品の特性に応じた各種情報を収集し、戦略を練ることとなります。

輸入のマーケティング

輸入のマーケティングでは、ターゲット市場は日本ですので、法規制、国内市場規模、消費者動向や嗜好、競合商品、販売ルートなどの調査を行います。

近年多くの企業は、世界規模で事業展開を行っており、資源や材料の調達、人件費や労働の質などを考慮した最適製造地の選定、FTAやEPA（P.24）による規制緩和の活用など、複合的な調達・製造・販売戦略を策定しています。

たとえば、インドネシアやベトナムで製造した部品をFTAにより無税でタイへ輸入し、タイで製造した製品を日本に輸入する、といった地域をまたがった展開が行われています。今後ともマーケティングのグローバル化はますます活発になるものと考えられます。

また、マーケティングの時点でその商品の輸出入についての法規制や、輸入国で流通する際に受ける各種規制の有無を調査しておきます。

取引先探しの方法

貿易取引の相手探しは、海外に多くの現地法人や支店を持つ商社を通して探せば効率よく作業を進められますが、商社への手数料が発生します。このように商社を介した間接貿易ではなく、直接貿易を狙うのであれば、コンサルティング会社の利用、ジェトロや相手国の在日大使館などの機関への照会、その商品の業界紙やインターネットなど広告媒体を通じて検索するなどの方法が考えられます。ジェトロには世界各国の会社概要が記載されたダイレクトリー（企業便覧）もあり、取扱品目なども検索できます。自社の能力や商品の特性などを考慮して効率のよい方法を選択することとなります。

国際見本市、展示会

各業界で実施されている国際見本市や展示会は、多くの売手と買手候補が一堂に会しますので、取引先探しや商品情報の収集に有効な場となっています。売手企業はブースを構えて自社製品のサンプル展示や紹介を行います。ブースの一角に商談コーナーを設置して展示会の場で商談を成立させる場合もあります。

02-02

Trading

信用調査

取引先の信頼度は、貿易取引の大きなカギとなります。

取引先の信用調査の方法

取引先信用度の調査は、取引先の訪問面談、取引銀行への照会、業界内での情報収集、専門調査機関への調査依頼などいろいろな方法を織り交ぜて行います。中でも、専門調査機関による調査は、客観的な情報や評価を迅速に取得できますので、費用はかかりますが、広く利用されています。信用調査機関は世界各国にありますが、ダンレポートの名で知られる米国のDun & Bradstreet社が海外企業の調査に広く利用されています。

信用調査報告書

信用調査報告書は、各調査機関がそれぞれの特色を出した書式で作成しています。信用調査報告書には、会社の沿革、規模、主要株主といった基本情報、業界での位置や業歴などの営業情報、手元資金や借入状況などの財務情報、そのほかに安定性、成長性、経営者の資質など、多くの項目について調査機関による独自の評価が記載されます。また、項目ごと評価や総合評価を点数で表し、わかりやすくするしくみも施されています。

カントリーリスク

貿易取引では、取引先の信用度とは別の次元で、取引相手国の政治や経済状態により商品代金や投資資金の回収ができなくなるカントリーリスク（P.277）があります。その国と取引を行う以上、カントリーリスクは避けられませんが、取引を開始するにあたり考慮する必要があります。カントリーリスクの格付けはOECDや民間格付会社が行っています。

▶信用調査報告書

JAPAN RESEARCH CORP. 信用調査　JRC REPORT

商　号	かんき商事株式会社	代表者	黒岩　章
所在地	東京都中央区日本橋 1-xx	電話番号	03-3282-12XX
		F A X	03-3282-13XX
資本金	100,000千円		
主要株主	M製造所、麹町商事		
従業員数	150人		
設立	昭和51年4月		
系列・沿革	昭和51年4月、M製造所（株）の商事部門子会社として設立…………		
事業内容	鉄鋼製品、建設機械、産業機械及び関連商品の輸出入販売		
主要仕入先取引先	M製造所、MI商事、朝海商事		
取引銀行	日本橋銀行		
取引状況	長期借入金　1,000,000千円　短期借入金　0　固定預金　0　割引手形　0		

業績推移	決算期	平成24年3月	平成25年3月	平成26年3月	(単位) 千円
	売上高	2,500,000	3,000,000	3,500,000	
	営業利益	220,000	300,000	350,000	
	経常利益	180,000	220,000	250,000	
	当期純利益	108,000	140,000	180,000	

評　価					
	規模 (15)	業歴 (15)	資金 (15)	安定性 (15)	成長性 (15)
	10	10	8	12	12
	経営者能力 (15)	総合評価 (10)	合計 (100)		
	12	8	72		
所　見	M製造所の子会社として経営基盤は安定しており、近年は輸出を活発に………堅実な経営が行われている。				

評価ランク		合計点
A	優良	80 ～ 100
B	良好	60 ～ 79
C	可	45 ～ 59
D	要注意	30 ～ 44
E	警戒	29 以下

規模	年間売上高や従業員数など企業の規模
業歴	事業運営の経過
資金	手元資金、借入状況、売掛金回収状況
安定性	業歴、自己資本、支払状況
成長性	事業の成長性、売上げや利益の成長性
経営者能力	経営姿勢、事業経験、資産状況

02-03

Trading

取引交渉の流れ

一方が出したオファー、またはカウンターオファーを、他方が無条件で承諾したときに売買契約は成立します。

引合い(Inquiry)

引合いはお互いのニーズを相手先が満たせるかどうかを照会する交渉の前段階です。たとえば、台所用品の取引であれば、輸出者が自社のカタログや価格表などを相手先に送付したり、輸入者が自分が希望するデザインを伝えてサンプルを取り寄せたりして、交渉の下地作りを行います。複数の取引候補先がある場合には、この段階で交渉相手の絞込みを行います。

オファー(Offer)

オファーは一般的には申込みの意味ですが、貿易取引のオファーは、「この条件価格でその商品を買うまたは売る」ことを相手方に確約する、すなわちオファーを受けた側がそのオファーを承諾(Accept)すれば契約が成立する拘束力を持つ行為となります。オファーには、契約当事者、商品名、規格や品質、数量、重量、価格と貿易取引条件、輸送方法、梱包、船積時期、支払条件、保険、オファー有効期限などの主要事項に加え、その取引に応じた必要事項(右ページ参照)を記載します。

カウンターオファー(Counter Offer)

オファーを受取った側が承諾せず、逆に「この条件価格でその商品を買うまたは売る」ことを相手方に意思表示する反対申込みをカウンターオファーといいます。カウンターオファーは元のオファーを拒絶して新たなオファーを返すことなので、カウンターオファーを出した時点で元のオファーの有効性はなくなります。通常は、カウンターオファーを何度も往復させて条件を煮詰め、契約に至ります。

▶オファーシート

KANKI TRADING CO., LTD.
1-1-XX Nihonbashi, Chuo-ku
Tokyo, 103-0000, Japan

OFFER SHEET

MESSRS :	DILLON CORPORATION 20XX ATLANTIC STREET STAMFORD, CT. 06902 U.S.A. （輸入者名と住所）	Date	JAN.16, 20XX
		OUR REF. NO.	150011XX

We are pleased to offer you as follows.

OFFER VALIDITY	NOON JAN.31, 20XX TOKYO TIME（オファーの有効期限）
SELLER	KANKI TRADING CO., LTD. JAPAN（売手　契約の当事者）
BUYER	DILLON CORPORATION, U.S.A.（買手　契約の当事者）
COMMODITY	COLD ROLLED STAINLESS STEEL SHEET IN COIL （商品名、規格など）
QUANTITY	15 COILS（数量、重量など） UNIT WEIGHT 1 METRIC TON 5 % MORE OR LESS AT SELLER'S OPTION. TOTAL ABOUT 15 METRIC TON
UNIT PRICE	USD5,000.00 PER M/T CIP NEW YORK CY FOR NET WEIGHT（価格、貿易条件、重量条件など）
PACKING	ON WOODEN SKID FOR EACH COIL（梱包）
WAY OF TRANSPORTATION	BY SEA IN DRY CONTAINER（輸送方法）
TIME OF SHIPMENT	JUNE 20XX IN ONE SHIPMENT（船積時期）
PORT OF LOADING	JAPANESE PORT（船積港）
PORT OF DISCHARGING	NEW YORK, NY U.S.A.（仕向港）
PAYMENT	BY IRREVOCABLE CREDIT AT SIGHT（代金決済方法）
MARINE INSURANCE	ICC(A) & WAR SRCC FOR 110% INVOICE VALUE（保険条件）
REMARKS	（その他、必要に応じて諸条件を記載します）

KANKI TRADING CO., LTD

（売手署名）

GENERAL MANAGER
EXPORT DEPT.

02-04

Trading

取引交渉の内容

取引交渉は、価格の前提となる各種条件を確認しながら行われます。

品質条件（商品に係る確認）

商品の特性に応じて、次のような確認方法が採られています。

» 見本売買：見本品の形や機能によって品質を決める方法で、雑貨類などの加工製品に用いられます。売手は見本と同じ品質の製品を提供する義務を負います。

» 標準品売買：農林水産品や鉱業品のように自然条件等により品質が左右される商品に用いられる方法で、平均的な品質や販売に適した品質を基準にして取引されます。輸送中に品質に変化がおこる可能性のある商品であれば、品質決定の時期を船積品質条件とするか陸揚品質条件とするかも取決めます。

» 仕様書売買：設計図や仕様書によって品質を決める方法で、プラント機械類など商談ごとに仕様の異なることの多い商品に用います。

» 規格売買：ISOなどの国際規格やJISのように各国で策定されている規格により品質を決める方法で、工業製品などに用います。

» 銘柄売買：世界的なブランド名やトレードマークを指定することで品質を決める方法で、ブランド商品売買に用います。

数量条件（数量に係る確認）

商品の数量は、個数、重量、容積、長さなどで表されますが、国により基準が異なることもありますので、数量の単位を確認しておきます。

» 個数の単位：個数（Piece数）、ダース（1 Dozen＝12個）、グロス（1 Gross＝12 Dozen＝144個）などと表示されたり、機械パーツセットのようにセットを1単位として表示されたりします。

» 重量の単位：重さの単位にはポンド（lbs）、キログラム（kg）、トン（Ton）などが使用されます（P.120）。ばら貨物（穀物、鉄鉱石、石炭など）で輸送中に水分蒸発などにより重量が変化する可能性のある商品は、重量決定の時点を、船積重量条件とするか陸揚重量条件とするかも取決めを行います。貨物保護のために梱包を行う商品の場合は、梱包材重量を含まないNet重量とするか、総重量Gross重量とするかも取決めます。

» 容積：容積の単位には、立方メートルや立方フィート（Cubic Feet）があり、木材等の商品に用いられています。また原油などの液体貨物ではバレル（Barrel＝樽の意）という特有の単位が用いられています。

» 長さの単位：長さの単位はメートル法によるメートル（m）やキロメートル（km）のほか、ヤード法によるインチ（in）、フィート（ft）、ヤード（yd）などが鉄鋼のパイプや電線などの商品に用いられています。

貿易取引条件（価格に係る確認）

価格については、取引通貨と貿易取引条件の確認が必要です。通貨は円貨であれば日本の輸出入者は為替変動リスクを回避できますが、外国通貨であればリスクを負います。貿易取引条件はインコタームズ規則（P.54）が広く採用されています。

輸送条件（輸送に係る確認）

輸送については、商品に適した輸送方法の選択と船積時期の確認を行います。また、梱包方法、分割船積みや途中積替えの可否などの付帯条件も確認します。

決済条件（代金支払いその他に係る確認）

代金支払いについては、代金決済方法や支払時期、支払いに用いる帳票書類の確認などを行います。その他、貨物保険条件や船積前検査の有無などの確認を必要に応じて行います。

02-05

Trading

契約書(Contract)

契約書には、交渉段階で合意した事項に加え、不可抗力条項や準拠法などの一般条項をお互い確認して記載します。

売買契約書

取引交渉が成立すれば、すみやかに売買契約書を結びます。売買契約書（P.51）には、交渉段階で合意した諸条件（商品、品質、数量、重量、個数、荷姿、価格、貿易取引条件、輸送方法、船積時期、保険条件、代金決済など）を記載するとともに、交渉段階では触れていなかった不可抗力条項や準拠法などの一般的な条件を確認して作成します。一般条項については、売手と買手は優位に立つために自社の書式（フォーム）の使用を主張する場合があります。このことを「書式の戦い（Battle of Forms）」と呼んでいます。書式の戦いは初めての相手との取引のときに発生する可能性がありますが、妥協点を見出して契約書を作成してゆくこととなります。契約書は、通常は２通正本を作成し、両者が署名した後に１部ずつ保管します。

継続的な取引先の場合

継続的に取引を行う相手先の場合、船積みごとに契約書を作成することは手間がかかりますので、主要な項目を売買基本契約書として締結しておき、個々の価格交渉での合意事項（商品、価格、船積時期など）を売約書（P.52）や発注書といった簡便な書式で作成する方法も採られています。

また、売約書の裏面に一般条項を印刷しておくことも行われています（P.53）。この場合も裏面記載事項をめぐり、「書式の戦い」がおこる可能性があります。

▶売買契約書の例

SALE AND PURCHASE AGREEMENT

(売買契約書)

THIS AGREEMENT made and entered into this 1st day of April 1,20XX by and between Kanki Trading Co., Ltd. a corporation duly organized and existing under the laws of Japan, with its principal office at 1-1-XX Nihonbashi , Chuo-ku, Tokyo, Japan (hereinafter called the "SELLER"), and Dillon Corporation a corporation duly organized and existing under the laws of U.S.A. with its principal office at 20XX Atlantic Street Stamford, CT. 06902 U.S.A. (hereinafter called the "BUYER"),

(契約当事者、売手と買手の確認)

ARTICLE 1. SALE AND PURCHASE (売買契約であることの確認)

During the term of this AGREEMENT, the SELLER agrees to sell and deliver the Products to the BUYER and the BUYER agrees to purchase, take delivery of and pay for the Products on the terms and conditions and at the price hereinafter set forth.

ARTICLE 2. QUANTITY; SPECIFICATIONS (商品や数量の確認)

The quantity of the Products to be sold and delivered hereunder and the applicable specifications shall be mutually agreed upon by both parties at the time of each sale and purchase transaction hereunder.

ARTICLE 3.	PRICE	(価格)
ARTICLE 4.	PAYMENT TERMS	(決済条件)
ARTICLE 5.	SHIPMENTS	(船積時期)
ARTICLE 6.	ORDERS; INDIVIDUAL CONTRACTS	(個別注文書に関わる事項)
ARTICLE 7.	INSPECTION	(検査に関わる事項)
ARTICLE 8.	WARRANTY	(保証に関わる事項)
ARTICLE 9.	INTELLECTUAL PROPERTY RIGHTS	(知的財産権)
ARTICLE 10.	LIMITATION OF LIABILITY	(賠償責任の範囲)
ARTICLE 11.	CONTRACT PEROID	(契約期間)
ARTICLE 12.	TERMINATION	(契約の終了)
ARTICLE 13.	FORCE MAJEURE	(不可抗力条項)
ARTICLE 14.	GOVERNING LAW	(準拠法に関わる規定)
ARTICLE 15.	ARBITRATION	(仲裁に関わる規定)
ARTICLE 16.	GENERAL PROVISIONS	(一般条項)
EXHIBIT I	Description of Products	添付 (商品の詳細)

IN WITNESS WHEREOF, the parties hereto have caused this AGREEMENT to be executed by their respective, duly authorized representatives on the day and year first above written.

(売手と買手双方が契約を確認し、署名する文言)

(買手の署名)	(売手の署名)
Dillon Corporation, U.S.A.	**Kanki Trading Co., Ltd. Japan**
PRESIDENT	**PRESIDENT**

▶売約書（Sales Note）の例（表面）

KANKI TRADING CO., LTD.
1-1-XX Nihonbashi, Chuo-ku
Tokyo, 103-0000, Japan

SALES NOTE

MESSRS :	DILLON CORPORATION 20XX ATLANTIC STREET STAMFORD, CT. 06902 U.S.A. （輸入者名と住所）	Date	MAY 10, 20XX（契約日）
		CONTRACT NO.	KT150501X（契約番号）

We hereby confirm having sold to you the following goods in accordance with all the provisions hereof. （販売の確認）

REFERENCE	Our offer No, 150011XX （オファーの照会番号）
SELLER	KANKI TRADING CO., LTD. JAPAN（売手　契約の当事者）
BUYER	DILLON CORPORATION, U.S.A. （買手　契約の当事者）
COMMODITY	COLD ROLLED STAINLESS STEEL SHEET IN COIL （商品名、規格など）
QUANTITY	15 COILS （数量、重量など） UNIT WEIGHT 1 METRIC TON 5 % MORE OR LESS AT SELLER'S OPTION. TOTAL ABOUT 15 METRIC TON
UNIT PRICE	USD5,000.00 MER M/T CIP NEW YORK CY FOR NET WEIGHT （価格、貿易条件、重量条件など）
PACKING	ON WOODEN SKID FOR EACH COIL （梱包）
WAY OF TRANSPORTATION	BY SEA IN DRY CONTAINER （輸送方法）
TIME OF SHIPMENT	JUNE 20XX IN ONE SHIPMENT （船積時期）
PORT OF LOADING	JAPANESE PORT （船積港）
PORT OF DISCHARGING	NEW YORK, NY U.S.A. （仕向港）
PAYMENT	BY IRREVOCABLE CREDIT AT SIGHT （代金決済方法）
MARINE INSURANCE	ICC(A) & WAR SRCC FOR 110% INVOICE VALUE（保険条件）
SPECIAL PROVISIONS	（その他、必要に応じて諸条件を記載します。）

ACCEPTED AND CONFIRMED BY

（買手は内容確認後に署名）	（売手の署名）
Dillon Corporation, U.S.A.	Kanki Trading Co., Ltd. Japan
PRESIDENT	PRESIDENT

▶売約書(Sales Note)の裏面に印刷された一般条項の例

GENERAL PROVISIONS

These general provisions shall apply, except to the extent that any contrary provisions are set forth on the face hereof:

1. Quantity: The quantity set forth on the face hereof is subject to a variation of plus or minus ten percent (10%), at Seller's option.
2. Shipment: The delivery of the goods to a carrier in accordance with this Contract and issuance by such carrier to Seller of a bill of lading shall be complete shipment to Buyer of the goods covered thereby, and the date of the bill of lading shall be proof of the date of such shipment. Seller's responsibility with respect to such goods shall terminate upon such shipment. Ten (10) days' grace shall be allowed for shipment earlier or later than the date agreed upon by both parties hereto. Partial shipment and/or transhipment shall be permitted. In the event of the goods being shipped in more than one lot, each lot shall be deemed to be a separate sale or contract. If this Contract omits any particulars relating to the manner of shipment or if Buyer is to give Seller instructions relating to the manner of shipment but Seller has not received such instructions within a reasonable time prior to the shipment, such particulars or the manner of shipment shall be arranged by Seller.
3. Payment: Buyer shall pay the full contract price and shall not be entitled to offset against the contract price in any manner. If payment is required to be made by means of letter of credit, such letter of credit shall be an irrevocable and confirmed letter of credit without recourse, in favor of and satisfactory to Seller. The letter of credit shall strictly comply with the terms and conditions of this Contract, shall cover the full contract amount, shall be established through a prime bank immediately after the date of this Contract, shall be negotiable on sight draft and shall be valid for negotiation of the relative draft for at least fifteen (15) days after the last day of the month of shipment. The letter of credit shall authorize partial avail against partial delivery. If a letter of credit is dishonored, Buyer shall make payment directly to Seller. If Seller has reason to suspect that the letter of credit will be dishonored and Buyer does not provide a means of payment satisfactory to Seller immediately upon Seller's request or if Buyer fails to satisfy any payment terms of this Contract or any other contract with Seller, Seller at Buyer's expense and risk may re-sell all or any part of the goods on account of Buyer, may hold all or any part of the goods on account of Buyer, may cancel all or any part of this Contract and any other contract with Buyer and/or may claim any damages resulting from such breach. Any bank charges arising in connection with payment hereunder shall be borne by Buyer. In the event of late payment of any amount due hereunder, Seller shall, in addition to any other remedy, be entitled to interest at the maximum rate allowed by law in the country of Buyer. Seller shall retains, for security purposes, full title to all goods covered hereby until Seller has received the full contract amount hereof.
4. Insurance: Only in the event of a CIF or a CIP contract, insurance shall be effected by Seller. Such insurance shall be Free from Particular Average (F.P.A), shall be effected at one hundred and ten percent (110%) of the invoice amount and shall not include any War Risk. Any insurance not set forth herein shall be arranged by Seller at the specific request and on the account of Buyer.
5. Increased Costs: If Seller's costs of performance are increased after the date of this Contract by reason of any increased or additional taxes or other governmental charges, or by reason of any increased or additional freight rates (including any freight surcharge), insurance rates (including War Risk) or cost of the goods to Seller caused by an increase in the materials or energy expenses of the manufacturers or suppliers of the goods which could not be foreseen at the date of this Contract, or if any change in exchange rate (including any change resulting from any currency devaluation or revaluation) increases Seller's costs or reduces Seller's return, Buyer agrees to compensate Seller for such increased cost or loss of income immediately upon Seller's request. If Buyer fails to do so, Seller may cancel all or any part of this Contract. However, all import duties shall be paid by Buyer, regardless of any change in the amount of any such duties.
6. Claim: Seller shall entertain no claim before the relative payment is fully made. However, any claim shall be transmitted to Seller by facsimile or cable within fourteen (14) days after the arrival of the goods at the port of destination, except that claims relating to latent defects shall be transmitted to Seller by the same means as soon as such defects are discovered. Each claim shall be confirmed by letter which, accompanied by a proof certified by a qualified surveyor, shall be dispatched to Seller by airmail within fifteen (15) days after facsimiling or cabling. Any claim not meeting these requirements shall be deemed to have been waived by Buyer, and in no case will Seller entertain any claim made more than thirty (30) days after the date of the arrival of the goods at the port of destination. No claims shall be allowed on the goods which have been processed in any manner whatsoever. In no event shall Seller be liable for prospective profits, special, indirect or consequential damages and Seller's liability shall be strictly limited to the price of the goods covered by this Contract for whatever reason. In the event of any claim, Seller may, at its sole discretion, replace the goods which are the subject of the claim within ninety(90) days after the receipt by Seller of the above-mentioned claim letter to be dispatched by Buyer by airmail. Replacement as aforesaid shall be accepted by Buyer as a sole remedy by Seller and Seller shall have no further liability in connection with the claim.
7. Force Majeure: In the event of any act of God, government order, rule or restriction, fire, war or armed conflict or the serious threat of the same, strike or labour dispute, unavailability of transportation, severe economic dislocation (including but not limited to the inability of Seller or the manufacturers, suppliers or carriers of the goods to obtain an adequate supply of oil, gas, electricity or materials with which to maintain its/their normal level of operation), or the bankruptcy or insolvency of manufacturers or suppliers or carriers of the goods seriously affecting the activities of Seller, manufacturers or suppliers directly or indirectly, or any other cause beyond the reasonable control of Seller or of the manufacturers or suppliers or carriers of the goods, Seller shall not be liable for any delay in shipment or for nondelivery of all or any part of the goods or any other failure to perform any of its obligations hereunder and Buyer shall accept the delayed shipment within a reasonable time or accept the cancellation of all or any part of this Contract.
8. Arbitration: Any dispute arising out of or relating to this Contract, its interpretation or breach, shall be settled by arbitration in Tokyo, Japan in accordance with the rules then obtaining of the Japan Commercial Arbitration Association. The award shall be final and binding upon both parties hereto.
9. Patents: Buyer shall defend, indemnify and hold Seller harmless from and against any and all expenses, loss or damages arising out of any claim made or threatened for infringement of any patent, utility model, trademark, copyright, design or other title right of any third party resulting from the exportation, possession, use or resale of the goods or any part thereof in any country.
10. Warranty: SELLER DISCLAIMS ALL WARRANTIES, EXPRESS OR IMPLIED, INCLUDING, WITHOUT LIMITATION, ANY IMPLIED WARRANTIES OF MERCHANTABILITY AND FITNESS FOR A PARTICULAR PURPOSE IN RESPECT OF THE GOODS.
11. Product Liability: Buyer warrants to and in favor of Seller that the goods will be used fully complying with all safety and operating procedures set out in the operation or service manuals, if any, all instructions of Seller and all applicable laws and regulations regarding the safe handling and operation of the goods. Seller shall not be liable for any cost, expense, loss, damage or liability arising out of or in relation to any claim made or threatened to be made by any third party based on any death, bodily injury or property damage occurring or suspected to occur directly or indirectly out of the goods (collectively the "Liabilities"), including without limitation, a claim based on the product liability under the applicable laws in the country where Buyer locates and markets the goods. Buyer shall procure and maintain a policy of insurance, at its sole cost, from a reputable insurance company acceptable to Seller which shall insure Seller as co-insured party, covering the Liabilities. A copy of such policy of insurance shall be sent to Seller immediately.
12. Liability of Agent: If this Contract is signed by an agent acting on behalf of a principal as Buyer hereunder, whether the principal is disclosed or otherwise, the agent shall be liable not only as agent but also for the performance of the obligations of Buyer as principal under this Contract. This provision shall not affect the Buyer's obligations as principal under this Contract.
13. Breach, Bankruptcy etc.: (i)In the event Buyer fails to carry out any of the terms of this or any other contract with Seller, including but not limited to payment for any shipment hereunder or thereunder, or (ii)in the event that bankruptcy, insolvency or reorganization proceedings or other proceedings analogous in nature or effect are instituted by or against Buyer, or (iii)in the event that Buyer is dissolved or liquidated, whether voluntarily or involuntarily, or (iv)in the event that a receiver or trustee is appointed for all or substantial part of the assets of Buyer, or (v)Buyer makes an assignment for the benefit of the creditors, then Seller may cancel this or any other contract with Buyer without prejudice to any right of Seller existing under this or any other contract at the time of such cancellation, or Seller may resell the goods or hold the goods for Buyer's account and risk, or Seller may postpone the shipment of the goods or stop the goods in transit, provided, however, that Seller's election of any of the latter remedies shall not preclude Seller's later right to cancel this or any other contract with Buyer as provided above. In any such event of default, Buyer shall reimburse Seller for any loss or additional costs incurred as a result thereof.
14. Waiver: The failure of Seller at any time to require full performance by Buyer shall not affect the right of Seller to enforce the same. The waiver by Seller of any breach of any provision hereof shall not be construed as a waiver of any proceeding breach of any provision or waiver of the provision itself.
15. Assignment: This Contract, and any right or obligation under this Contract shall not be transferable or otherwise assignable by Buyer without the prior written consent of Seller.
16. Construction: The meaning of any term used herein and the obligations of both parties hereunder shall, to the extent that they may be applicable, be determined in accordance with the Uniform Customs and Practice for Documentary Credit and the Incoterms adopted by the International Chamber of Commerce and in effect on the date of this Contract. This Contract shall be governed by the laws of Japan.
17. Governmental Regulations: Seller's obligations hereunder shall be subject to applicable Japanese governmental export and all other regulations.

02-06

Trading

インコタームズ (INCOTERMS)

貿易取引では、売主と買主の各種義務を定めた規則であるインコタームズが広く利用されています。

インコタームズ(INCOTERMS)とは

インコタームズ（INCOTERMS[*1]）は、国際商業会議所（ICC[*2]）が制定した貿易取引規則のことです。インコタームズは1936年に初めて制定され、その後鉄道や航空輸送の発展やコンテナ船の出現など運送手段の変革に対応して、1953年、1967年、1976年、1980年、1990年、2000年、2010年に改訂が行われ、現在は2020年1月1日に発効したINCOTERMS 2020が最新版となっています。

インコタームズは、次ページの表の通り売主と買主の各種義務を規定しています。その要点は、売手から買手への商品の引渡場所である「危険負担の分岐点」と、その価格に含まれる費用である「費用の分担」をアルファベット3文字の略号で規定していることで、取引内容に合わせて選択できるように11類型を定めています。

インコタームズ2020の11規則

インコタームズ2020の11規則は、2つのグループに分類されています。第1グループの7規則は、商品の引渡場所を場所（Place）で規定する規則で、コンテナ輸送による陸・海・複合一貫輸送や航空輸送などすべての運送モードに対応しています。第2グループの4規則は、商品の引渡場所を港（Port）で規定する規則で、海上または内陸水路運送を行う船舶運送にのみ対応しています。

＊1　INCOTERMS：International Commercial Terms
＊2　ICC：International Chamber of Commerce

インコタームズと売買契約

インコタームズは、国際条約ではないので強制力はなく、売買契約の当事者がインコタームズの採用の合意をすることによって、契約の取引条件として効力を発揮するものです。

インコタームズを契約に採用する場合は、「INCOTERMS 2020」の文言を契約書の価格の建値として記載しておきます（P.29）。インコタームズは危険と費用分担は規定していますが、契約全体を示しているわけではなく、所有権の移転についても触れていません（P.82）。売買契約全体については、ICC モデル国際売買契約などを活用することが考えられます。

▶インコタームズ2020における売主と買主の義務の各項目

A 売主の義務		B 買主の義務	
A1	一般的義務	B1	一般的義務
A2	引渡し	B2	引渡しの受取り
A3	危険の移転	B3	危険の移転
A4	運送	B4	運送
A5	保険契約	B5	保険契約
A6	引渡書類 / 運送書類	B6	引渡書類 / 運送書類
A7	輸出通関 / 輸入通関	B7	輸出通関 / 輸入通関
A8	照合 / 包装 / 荷印	B8	照合 / 包装 / 荷印
A9	費用の分担	B9	費用の分担
A10	通知	B10	通知

2020 年版では、各規則に「利用者のための解説ノート」が記載されています。

2020年版インコタームズ(Incoterms 2020)

1. すべての運送手段に適した規則　(原文では、「Rules for any mode or modes of transport いかなる単一または複数の運送手段にも適した規則」)

インコタームズ貿易規則	英文での呼称(和文での呼称)	使用方法
EXW	EX WORKS (工場渡し)	EXW (insert named place of delivery)(指定引渡地を挿入) 使用例は P.59
FCA	FREE CARRIER (運送人渡し)	FCA (insert named place of delivery)(指定引渡地を挿入) 使用例は P.61
CPT	CARRIAGE PAID TO (輸送費込み)	CPT (insert named place of destination)(指定仕向地を挿入) 使用例は P.63
CIP	CARRIAGE AND INSURANCE PAID TO (輸送費保険料込み)	CIP (insert named place of destination)(指定仕向地を挿入) 使用例は P.65
DAP	DELIVERED AT PLACE (仕向地持込渡し)	DAP (insert named place of destination)(指定仕向地を挿入) 使用例は P.67
DPU	DELIVERED AT PLACE UNLOADED (荷卸込持込渡し)	DPU (insert named place of destination)(指定仕向地を挿入) 使用例は P.69
DDP	DELIVERED DUTY PAID (関税込持込渡し)	DDP (insert named place of destination)(指定仕向地を挿入) 使用例は P.71

2. 船舶運送にのみ適した規則　(原文では「Rules for sea and inland waterway transport 海上および内陸水路運送のための規則」)

インコタームズ貿易規則	英文での呼称(和文での呼称)	使用方法
FAS	FREE ALONGSIDE SHIP (船側渡し)	FAS (insert named port of shipment)(指定船積港を挿入) 使用例は P.73
FOB	FREE ON BOARD (本船渡し)	FOB (insert named port of shipment)(指定船積港を挿入) 使用例は P.75
CFR	COST AND FREIGHT (運賃込み)	CFR (insert named port of destination)(指定仕向港を挿入) 使用例は P.77
CIF	COST INSURANCE AND FREIGHT (運賃保険料込み)	CIF (insert named port of destination)(指定仕向港を挿入) 使用例は P.79

▶概念図

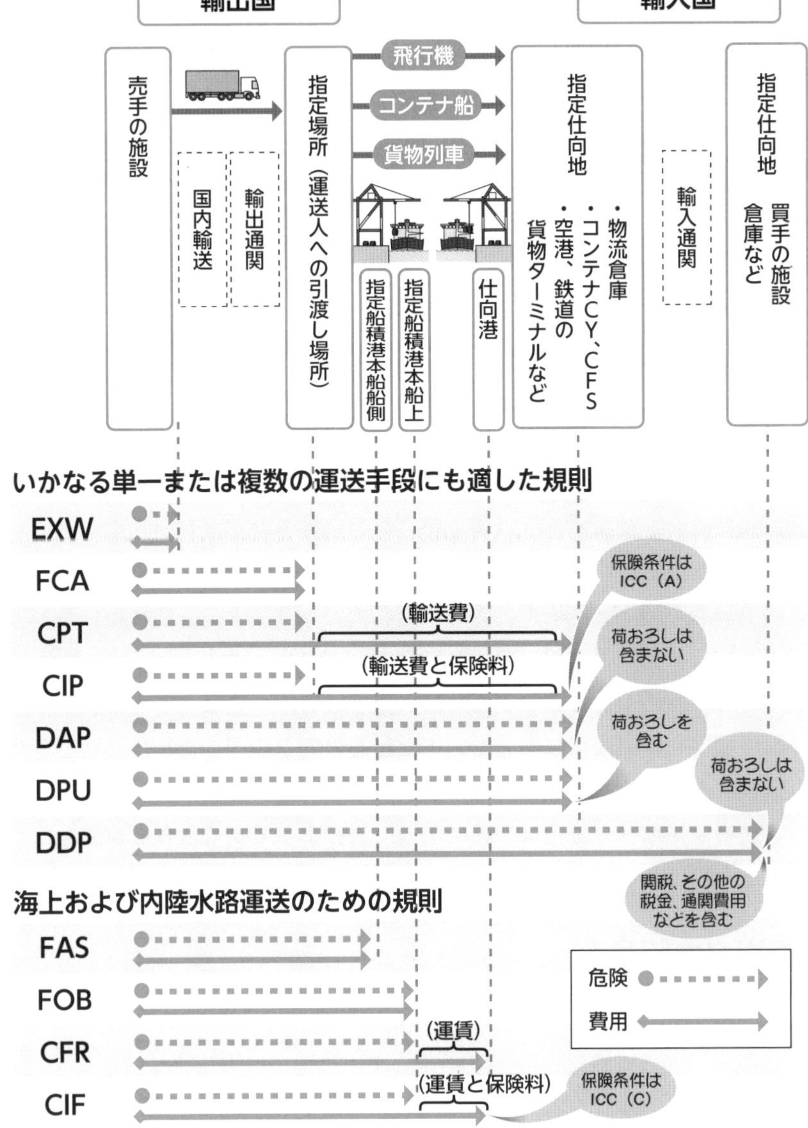
輸出国
輸入国
売手の施設
国内輸送
輸出通関
指定場所（運送人への引渡し場所）
飛行機
コンテナ船
貨物列車
指定船積港本船船側
指定船積港本船上
仕向港
指定仕向地
・物流倉庫
・コンテナCY、CFS
・空港、鉄道の貨物ターミナルなど
輸入通関
指定仕向地 買手の施設 倉庫など
いかなる単一または複数の運送手段にも適した規則
EXW
FCA
CPT
CIP
DAP
DPU
DDP
（輸送費）
（輸送費と保険料）
保険条件はICC（A）
荷おろしは含まない
荷おろしを含む
荷おろしは含まない
関税、その他の税金、通関費用などを含む
海上および内陸水路運送のための規則
FAS
FOB
CFR
CIF
（運賃）
（運賃と保険料）
保険条件はICC（C）
危険
費用

EXW　工場渡し(Ex Works)

EXWの危険分岐点

EXWでは、売手の施設またはその他の指定場所（工場、製造所、倉庫など）で、買手に物品の処分を委ねたときに引渡しが行われ危険が移転します。商品を引取るトラックなどの車両に商品を積込む義務は売手にはありません。

費用の分担

EXWの費用負担の分岐点は、危険と一致しています。つまり買手は、自らが手配した車両への積込みを含め、物品の引渡し以降に発生する費用を負担します。

» EXWの運送および保険契約

運送契約、保険契約ともに買手が自らの責任と費用で行います。

» EXWの通関、許認可取得、安全確認その他の手続き

輸出通関、輸入通関ともに、買手の負担になります。通関には、輸出入通関手続きに必要な費用、関税、税金などが含まれます。

ただし、買手からの依頼があれば、売手は買手の危険と費用により輸出許認可取得や輸出通関に助力し、また物品の安全確認のために必要とされる情報を提供する助力義務があります。

物品の船積前検査費用は、輸出国の当局によって命じられる検査も含めて買手の負担となります。

EXWの留意点

EXWは、売手の負担が最小、買手の負担が最大の規則です。

買手が直接または間接に輸出通関許可を取得できない場合は、EXWの使用は避けるべきです。

▶1　すべての運送手段に適した規則

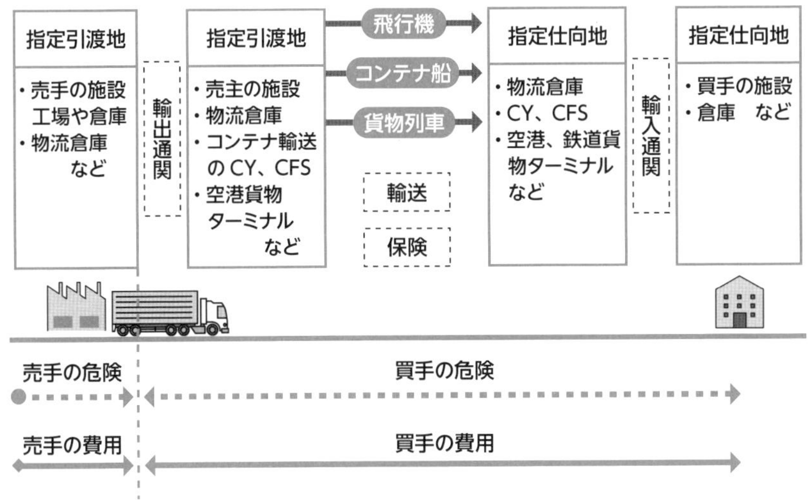

使用例：輸出　EXW MI STEEL MAEBASHI WORKS, JAPAN
　　　　輸入　EXW MISA AUTO PARTS NASHVILLE WORKS, U.S.A.

積込み時の危険と費用

実務上、売手が積込みを行ったほうがよい状況もあります。この場合、EXW loadedなどの表現を使ってインコタームズを変形させて使用することもできます。ただし、変形させる場合には、危険と費用の分担を売買契約に明記しておくことが肝要です。
(例：EXW loaded at seller's expense but at buyer's risk)。

買手が積込み作業中の危険負担を回避したい場合は、FCA規則(P.60)の利用も有効です。FCAでは、積込みが売手の施設で行われる場合は、売手が積込み時の危険と費用を負担します。

FCA　運送人渡し（Free Carrier）

FCAの危険分岐点

FCAでは、売手が指定引渡地で、買手が手配した運送人に物品を引渡したときに危険が移転します。

（1）指定引渡地が売手の施設であれば、物品が買手によって手配されたトラックなどの輸送手段に積込まれたときに危険が移転します。

（2）指定引渡地がその他の場所であれば、物品が荷おろしの準備ができている売手の輸送手段の上で、運送人に引き渡されたときに危険が移転します。具体的には、コンテナ輸送であればコンテナヤード（CY）やコンテナフレートステーション（CFS）搬入時、航空輸送であれば航空貨物ターミナル搬入時の車上で危険が移転します。

運送人には実輸送手段は持たずに輸送契約を引き受けるNVOCC（P.165）やフレイトフォワーダーなども含まれます。

費用の分担

FCAの費用負担の分岐点は、危険と一致しています。つまり、指定引渡地で運送人に引渡した時点が費用負担の分岐点となります。

» FCAの運送および保険契約

運送契約、保険契約ともに買手が自らの責任と費用で行います。

» FCAの通関、許認可取得、安全確認その他の手続き

輸出に係る通関、許認可取得、安全確認その他の手続きは売手の義務、輸入に係る通関、許認可取得は買手の義務になります。

通関には、輸出入通関手続きに必要な費用、関税、税金などが含まれます。

物品の船積前検査費用は、輸出国の当局によって命じられる検査は売手の負担、それ以外は買手の負担となります。

▶1　すべての運送手段に適した規則

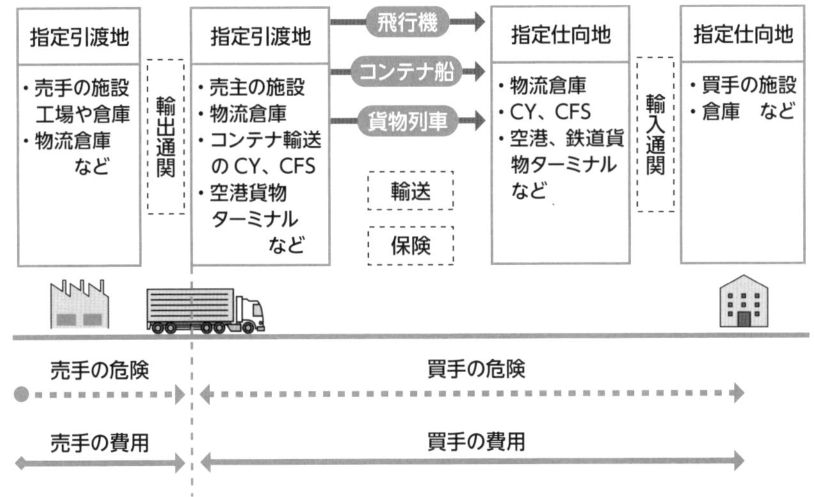

使用例：輸出　FCA TOKYO CY , JAPAN（コンテナ輸送）
　　　　輸入　FCA FRANKFURT AIRPORT , GERMANY（航空輸送）

ワンポイントアドバイス

積込み済みの付記のある船荷証券

売買契約で、売手に船積式船荷証券（P.140、143）の提供を義務付ける場合、受取式船荷証券（P.104、140、142）に積込み済みの付記（On Board Notation）を行うことにより船積式船荷証券と同等とみなすとして運用されてきました。

インコタームズ2020年版ではこのしくみを取り入れ、「契約でそのような合意がある場合には、買手は自己の運送人に対して積込み済みの付記のある船荷証券を売手あてに発行するように指示しなければならない」ことを「利用者のための解説ノート」に記しています。

CPT　輸送費込み（Carriage Paid To）

CPTの危険分岐点

CPTでは、売手が指定引渡地で運送人に物品を引き渡したときに危険が移転します。

運送人には実輸送手段は持たずに輸送契約を引受けるNVOCC（P.165）やフレイトフォワーダーなども含まれます。

CPTの使用方法は、売手が運送費を支払う輸入地側の指定仕向地をインコタームズ記号の後に表記しますが、危険の分岐点はFCAと同様に輸出地における運送人への引渡し場所（コンテナヤードや航空貨物ターミナルなど）であることに注意が必要です。

費用の分担

CPTは、費用負担と危険の分岐点が異なります。売手は、危険分岐点である運送人への引渡し地点までの費用に加え、指定仕向地までの輸送費を負担します。また、船や航空機からの荷おろし費用は、運送契約に従うことになります。一般的に、コンテナ船輸送や航空輸送では、船や航空機からの荷おろし費用は輸送費に含まれています。

» CPTの運送および保険契約

運送契約は売手が締結し費用も支払います。保険契約は買手が自らの責任と費用で行います。

» CPTの通関、許認可取得、安全確認その他の手続き

輸出に係る通関、許認可取得、安全確認その他の手続きは、売手の義務、輸入に係る通関、許認可取得は買手の義務になります。通関には、輸出入通関手続きに必要な費用、関税、税金などが含まれます。物品の船積前検査費用は、輸出国の当局によって命じられる検査は売手の負担、それ以外は買手の負担となります。

▶1 すべての運送手段に適した規則

CPT

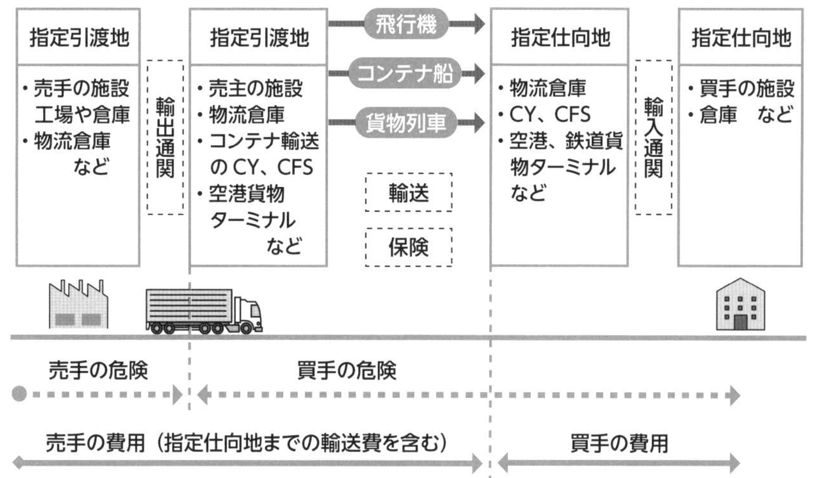

使用例：輸出　CPT LONG BEACH CY,U.S.A.（コンテナ輸送）
　　　　輸入　CPT KANSAI AIRPORT,JAPAN（航空輸送）

輸送方法や手段に注意する

CPTでは売手が輸送手配を行いますが、輸送中の危険は買手に帰属します。買手としては、商品に適した輸送手段や経路などを売買契約で売手に適切な指示を行っておくことが肝要です。

老齢船やオンデッキ（甲板）積など危険率の高い輸送には高い保険料率が課せられますので、買手の保険手配の面からも注意が必要です。

仕向港到着日の規定は避ける

CPTでは売手の義務は合意した期間に船積みを行うことであり、船積後の出来事は買手の危険に属します。当事者が到着日を規定する意図がある場合は、持込渡しであるDグループ規則を使用します。

CIP　輸送費保険料込み(Carriage and Insurance Paid To)

CIPの危険分岐点

CIPの危険の分岐点はFCAやCPTと同じで、売手が指定引渡地で運送人に物品を引き渡したときに危険が移転します。

運送人には実輸送手段は持たずに運送契約を引受けるNVOCC（P.165）やフレイトフォワーダーなども含まれます。

CIPの使用方法もCPTと同様に売手が運送費を支払う輸入地側の指定仕向地をインコタームズ記号の後に表記しますが、危険の分岐点はFCAやCPTと同様に輸出地における運送人への引渡し場所となります。

費用の分担

CIPは、費用負担と危険の分岐点が異なります。売手は、危険分岐点である運送人への引渡し地点までの費用に加え、指定仕向地までの輸送費と保険料を負担します。

» CIPの運送および保険契約

運送契約および保険契約は売手が締結し費用も支払います。

» CIPの通関、許認可取得、安全確認その他の手続き

輸出に係る通関、許認可取得、安全確認その他の手続きは、売手の義務、輸入に係る通関、許認可取得は買手の義務になります。

通関には、輸出入通関手続きに必要な費用、関税、税金などが含まれます。物品の船積前検査費用は、輸出国の当局によって命じられる検査は売手の負担、それ以外は買手の負担となります。

その他の留意点

CIPの場合もCPTと同様に、売手は仕向港到着日の規定は避け、また買手としては輸送方法や手段に注意することが肝要です。

▶1 すべての運送手段に適した規則

CIP

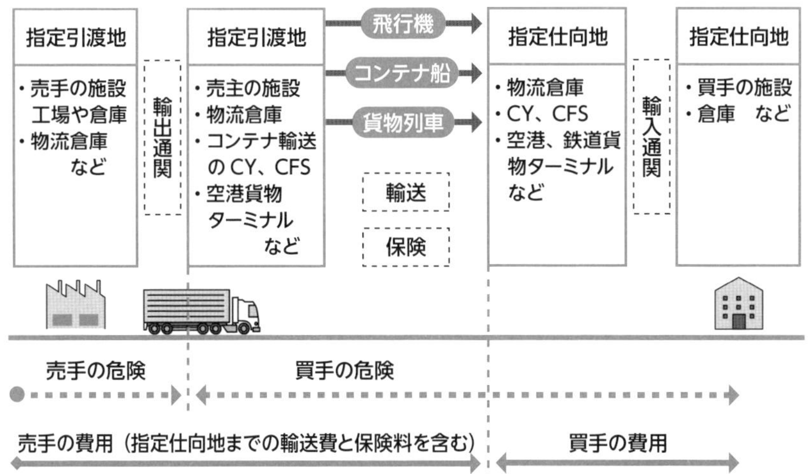

使用例：輸出 CIP London Heathrow Airport, U.K.（航空輸送）
輸入 CIP YOKOHAMA CFS,JAPAN（コンテナ輸送）

保険条件はICC(A)が売手の義務

保険条件について、インコタームズ2020年版では、「売手の義務は、最も広い補償範囲を持つICC(A)条件またはそれと同等」と改定されました。協会戦争約款や協会ストライキ約款の追加補償は、売手手配の保険に既に含まれている場合を除き、買手負担となります。

保険期間は、引渡し地点（危険の分岐点）から指定仕向地まで、保険金額は、最低でも契約で定められている価格プラス10%（すなわち、110%）を補償すべき、と規定しています。

輸送中の危険は買手負担なので、商品に適した輸送手段や経路などを売買契約で規定しておくことが肝要なことはCPTと同じです。

DAP　仕向地持込渡し(Delivered At Place)

DAPの危険分岐点

DAPは、輸入国側の指定仕向地に到着した輸送手段の上で、物品が荷おろし準備ができ、買手の処分に委ねられたときに危険が移転する規則です。売手は、指定仕向地までの危険を負担しますので、倉庫、物流センター、工場など指定仕向地や仕向地内の地点を契約当事者間でできる限り明瞭に特定しておくことが重要です。また、売手はその地点に正確に一致する運送契約を結んでおくことが必要です。

DAPは、仕向港や空港に荷おろしした商品を、さらにほかの場所へ輸送して、荷捌きをするような場合に適しています。

費用の分担

DAPの費用負担の分岐点は、危険と一致しています。つまり、売手が手配した運送手段（コンテナやトラックなど）が指定仕向地に到着し、その運送手段の上で買手の処分に委ねられた時点が費用負担の分岐点となります。

» DAPの運送および保険契約

運送契約、保険契約ともに売手が自らの責任と費用で行います。

» DAPの通関、許認可取得、安全確認その他の手続き

輸出に係る通関、許認可取得、安全確認その他の手続きは、売手の義務、輸入に係る通関、許認可取得は買手の義務になります。通関には、輸出入通関手続きに必要な費用、関税、税金などが含まれます。物品の船積前検査費用は、輸出国の当局によって命じられる検査は売手の負担、それ以外は買手の負担となります。

▶1　すべての運送手段に適した規則

DAP

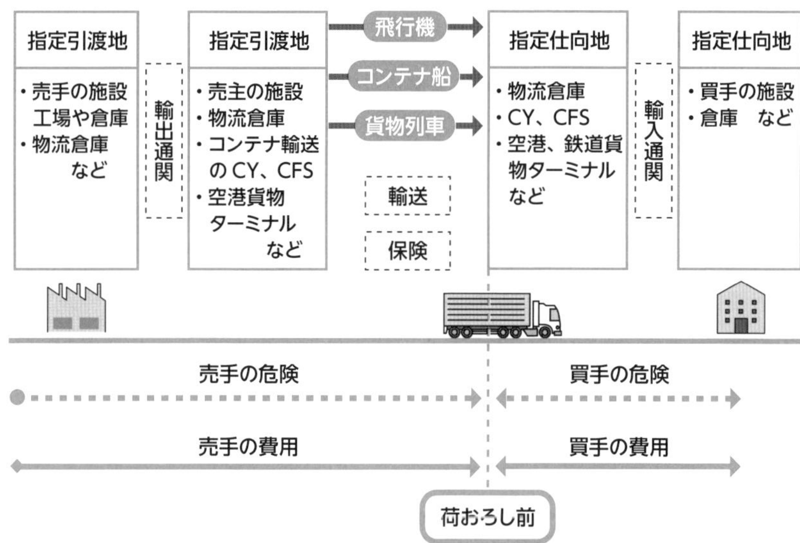

使用例：輸出　DAP MI SPECIAL STEEL SHANGHAI WORKS, CHINA
　　　　輸入　DAP Y SOKO KAWASAKI WAREHOUSE, JAPAN

DAPは荷おろし前に引渡す規則

DAP では、到着した運送手段上で物品を引渡すことが可能な施設を指定仕向地として取り決めることが適切です。

コンテナ輸送や航空輸送では、到着したコンテナターミナルや空港での船や航空機からの荷おろし作業は運送人が行い、その費用は輸送費に含まれるのが一般的です。DAP では、「売手が運送契約において指定仕向地での荷おろし費用を負担した場合は、買手からその費用を回収する権利はない」と規定しています。

指定仕向地が、コンテナヤードや空港貨物ターミナルの場合は、DPU 規則（P.68）を使用することが適切です。

DPU　荷卸込持込渡し(Delivered At Place Unloaded)

DPUの危険分岐点

DPUの危険の分岐点は、輸入国側の指定仕向地において、到着した運送手段から荷おろしされ、物品が買手の処分に委ねられたときに危険が移転します。

指定仕向地には、埠頭、コンテナヤード、空港や鉄道の貨物ターミナル、物流倉庫などが含まれ、屋根の有無は問われません。

もし可能であれば、ターミナル内の特定の地点を、できる限り明瞭に特定し、売手はその地点に一致する運送契約を結んでおくことが必要です。

費用の分担

DPUの費用負担の分岐点は、危険と一致しています。つまり、物品が到着した輸送手段から荷おろしされ、買手の処分に委ねられた時点が費用負担の分岐点となります。

指定仕向地がコンテナターミナルや空港貨物ターミナルの場合は、運送手段からの荷おろし費用は、通常は輸送費に含まれています。

指定仕向地が内陸の倉庫などの場合は、その場所での運送手段（コンテナやトラックなど）からの荷おろし作業を売手が手配できることが必要です。

» DPUの運送および保険契約

運送契約、保険契約ともに売手が自らの責任と費用で行います。

» DPUの通関、許認可取得、安全確認その他の手続き

輸出に係る通関、許認可取得、安全確認その他の手続きは、売手の義務、輸入に係る通関、許認可取得は買手の義務になります。通関には、輸出入通関手続きに必要な費用、関税、税金などが含まれます。物品の船積前検査費用は、輸出国の当局によって命じられる検査は売手の負担、それ以外は買手の負担となります。

▶1 すべての運送手段に適した規則

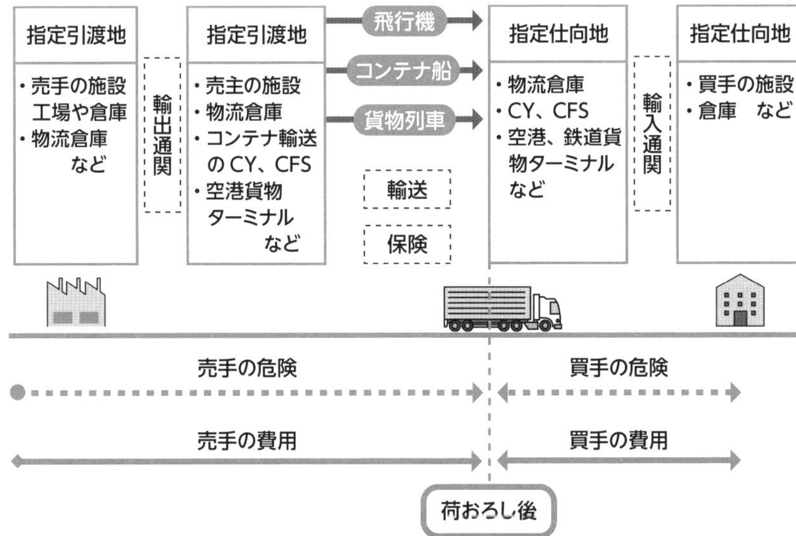

使用例：輸出 DPU ABC LOGISTICS CENTER, BANGKOK, THAILAND（複合一貫輸送）
輸入 DPU KOBE CY,JAPAN（コンテナ輸送）

ワンポイントアドバイス

DPUはDATを発展させた規則

DPU は 2020 年版で新設された規則です。前身の 2010 年版 DAT*は、指定仕向地を「到着したターミナル」と規定していましたが、2020 年版では指定仕向地をターミナルに限定せず「いかなる場所でも可」と範囲を広げて DPU に改称しました。これに伴い、荷おろし前に引渡しが行われて危険が移転する DAP を前に順序を入替えました。

DPU は指定仕向地において、売手に荷おろしを要求する唯一の規則です。売手は指定場所で荷おろしの手配ができる立場にあることを確実にする必要があります。

＊ DAT：Delivered At Terminal（P.80）

DDP　関税込持込渡し(Delivered Duty Paid)

DDPの危険分岐点

DDPは、輸入国側の指定仕向地に到着した輸送手段の上で物品が荷おろし準備ができ、輸入通関を済ませ、買手の処分に委ねられたときに危険が移転する規則です。売手は、指定仕向地までの危険を負担しますので、倉庫、物流センター、工場など指定仕向地や仕向地内の地点を買手との間でできる限り明瞭に特定し、その地点に正確に一致する運送契約を結んでおくことが重要です。

費用の分担

DDPの費用負担の分岐点は、危険と一致しています。つまり、売手が手配した輸送手段（コンテナやトラックなど）が指定仕向地に到着し、輸入通関を済ませ、買手の処分に委ねられた時点が費用負担の分岐点となります。

» DDPの運送および保険契約

運送契約、保険契約ともに売手が自らの責任と費用で行います。

» DDPの通関、許認可取得、安全確認その他の手続き

輸出に係る通関、許認可取得、安全確認その他の手続き、および輸入に係る通関、許認可取得は売手の義務になります。

通関には、輸出入通関手続きに必要な費用、関税、税金などが含まれます。輸入時に支払われる付加価値税その他の税金は、売買契約において明確な合意がなければ、売手の負担となります。

物品の船積前検査費用は、輸出国または輸入国の当局によって命じられる検査も含めて売手の負担となります。

▶1　すべての運送手段に適した規則

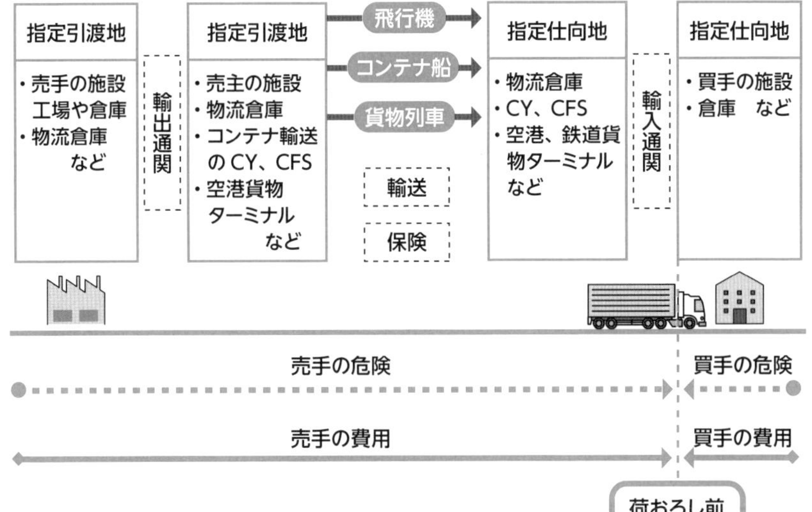

使用例：輸出　DDP U.S.MACHINE PARTS COMPANY CHICAGO CENTER U.S.A.

輸入　DDP JAPAN TRADING SAITAMA LOGISTICS CENTER, JAPAN

ワンポイントアドバイス

DDPにおける荷おろし費用について

もし、売手が運送契約において、指定仕向地における荷おろし費用を負担した場合は、契約当事者間で別段の合意がなければ、売手は買手から荷おろし費用を回収する権利はありません。

DDPの留意点

DDPは、売手の負担が最大、買手の負担が最小の規則です。売手が直接または間接に輸入通関許可を取得できない場合は、DDPの使用は避けるべきです。

FAS　船側渡し(Free Alongside Ship)

FASの危険分岐点

FASでは、売手が指定船積港において買手によって手配された本船の船側に物品を置いたときに引渡しが行われ、危険が移転します。買手は、契約で定められた期日または期間内に、商品を指定船積港で引取るための船舶を手配します。本船の船側には、本船が着岸している「埠頭」や、沖の繋留ブイなどで船積みをする際に本船に横付けする「艀(はしけ)」などの場合があります。

費用の分担

FASの費用負担の分岐点は、危険と一致しています。つまり、指定港本船船側で運送人に引渡した時点が費用負担の分岐点となります。

» FASの運送および保険契約

運送契約、保険契約ともに買手が自らの責任と費用で行います。

» FASの通関、許認可取得、安全確認その他の手続き

輸出に係る通関、許認可取得、安全確認その他の手続きは売手の義務、輸入に係る通関、許認可取得は買手の義務になります。

通関には、輸出入通関手続きに必要な費用、関税、税金などが含まれます。物品の船積前検査費用は、輸出国の当局によって命じられる検査は売手の負担、それ以外は買手の負担となります。

▶2 海上および内陸水路運送のための規則

FAS

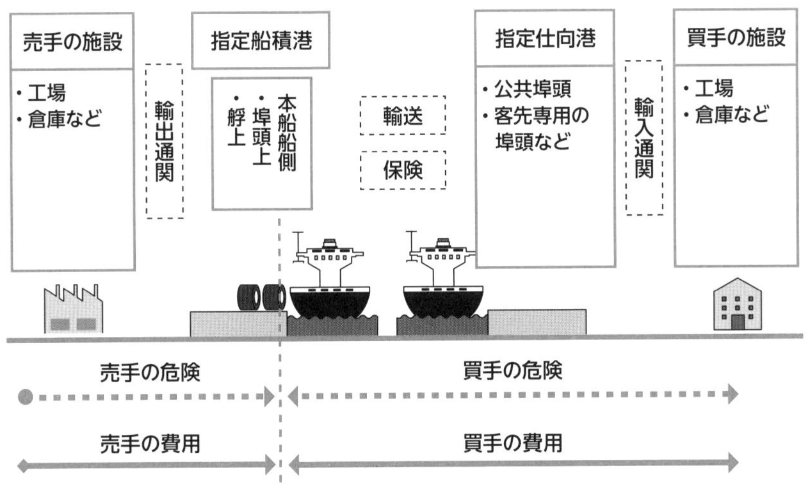

使用例：輸出　FAS PORT OF OSAKA, JAPAN
　　　　輸入　FAS PORT OF BANGKOK, THAILAND

コンテナ船輸送への使用は不適切

コンテナ船で輸送する場合にFASの規則を使用することは、適切ではありません。コンテナ船輸送では、売手はコンテナヤード（CY）やコンテナフレートステーション（CFS）で運送人への引渡しをするため、本船船側での引渡しを規定するFASは実態と合わないのです。そのため、コンテナ船で輸送する契約の場合は、FASではなくFCA（P.60）を使用します。

FOB　本船渡し(Free On Board)

FOBの危険分岐点

FOBでは、売手が指定船積港において買手によって手配された本船の船上に物品が置かれたとき、引渡しが行われ、危険が移転します。買手は、契約で定められた期日または期間内に、商品を指定船積港で引取るための船舶を手配します。

費用の分担

FOBの費用負担の分岐点は、危険と一致しています。つまり、本船の船上で運送人に引渡した時点が費用負担の分岐点となります。

» FOBの運送および保険契約

運送契約、保険契約ともに買手が自らの責任と費用で行います。

» FOBの通関、許認可取得、安全確認その他の手続き

輸出に係る通関、許認可取得、安全確認その他の手続きは売手の義務、輸入に係る通関、許認可取得は買手の義務になります。

通関には、輸出入通関手続きに必要な費用、関税、税金などが含まれます。物品の船積前検査費用は、輸出国の当局によって命じられる検査は売手の負担、それ以外は買手の負担となります。

コンテナ船輸送にはFCAを使用する

コンテナ船輸送にFOBの使用は不適切です。FOBを誤使用すると、コンテナ船の本船上で危険が移転するため、輸出コンテナヤード（CY）保管時の危険を、売手が意図せずに負担してしまいます。買手が手配する保険の開始時期も本船上となるので、万が一CYで事故が発生した場合には、保険期間対象外として求償不能になります（P.276）。

FCA（P.60）を使用すれば、CYで運送人がコンテナを受取時に危険が移転し、買手の保険はコンテナヤード保管時もカバーします。

▶2 海上および内陸水路運送のための規則

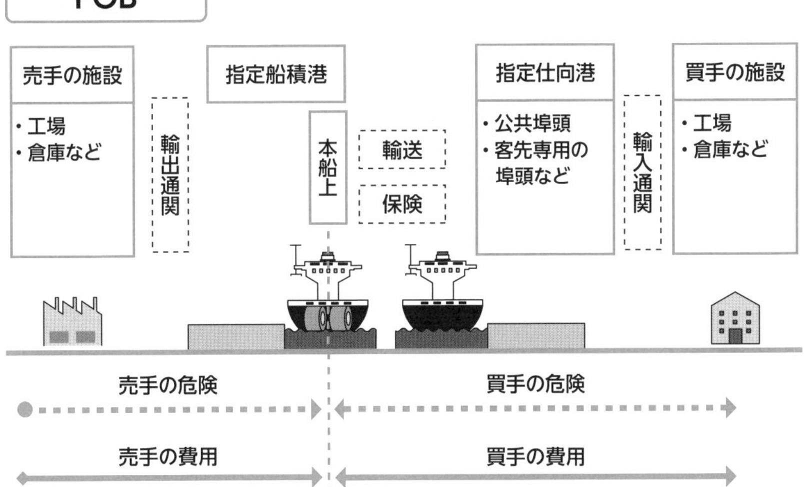

使用例：輸出　FOB PORT OF YOKOHAMA, JAPAN
輸入　FOB PORT OF SYDNEY, AUSTRALIA

用船契約との整合性

FOB 規則が頻繁に使用されるばら積み貨物の用船契約では、貨物を本船に積んだ後に積付けや荷ならしを荷主の費用で行う運賃建値である Free in and out stowed and trimmed（FIOST）で取決める場合が多くあります（P.120）。売手と買手はより正確性を求めて、FOB 規則を変形させて、FOB stowed and trimmed と表記することがあります。このとき、積付けや荷ならしの費用と危険はどちらの負担で行われるかを明確にしておくことが必要です。たとえば、売手の費用と危険で行われると規定するのであれば “Goods shall be stowed and trimmed at seller's risk and expense after the goods have been placed on board” といった規定が考えられます。

CFR　運賃込み(Cost And Freight)

CFRの危険分岐点

CFRの危険の分岐点はFOBと同じで、売手が船積港の本船の船上に物品を置いたときに引渡しが行われ、危険が移転します。売手は、指定仕向港まで商品を運ぶ輸送契約を結びます。CFRの使用方法は売手が運賃を支払う輸入地側の指定仕向港を表記しますが、危険の分岐点はFOBと同様に輸出港における本船上であることに注意が必要です。

費用の分担

CFRの費用負担の分岐点は、危険と異なります。売手は、本船の船上で運送人に引渡すまでの費用に加えて、指定仕向港までの運賃を負担します。運賃に仕向港での荷おろし費用を含むかどうかは、契約時に合意しておき、売手はその合意に従って輸送契約を結びます。一般的に、定期船は運賃に荷おろし費用が含まれますが、不定期船はケースバイケースです。

» CFRの保険契約

保険契約は買手が自らの責任と費用で行います。老齢船や甲板上船積みなど危険率の高い輸送には高い保険料率が課せられますので、買手は、輸送手段について売手に適切な指示を行っておくことが肝要です。

» CFRの通関、許認可取得、安全確認その他の手続き

輸出に係る通関、許認可取得、安全確認その他の手続きは売手の義務、輸入に係る通関、許認可取得は買手の義務になります。

通関には、輸出入通関手続きに必要な費用、関税、税金などが含まれます。物品の船積前検査費用は、輸出国の当局によって命じられる検査は売手の負担、それ以外は買手の負担となります。

コンテナ船輸送には不適切

コンテナ船輸送の場合は、CFRではなくCPTを使用します(P.276)。

▶ 2　海上および内陸水路運送のための規則

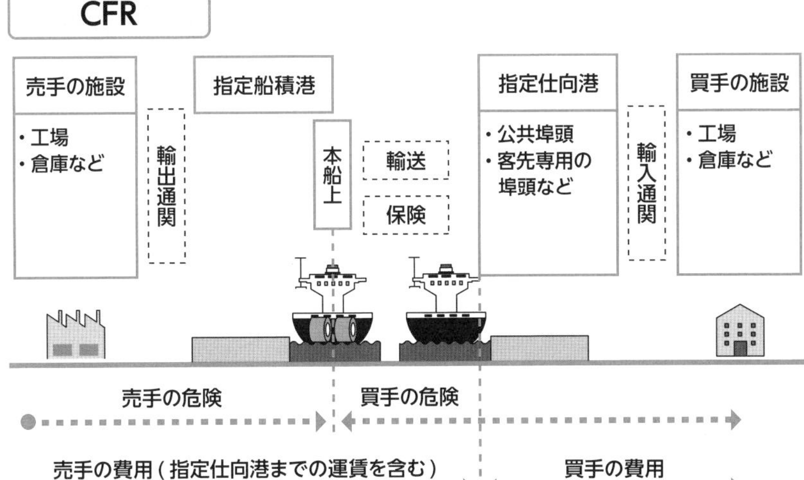

使用例：輸出　CFR PORT OF RIO DE JANEIRO, BRAZIL
　　　　輸入　CFR PORT OF MIZUSHIMA, JAPAN

仕向港到着日の規定は避ける

CFRでは売手の義務は合意した期間に船積みを行うことであり、船積後の出来事は買手の危険に属します。当事者が到着日を規定する意図がある場合は、持込渡しであるDグループ規則を使用します。

用船契約との整合性

CFRにおいて、売手が手配する用船契約の運賃条件が貨物の荷揚げ費用を含むかどうかについては、売手と買手は売買契約で正確に規定しておくことが賢明です。たとえば、荷揚げの危険および費用は運賃に含むと規定することを意図して、“discharging costs until placing the goods on the quay shall be for seller's risk and expense”と規定することが考えられます。

CIF　運賃保険料込み(Cost Insurance and Freight)

CIFの危険分岐点

CIFの危険の分岐点はFOBと同じで、売手が船積港の本船の船上に物品を置いたときに引渡しが行われ、危険が移転します。売手は、指定仕向港まで商品を運ぶ輸送契約と保険契約を結びます。

CIFの場合も、売手が運賃を支払う輸入地側の指定仕向港を表記しますが、危険の分岐点はFOBやCFRと同様に輸出港の本船上となります。

費用の分担

CIFの費用負担の分岐点は、危険と異なります。売手は、本船の船上で運送人に引渡すまでの費用に加えて、指定仕向港までの運賃と貨物保険料を負担します。荷おろし費用については前節のCFRと同じです。

» CIFの保険契約

CIFでは売手が、指定仕向地までの貨物海上保険を手配し保険料を支払います。インコタームズの規定では、売手の義務は最低限の補償範囲の保険（すなわちICC（C）条件　P.257）の手配をすればよいとされていますので、買手がそれ以上の保険条件を望む場合は契約時に必要とする条件や追加補償を規定しておく必要があります。

» CIFの通関、許認可取得、安全確認その他の手続き

輸出に係る通関、許認可取得、安全確認その他の手続きは売手の義務、輸入に係る通関、許認可取得は買手の義務になります。

通関には、輸出入通関手続きに必要な費用、関税、税金などが含まれます。物品の船積前検査費用は、輸出国の当局によって命じられる検査は売手の負担、それ以外は買手の負担となります。

コンテナ船輸送には不適切

コンテナ船輸送の場合には、CIFではなくCIP（P.64）を使用します。

▶ 2　海上および内陸水路運送のための規則

CIF

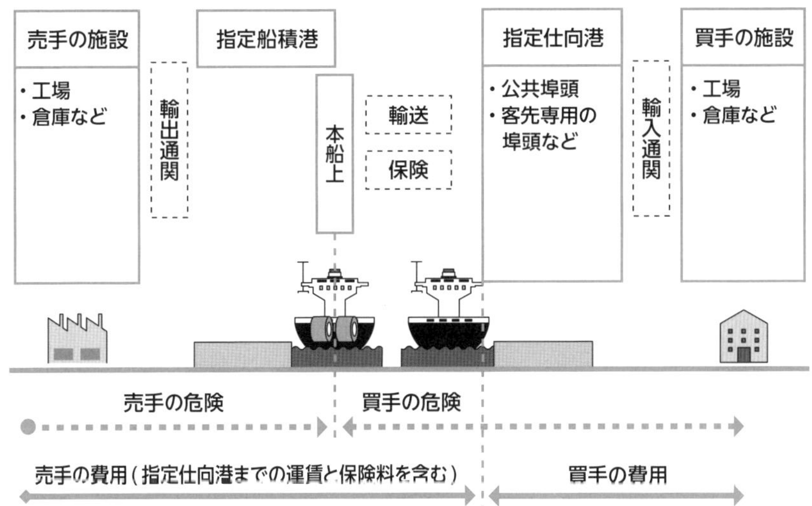

使用例：輸出　CIF PORT OF MUMBAI, INDIA
　　　　輸入　CIF PORT OF KAMAISHI, JAPAN

仕向港到着日の規定は避ける

CIF では売手の義務は合意した期間に船積みを行うことであり、船積後の出来事は買手の危険に属します。当事者が到着日を規定する意図がある場合は、持込渡しであるDグループ規則を使用します。

用船契約との整合性

CIF において、売手が手配する用船契約の運賃条件と売買契約との整合性の必要性は CFR と同じです。

02-07

Trading

インコタームズ2010と2020の対比

インコタームズ2010と2020の主な変更点は次の通りです。

2020年版における2010年版からの変更点

① 積込済みの付記のある船荷証券とFCA規則（P.60）
FCAにおいても積込済みの付記（On Board Notation）のある船荷証券を求めることが実務上発生しているので、実情に合わせて、その選択肢を追加しました。

② 費用の一覧が示されたこと（P.55）
利用者が一目で費用の分担がわかるように項目を整理しました。

③ CIFおよびCIPにおける保険補償の水準の相違（P.64、78）
CIPは工業製品など高価な貨物が多く、最も補てん範囲の広い保険条件ICC(A)が使用されていることより、実情に合わせて、CIPの売手の義務をICC(A)に変更しました。
CIFの売手の義務は、ICC(C)のまま変更はありません。

④ FCA、DAP、DPU、DDPの各規則における売手または買手自身の運送手段を用いる運送の取決め
売手または買手が、運送契約を締結するのみならず、自ら所有する運送手段を使うことも明文化しました。

⑤ DATからDPUへの3文字コードの変更（P.68）
指定仕向地を「ターミナル」に限定していたDATを、「いかなる場所でも可」と適用範囲を広げ、DPUに改称しました。これに伴い、荷おろし前に引渡しが行われるDAPを前に順序を入れ替えました。

⑥ 運送契約の手配義務と費用の分担に、安全関連の要件を含めること
安全関連の手配義務と費用分担、運送、通関、費用分担の項に記載

されました。

⑦ 利用者のための解説ノート

各規則の留意すべきポイントが記載されました。

▶インコタームズ2010と2020の比較

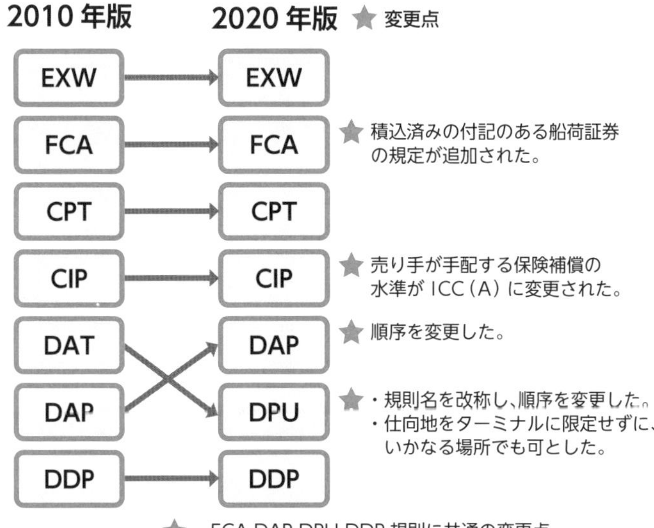

★ FCA DAP DPU DDP 規則に共通の変更点
・自らの運送手段の使用が明文化された。

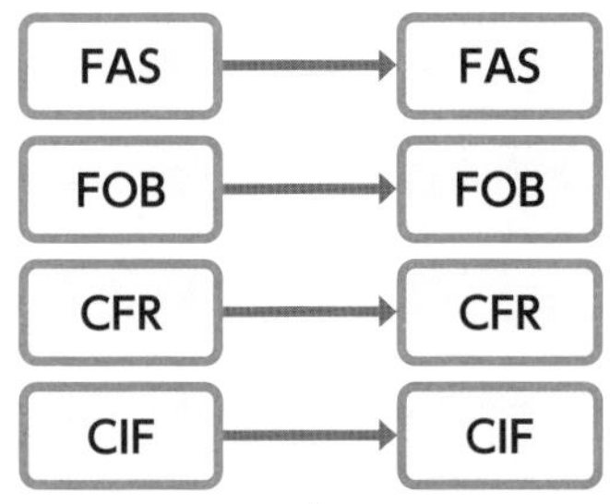

★ 11 規則すべてに共通の変更点
・「利用者のための解説ノート」を記載した。
・費用の分担を 1 つの項にまとめて記載した。
・運送と通関の項に安全関連の要件を含めた。

02-08

Trading

インコタームズ規則が定めていないこと

インコタームズは売買される物品の所有権移転は定めていません。

インコタームズが定めていること

インコタームズは、主として次の３分野について規定しています。

① 売手と買手の義務について；たとえば、運送や保険の手配、運送書類の取得や輸出入許可の取得義務など。

② 危険について：売手から買手に危険が移転する時と場所。

③ 費用について：売手と買手のどちらが、運送費、包装費、積込みや荷おろし費用、検査費用または安全確認に関する費用を負担すべきか。

インコタームズがあえて定めていないこと

以下のようなことは売買契約で規定しておくべきこととして、インコタームズではあえて定めていません。

① 売買される物品の財産権、権限、所有権の移転

② 売買される物品の仕様

③ 売買契約が成立しているか否か

④ 代金支払いの時期、場所、方法、使用通貨

⑤ 売買契約の違反に対して請求できる救済方法

⑥ 契約上の債務の履行遅延その他の違反の結果

⑦ 制裁の効果

⑧ 関税の賦課

⑨ 輸出または輸入の禁止

⑩ 不可抗力または履行困難

⑪ 知的財産権

⑫ 紛争解決の方法、場所、準拠法

輸送
のしくみと書類

貿易拡大、技術革新とともに、船の大型化と専用船化が進み、
輸送手段も航空輸送や陸上輸送を組み合わせた
複合一貫輸送など多様化しています。

03-01

Trading

海上輸送に使う船の種類

積載する貨物の性状に合わせて、さまざまな構造の船舶が使われます。

輸送船舶の大型化と多様化

海上輸送に用いられる貨物船は、積載する貨物の性状に合わせて多種多様な構造を持った船舶が開発されています。船舶の大きさは一般的には本船に積載可能な重さを示す重量トン（Deadweight Ton）で表されますが、コンテナ船の場合には20フィートコンテナが何個積めるかを示す、TEU[*1]という単位が使われています。

» コンテナ船

コンテナ貨物専用の貨物船で、船倉はコンテナを重ねて積込むのに適した直方体の構造になっています。雨天でも船への積降ろしができて航行速度も速いので、定期船航路に用いられており、衣類や家電製品など一般貨物から食料品まで幅広い貨物が輸送されています。

» ばら積み船（BulkerまたはBulk Carrier）

穀物や石炭などのばら荷の輸送に適した単層の船倉の船で、船の大きさにより、ハンディサイズ（3万～6万重量トン）、パナマックス型（6万～8万重量トン、船幅約32.2m以内でパナマ運河通過可[*2]の最大船型の意）、ネオ パナマックス型（8万～12万トン、運河拡張後の最大船型）、ケープサイズ（12万重量トン以上で喜望峰回りとなる船の意）と分けて呼ばれています（P.117）。ハンディサイズは鋼材製品や肥料など、パナマックス型は穀物や石炭など、ケープサイズは鉄鉱石などを主要貨物として利用されています。

» 専用船

貨物の比重や特性に応じて船型や船倉が特化された船で、木材チップ専用船（Wood Chip Carrier）、自動車専用船（Pure Car Carrier）などがあ

＊1　TEU：Twenty-Foot Equivalent Unit

＊2　パナマ運河の拡張工事が2016年に完了し、船幅49Mまでの大型船が通過できるようになりました（P.117）。

ります。

» タンカー

液体貨物輸送のためのタンク構造の船倉を持つ船で、原油タンカー（Crude Oil Carrier）のほか、プロダクトタンカー、LNG タンカー、LPG タンカーなどがあります。

▶ 貨物船の種類

コンテナ船（一般貨物の輸送）

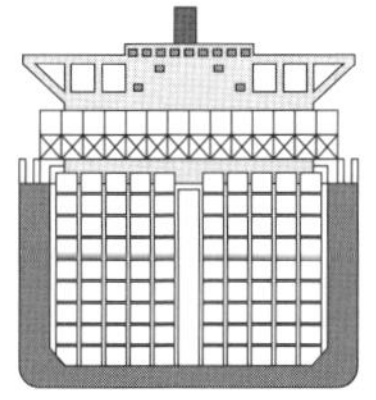

ばら積み船（乾貨物の輸送）

・ハンディサイズ
・パナマックス
・ネオ パナマックス
・ケープサイズ

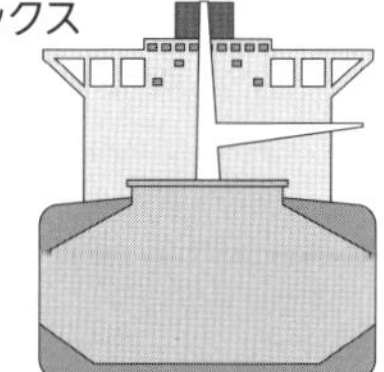

その他の専用船

・自動車専用船
・木材チップ専用船
・重量物運搬船

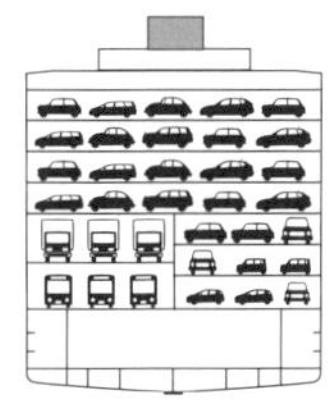

タンカー（液体貨物の輸送）

・原油タンカー
・プロダクトタンカー
・LNG タンカー
・LPG タンカー

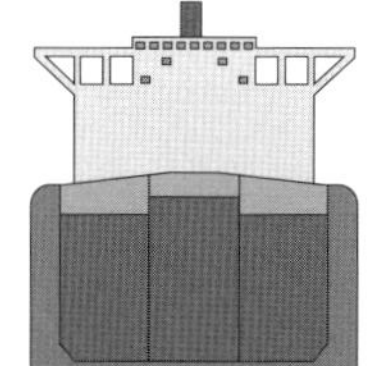

定期船サービス (Liner Service)

製品類の輸送には、主にライナーサービスが利用されます。

定期船の航路

定期船サービスは、決まった港から港への特定航路の輸送を提供するサービスで、船会社はスケジュールを公表し、不特定多数の荷主から貨物を集荷します。

日本からの定期船航路には、欧州航路、北米西岸航路、北米東岸航路、中南米航路、アフリカ航路、アジア航路、中近東航路、大洋州航路など多くの航路があります。大手船会社は配船数や航路サービスを充実させるため国内や海外の有力船会社とアライアンス（共同運航組織）を組み、世界中に網の目のように定期船航路を張り巡らしています。

定期船の船舶

定期船には、コンテナ船、在来型貨物船などの船舶が使用されますが、航行速度が速く、雨中でも荷役ができてスケジュールが安定するコンテナ船の使用が主流となっています。コンテナに積まれた貨物は鉄道やトラックに積み替えが容易であり、海陸一貫輸送によるDoor to Doorの輸送を可能にしました。

▶日本―アジア航路　中国・香港向けスケジュール例

		JAPAN				HONG KONG		CHINA		
VESSEL	VOY	東京	横浜	名古屋	神戸	香港	黄埔	上海	寧波	青島
MTM ACE	123	7/28-29		7/29-29	7/30-30			8/7	8/6	8/5
MTM STAR	234		7/30-31	7/31-31	8/1-1	8/5	8/6			
MTM LAKE	345	8/4-5		8/5-5	8/6-6			8/14	8/13	8/12
MTM VEGA	456		8/6-7	8/7-7	8/8-8	8/12	8/13			

▶日本から欧州向け定期船航路の例

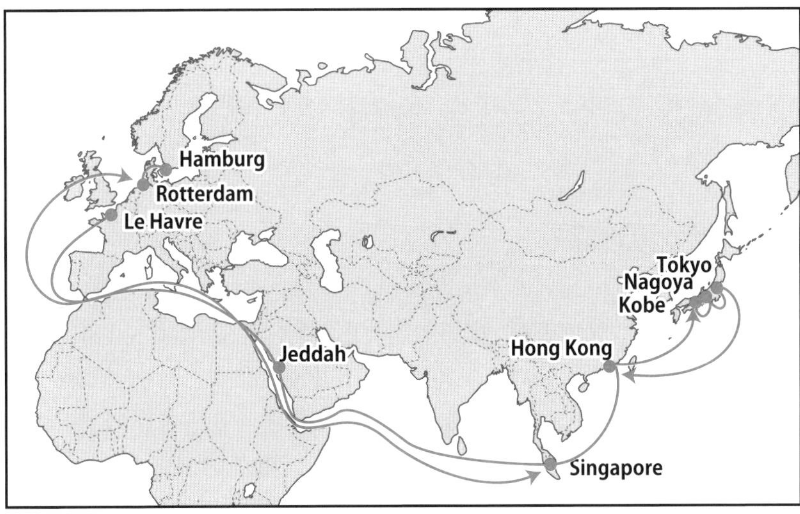

▶米国から欧州、中南米向け定期船航路の例

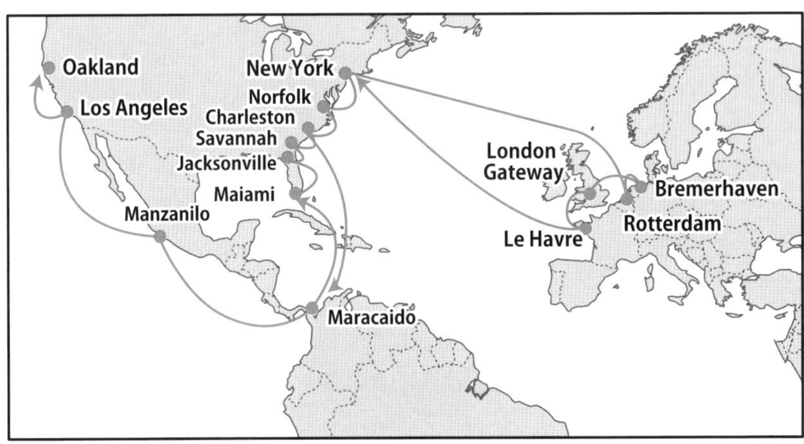

03-03

定期船

海上輸送コンテナの種類

一般的なドライコンテナのほか、特殊コンテナが用意されています。

コンテナの種類

» ドライコンテナ（Dry Container）

最も一般的なコンテナで、家電製品から工業製品など幅広く利用されています。構造は鉄あるいはアルミ製の直方体で、20フィート（6,096mm）コンテナと40フィート（12,192mm）コンテナがあります。また、高さが1フィート高く容積かつ貨物に適した背高（High Cube）コンテナもあります。どのサイズのコンテナを選ぶかは、貨物の重量・容積と運賃率を考慮して選びます。

» 冷凍コンテナ（Reefer Container）

外部電源を使い冷却・保温機能を持つコンテナで、温度管理（－25℃～＋20℃程度）が可能なことより、肉、魚、精密機械、薬品、フィルムなどの輸送に使用されています。

» オープントップコンテナ（Open Top Container）

屋根が開放されているコンテナで、上方から重量物や長尺貨物を積むことができます。鉄コイルや大型タイヤなどをクレーンで積む場合に適しています。

» フラットラックコンテナ（Flat Rack Container）

屋根および壁が開放されており、上方や側面からクレーンや大型フォークリフトで重量物や長尺貨物を積む場合に適しています。クルーザーなどの輸送に使われています。

» タンクコンテナ（Tank Container）

液体貨物を輸送するタンクを持つコンテナで、モルト（原酒）、醤油、化学品などの輸送に使われています。

▶各種のコンテナ

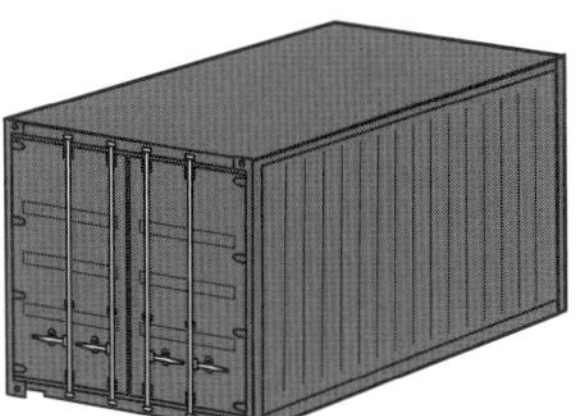

ドライコンテナ

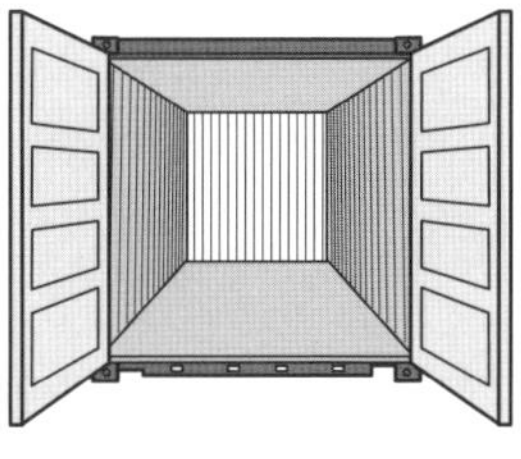

ドライコンテナの中

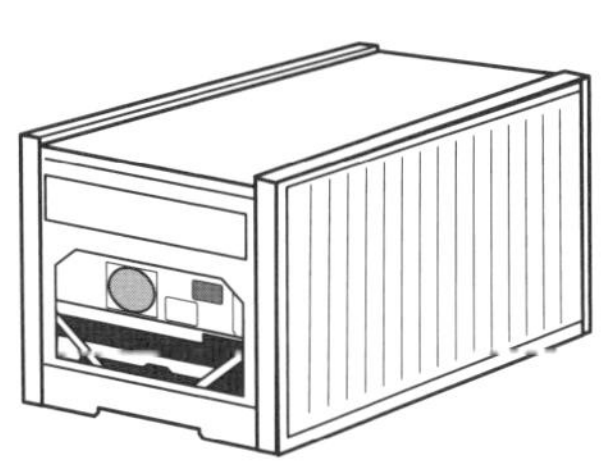

冷凍コンテナ

オープントップコンテナ

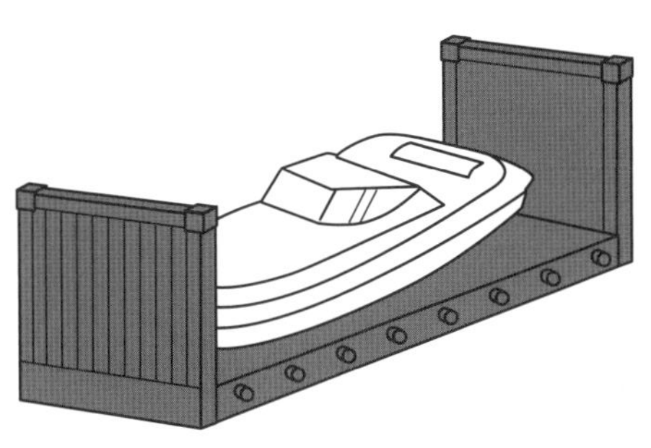

フラットラックコンテナ

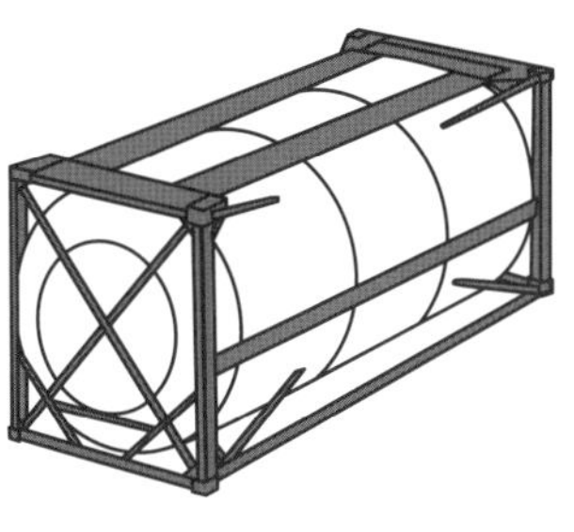

タンクコンテナ

海上輸送コンテナのサイズ

コンテナのサイズはISOにより規格化されています。

海上輸送コンテナの規格

海上輸送コンテナはISO（国際標準化機構）により、寸法、強度、コンテナ番号記載方法などが規格化されています。すべてのコンテナには、「ABCU123456」のような固有の番号が付けられ、扉面に表示されています。この番号は最初の4文字で船会社、続く番号でコンテナが特定されるしくみになっており、船会社はこのコンテナ番号を使って、本船への積付け場所やコンテナの現在地確認などの管理を行っています。

コンテナの積載可能重量

コンテナの強度を考慮した最大積載重量は右ページのサイズ表に記載されているように約21トン～26トンありますが、貨物の入ったコンテナを港湾地区から内陸まで輸送する場合には、道路や橋の重量規制により積載重量が制限を受ける場合があります。道路や橋の規制は貨物と車体と含めた総重量で規制されるので、規制値からトレーラーヘッド、シャーシ、コンテナ自重等を差引いた重量が貨物の最大積載重量となります。内陸まで輸送する場合には輸出国の道路交通法規制に注意が必要です。

コンテナシール(Seal)

コンテナはバンニング終了後、ドアにシール（封印）が施されます。シールは、税関による貨物検査が実施されるとき以外は、輸入国でデバンニングを行うときまで開封されることはありません。コンテナが船から荷おろしされたときや荷受人に引渡されたときに、シールに異常がないかが確認されます。コンテナ番号とシール番号は船荷証券に記載されます。

▶ドライコンテナのサイズ

一般的なドライコンテナのサイズ

		20feet のドライコンテナ	40feet のドライコンテナ
重量	最大総重量	24,000kg	30,480kg
	自重	2,200kg	3,740kg
	最大積載重量	21,780kg	26,740kg
容積	内寸法　長さ	5,899mm	12,033mm
	幅	2,352mm	2,352mm
	高さ	2,386mm	2,386mm
	内容積	33.1cubic meter	67.5cubic meter
扉部	扉開口部　幅	2,340mm	2,340mm
	高さ	2,272mm	2,272mm

ISO コンテナ番号

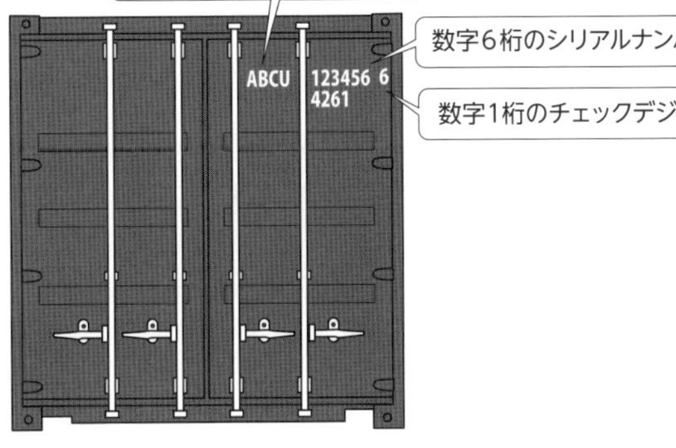

ボルト型コンテナシールとシール番号

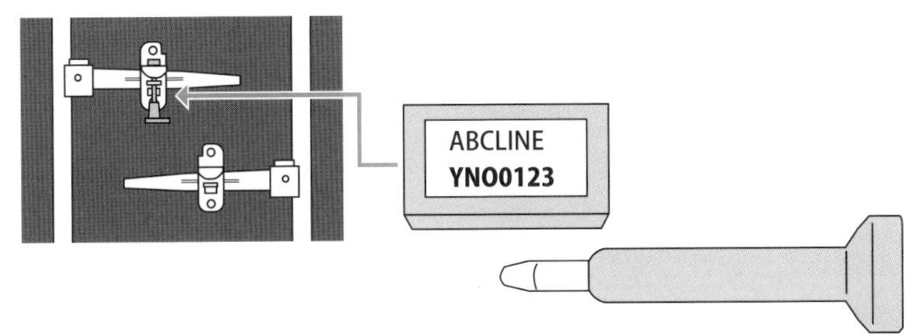

※シールにはほかのタイプもあります

コンテナヤード(CY)とコンテナフレートステーション(CFS)

コンテナ船の荷役はコンテナターミナルで行われます。

コンテナターミナル(Container Terminal)

コンテナ船輸送では貨物はすべてコンテナに詰込んだ状態で海上も陸上も輸送されます。コンテナ船はコンテナターミナルと呼ばれるコンテナ船専用の荷役設備と保管管理の施設を持つ港湾施設で積揚げを行います。コンテナターミナルは、通年24時間天候に関わりなく稼働しており、コンテナ船がスケジュール通りに入出港できる体制を支えています。

コンテナヤード(CY[*1])

コンテナヤードは、船積み前の輸出コンテナや船から荷おろしした輸入コンテナの荷捌きと一時保管を行う場所で、空コンテナの保管や修理などの作業も行われます。

コンテナヤードの入り口にはゲートと管理棟が設けられており、出入りするコンテナの情報を管理し、搬出入手続き、実重量測定、コンテナ外観の検査などの作業を行っています。輸出者はコンテナヤードのゲートで貨物入りのコンテナを運送人に引渡し、輸入者はコンテナを引取ります。

コンテナフレートステーション(CFS[*2])

コンテナフレートステーションはコンテナ１本に満たない小口貨物の詰合わせを行う運送人の施設で、コンテナヤードの近くに設けられています。小口貨物の荷主は貨物をコンテナフレートステーションにトラック等で搬入し運送人に引渡します。運送人は同じ仕向港向けのほかの小口貨物とコンテナに詰合わせた後にコンテナヤードに搬入します。輸入港側では、コンテナフレートステーションで貨物がコンテナから取出された後に受荷主

＊1　CY：Container Yard
＊2　CFS：Container Freight Station

に引渡されます。

▶コンテナターミナルの概要

コンテナ船が接岸する岸壁をバースと呼び、本船の船側でコンテナ積揚げ荷捌きを行う場所をエプロンと呼んでいます。エプロン上にはコンテナを積揚げするガントリークレーンが設置されています。エプロンの手前のエリアはこれから船積みするコンテナや荷揚げ後のコンテナを保管する場所でマーシャリングヤードと呼ばれ、ストラドルキャリアーやリーチスタッカーと呼ばれるコンテナ専用の機器を使い、荷捌きが行われています。

コンテナ・ターミナル内の概略配置

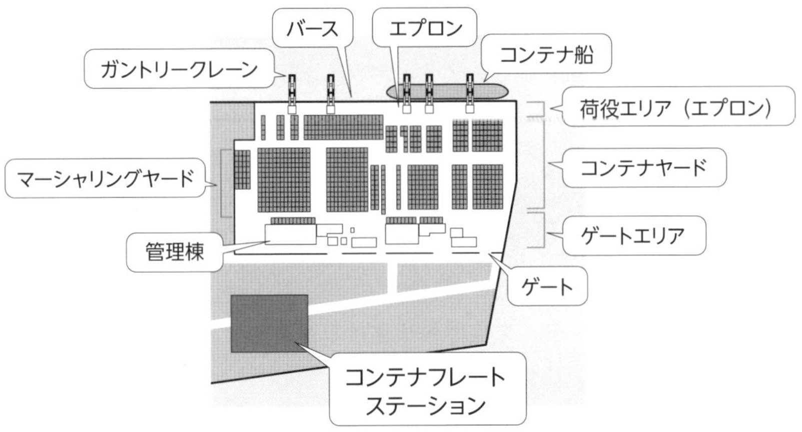

ガントリークレーン

ストラドルキャリアー

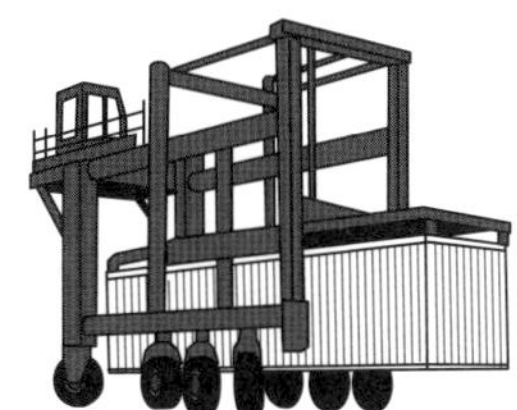

リーチスタッカー

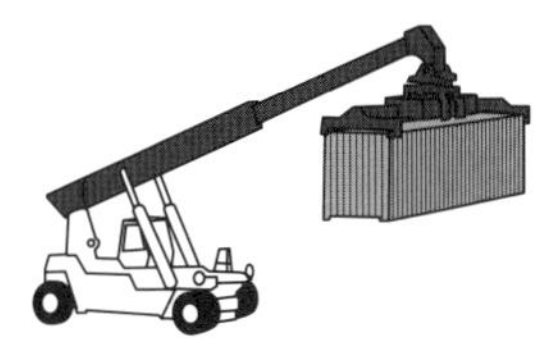

FCL貨物とLCL貨物

FCL貨物は単一荷主、LCL貨物は複数の荷主によるコンテナ使用となります。

FCL貨物とは

一人の荷主の貨物だけで1つのコンテナを満載できる貨物をFCL[*1]貨物と呼んでいます。FCL貨物は、輸出者の工場や倉庫で貨物をコンテナ詰めした後、コンテナヤードに搬入されます。仕向港においても輸入者の施設に到着するまでコンテナから貨物を出すことなく最終仕向地までDoor to Doorで輸送することができますので、輸送時間の短縮、輸送途中の貨物破損リスクの回避、梱包費の節約などコンテナ輸送のメリットを最大に発揮できる輸送方法となっています。

LCL貨物とは

一人の荷主の貨物だけで1本のコンテナに満たない小口貨物をLCL[*2]貨物と呼んでいます。LCL貨物は、コンテナフレートステーション（P.92）で運送人により同じ仕向港向けのほかの貨物とコンテナに詰合わせが行われた後、コンテナヤードに搬入されます。小口貨物でもコンテナ輸送を利用できる便利な輸送方法です。

シッパーズパックとキャリアーズパック

コンテナへ貨物を詰め込む作業をバンニング（Vanning）と呼んでいます。バンニングを荷主が行うことをシッパーズパック[*3]、運送人が行うことをキャリアーズパック[*4]と呼んでいます。

一般的には、FCL貨物はシッパーズパック、LCL貨物はキャリアーズパックとなりますが、荷主がキャリアにバンニングを任せてキャリアーズ

＊1 FCL：Full Container Load
＊2 LCL：Less than Container Load
＊3 シッパーズパック：Shipper's Pack
＊4 キャリアーズパック：Carrier's Pack

パックによるFCL貨物を仕立てることも可能です。

保険求償において、「不適切な梱包」は免責事由（P.258）であり、コンテナへの積付けは梱包と同様に解釈されています。このためシッパーズパックの場合は、適切なバンニングを行うことが保険求償の前提条件となります。

▶コンテナ貨物の一般的な受渡しパターン

FCL 貨物　FCL 貨物 ：1 荷主 (Shipper) / 1　受荷主 (Consignee)

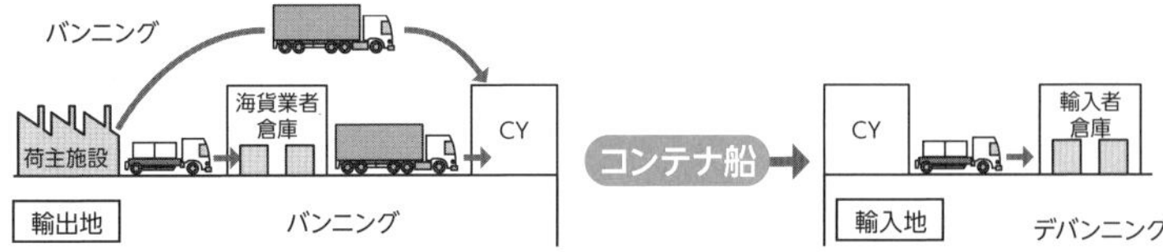

LCL 貨物　LCL 貨物 ：複数の荷主 (Shipper) / 複数の受荷主 (Consignee)

コンテナ貨物の受渡し 4 パターン

船積地	仕向地		
CY	CY	FCL貨物	シッパーズパック
CY	CFS	FCL貨物	シッパーズパック
CFS	CY	FCL貨物	キャリアーズパック
CFS	CFS	LCLまたはFCL貨物	キャリアーズパック

03-07

定期船

Trading

コンテナ貨物 輸出手続きの流れ

コンテナ貨物の輸出手続きの流れは次の通りです。

ブッキング〜船積手配

貨物の量や性状に合わせて適切なコンテナと必要な本数を決めて船会社にブッキング（P.100）を入れます。輸出者と輸入者のどちらがブッキングを行うかは、貿易取引条件（インコタームズ／P.54）によって決まります。

輸出者は、海貨・通関業者に船積依頼書（P.172）とインボイス、パッキングリスト、輸出許認可書類（P.176）など輸出通関に必要な書類を送り、輸出手続き代行を委託します。

FCL貨物輸出の流れ

» コンテナバンニング

海貨業者はコンテナヤード（CY）から空コンテナを借受けます。このとき、CYオペレーターより機器受渡書（EIR／P.107）が発行されます。輸出者は自社の施設あるいは海貨・通関業者の倉庫や上屋で貨物のコンテナ詰め（バンニング）を行い、コンテナをCYに搬入します。

» 輸出通関手続き

通関業者は税関のNACCSシステムを使い輸出申告を行います。輸出通関における保税搬入原則の見直し（2011年）により、貨物入りコンテナをCYや保税地域に持ち込む前に税関への輸出申告を行うことができるようになりました。ただし、輸出許可が下りるのはCYや保税地域に搬入後となります。

» 船積み〜B/L発行

海貨・通関業者は、輸出者から送られてくる船積依頼書（SHIPPING

INSTRUCTION : S/I）（P.172）に従って輸出貨物情報を NACCS システムに入力し、B/L 記載事項の基本情報を伝える B/L インストラクション（P.106）やコンテナ毎の情報を伝えるコンテナパッキングリスト（for CLP）（P.106）を船会社に電送などで送ります。これを受けて船会社は B/L を作成し発行します。輸出者が輸送費を負担する取引条件であれば、輸出者は船荷証券発行に先立ち運賃を船会社に支払います。

LCL貨物輸出の流れ

» 貨物のCFS搬入

輸出者またはその委託を受けた海貨・通関業者は、トラック等で貨物を運送人から指定されたコンテナフレートステーション（CFS）に搬入します。貨物は CFS にて検定機関による検数と検量を受けます。

» 輸出通関手続き

海貨・通関業者は税関の NACCS システムを使い輸出申告を行います。税関への輸出申告は CFS に搬入する前に済ませておき保税輸送をするか、CFS 搬入後に行います。CFS オペレーターは、税関の輸出許可が下りたことを確認のうえ、複数の輸出者の貨物を混載してバンニングを行います。

» 船積み～ B/L発行

CFS オペレーターは、貨物入りコンテナを CY に搬入し、CY オペレーターに各輸出者より受取った輸出許可通知書を提出します*。一方、海貨・通関業者は、B/L インストラクション（P.106）やコンテナパッキングリスト（for CLP）（P.106）を NACCS システムを使い船会社に電送などで送り、これを受けて船会社は B/L を作成し発行します。輸出者は CFS での作業料である CFS チャージを船会社に支払います。また、輸出者が輸送費を負担する貿易取引条件であれば、輸出者は船荷証券発行に先立ち運賃を船会社に支払います。

＊ 税関各種手続きは、NACCS システムを使いオンラインで処理されています。

03-08

定期船

コンテナ貨物輸入手続きの流れ

コンテナ貨物の輸入手続きの流れは次の通りです。

船積書類の入手

輸入者は輸出者から直接または銀行経由で入手したインボイス、船荷証券、原産地証明書などの船積書類を海貨・通関業者に渡し、輸入通関から商品引取りまで一連の輸入手続き代行を委託します。

本船の輸入港到着が近付けば、船荷証券のNotify Partyに記載された連絡先に本船到着案内が船会社代理店より送られてきます。

FCL貨物輸入の流れ

» 貨物引取りの準備

本船の輸入港到着後、荷おろしされたコンテナはコンテナヤードに蔵置されます。海貨・通関業者は、船荷証券を船会社に差し入れて、CYオペレーター宛の荷渡指図書（D/O* P.129）を受取ります。近年はD/Oデータを送信する簡素化（D/Oレス）も普及しています。輸入者が輸送費を負担する貿易取引条件であれば、船荷証券に「Freight Collect」（運賃着地払い）と記載されていますので、輸入者は船会社に運賃を支払います。

» 輸入通関手続き

海貨・通関業者は税関のNACCSシステムを使い輸入申告を行い、税関の指示に従い、インボイス、パッキングリスト、原産地証明書、船荷証券のコピーなどの書類を提出します。また、必要な関税や消費税の納入を行います。

» コンテナ引取り～デバンニング

輸入許可あるいは保税輸送の許可など税関手続きを終えてから、海貨・通関業者はコンテナをCYから引取り、コンテナからの貨物取出し（デバ

＊D/O：Delivery Order

ンニング）を行う自社施設または倉庫に国内輸送（ドレー：Dray）します。デバンニング完了後、海貨・通関業者は空になったコンテナをCYに返却します。CYからコンテナを搬出するときと空コンテナを返却するときには、CYオペレーターより機器受渡書（EIR ／ P.107）が発行されます。

LCL貨物輸入の流れ

» コンテナからのデバンニング

本船の仕向港到着後、荷おろしされたコンテナはコンテナヤードにいったん蔵置された後、速やかに船会社によりCYからCFSに回送されます。CFSオペレーターはコンテナから貨物の取出し（デバンニング）を行い、各輸入者別に商品を仕分けます。デバンニング時には、コンテナロードプラン（CLP）と照合して商品の数量不足やダメージの有無をチェックし、デバンニングレポートを作成します。

» 輸入通関手続き

海貨・通関業者は税関のNACCSシステムを使い輸入申告を行い、税関の指示に従い、インボイス、パッキングリスト、原産地証明書、船荷証券のコピーなどの書類を提出し、輸入者は必要な関税や消費税の納入を行います。輸入通関を海貨・通関業者の上屋（保税施設）で行う場合には、CFSからの保税輸送の手続きを行います。

» 貨物引取り

海貨・通関業者は、船荷証券を船会社に差入れて、CFSオペレーター宛の荷渡指図書（D/O P.129）を受取ります。輸入者が輸送費を負担する取引条件であれば、船荷証券の運賃表示が「Freight Collect」（運賃着地払い）となっていますので、輸入者は貨物引取りの前に船会社に運賃を支払います。

海貨・通関業者は、CFSオペレーターに荷渡指図書（D/O）と輸入許可書または保税運送承認書を提出し、CFSチャージを支払った後に商品を引取ります。

03-09　定期船

定期船(コンテナ船)のブッキング

船会社にコンテナ船のスペース予約することをブッキングと呼んでいます。

ブッキングの要点

ブッキングは、貨物の荷揃い予定日に国内輸送や通関などに要する日数を考慮し、適切な入出港予定の本船を選び船会社に電話やメールなどで予約を入れ、船会社よりブッキング番号（予約確認番号）を受取ります。輸出者と輸入者のどちらがブッキングを行うかは、貿易取引条件により決まります。

» 本船情報を把握すること

本船情報には、本船名、航海番号、船積港の到着予定日（ETA[*1]）と出港予定日（ETD[*2]）、仕向港のETA、積揚港などの情報があります。

» 貨物情報を船会社に正確に伝えること

商品明細、重量、容積、梱包状態などを船会社に伝え、FCL貨物の場合は予約するコンテナの種類と本数を確認します。LCL貨物の場合、コンテナの種類は船会社の判断で行われます。

» 船会社に貨物の受渡し条件や運賃を確認すること

FCL貨物の場合にはコンテナを搬入するCYの場所と搬入締切日時（CYカット）の確認、LCL貨物の場合は貨物を搬入するCFSの場所と搬入締切日時（CFSカット）を確認します。また、輸入国側でコンテナや貨物を受荷主に引渡すCYやCFS､あるいは最終仕向地などの場所（Place of delivery）を確認します。

運賃については、運賃料率と各種サーチャージ（割増運賃）、運賃前払い（Prepaid）か後払い（Collect）かの支払条件、またサービスコントラクトなどの優遇料率の適用を受ける場合にはブッキング時点で確認しておきます。

＊1　ETA : Estimated Time of Arrival
＊2　ETD : Estimated Time of Departure

▶ブッキング確認書

ABC CONTAINER LINE CO. LTD
4-XX, Kojimachi Chiyoda-ku, Tokyo, Japan 102-00XX

BOOKING CONFIRMATION（ブッキング確認書）			
BOOKING NUMBER	**ABC0001**（ブッキング番号）	DATE	**MAY 25,20XX**（ブッキング日）
TO (BOOKING PARTY)	**KANKI TRADING**（ブッキング依頼者）	TEL FAX	**03-5204-xxxx** **03-5204-yyyy**
SHIPPER	**KANKI TRADING**（荷主）	TEL FAX	**03-5204-xxxx** **03-5204-yyyy**
FORWARDER	**YASUDA SOKO**（海貨・通関業者）		
VESSEL	**ABC RONDO**（本船名）	VOYAGE #	**111**（航海番号）
PLACE OF RECEIPT	**YOKOHAMA CY**（船会社がコンテナ貨物を受取る場所）		
PORT OF LOADING	**YOKOHAMA**（船積港）	ETA DATE	**JUNE 20, 20XX**（到着予定日）
CUT OFF DATE/TIME	**JUNE 19 / 16:30**（CYやCFSへの貨物搬入締切日時）		
PORT OF DISCHARGE	**NEW YORK**（仕向港）	ETA DATE	**JULY 20, 2015**（到着予定日）
PLACE OF DELIVERY	**NEW YORK CY**（船会社がコンテナ貨物を引渡す場所）		
FINAL DESTINATION	**STAMFORD, CT**（最終仕向地：参考情報として必要に応じて記載）		
SERVICE TYPE	**CY-CY**（CY-CY やCFS-CFS などデリバリー方法の区別）		
CONTAINER TYPE	**20 FEET DRY**（コンテナの種類）		
NUMBER OF CONTAINER	**1 (ONE)**（コンテナの本数、FCL貨物の場合のみ）		
COMMODITY	**COLD ROLLED STAINLESS STEEL SHEET IN COIL**（船積貨物の名称）		
PACKING	**ON WOODEN SKID, EACH COIL ABOUT 1 MT**（梱包状況）		
QUANTITY	**15 COILS , ABOUT 15 MT**（貨物の数量、重量、容積など）		
FREIGHT	**US$2,500.00 PER CONTAINER FOR BASE RATE PLUS APPLICABLE SURCHARGE**		
FREIGHT PAYMENT	**FREIGHT PREPAID**（運賃支払い条件 PREPAID/ COLLECTの区別）		
EMPTY PICK UP LOCATION	**YOKOHAMA HONMOKU ……**（FCL貨物、空コンテナピックアップ場所）		
FULL RETURN LOCATION	**YOKOHAMA HONMOKU ……**（FCL貨物、コンテナを搬入するCY）		
CFS LOCATION	（貨物を搬入するCFS名と住所。LCL貨物の場合に記載）		
REMARKS	（その他、サービスコントラクト番号など適用事項があれば記載）		

ABC CONTAINER LINE CO. LTD EXPORT BOOKING DEPT
REIKO KOMA　（船会社担当者、連絡先など）
TEL **03-3668-12xx**
FAX **03-3668-12xx**
EMAIL **KOMA-REI@ABCLINE.COM**

定期船の運賃

定期船運賃は基本運賃とサーチャージで構成されています。

定期船の運賃

定期船の運賃は、船会社各社が航路別に運賃率（タリフレート[*1]）を設定しています。運賃の建値には、重量建て、容積建て、従価建て（Ad Valorem）、梱包建て、ボックスレート[*2]などがあります。

運賃は、基本運賃（Base Rate）と割増運賃（Surcharge）の合計で算出される方式が一般的に採られています。

基本運賃は、船の基本的な運航費用から算出して一定期間固定しておく料率で、それぞれの貨物の運賃負担力を考慮して設定される品目別運賃（Commodity Rate）と、貨物の種類には関係なく設定される品目無差別運賃（FAK[*3]）が設定されています。

割増運賃は、貨物の形状や船の運航上のさまざまな変動要素を考慮して追加で設定される料率で、重量貨物割増、燃料油割増、為替変動割増、船混み割増、ピークシーズン割増などがあります。

運賃の支払い条件　先払い(Prepaid)と後払い(Collect)

輸出者が船を手配し輸送費を負担するCグループとDグループの貿易取引条件では、運賃先払い条件でブッキングを行います。この場合、船会社は運賃入金の確認後に「Freight Prepaid」と記載された船荷証券を発行し、仕向港においては船荷証券の差入れと引換えに貨物を引渡します。

輸入者が船を手配し輸送費を負担するEグループとFグループの貿易取引条件では、一般的には運賃は後払い条件でブッキングを行います。この場合、船会社は、「Freight Collect」と記載された船荷証券を発行し、仕向港においては運賃入金確認を行ってから貨物を引渡します。

＊1　タリフレート：Tariff Rate　表定運賃
＊2　ボックスレート：Box Rate　コンテナ単位の運賃（FCL貨物）
＊3　FAK：Freight All Kinds

サービスコントラクト

船会社は、大口顧客への優遇措置として、一定期間の船積貨物量の保証を行った荷主に割安な運賃を提供する場合があります。この契約をサービスコントラクト（Service Contract）と呼んでいます。

▶定期船運賃の構成

運賃の種類

基本運賃 (Base Rate)	品目別運賃 (Commodity Rate)	商品の特性に応じて、品目別に設定された料率。
	品目無差別運賃　FAK (Freight All Kinds)	品目に関わりなく設定された料率。 ボックスレートとともにFCL貨物に適用されます。
割増運賃 (Surcharge)	重量割増 (Heavy Lift Surcharge)	一定の重さを超えた貨物に適用される割増料金。
	長尺物割増 (Lengthy Surcharge)	一定の長さを超えた貨物に適用される割増料金。
	燃料油割増 BAF (Bunker Adjustment Factor)	燃料油の高騰によるコスト急増を補てんする割増料金。
	通貨変動割増　CAF (Currency Adjustment Factor)	為替レートの急変によるコスト急増を補てんする割増料金。
	船混み割増 Congestion Surcharge	荷揚港の船混みによるコスト増を補てんする割増料金。
	ピークシーズン割増　PSS Peak Season Surcharge	クリスマス貨物の船積など、季節的な荷動き急増に対する繁忙時期割増料金。
	ターミナル・ハンドリング・チャージ　THC Terminal Handling Charge	コンテナヤードにおける作業料を船会社が荷主や受荷主に課金する料金。
	その他、不測の事態が発生した場合に、適宜割増料金が設定されています。	

運賃の建値

重量建	トン	1MT(Metric Ton)を単位とし、梱包後の貨物総重量(Gross Weight)に適用されます。
容積建	立方メートル	$1m^3$(Cubic Meter)を単位とし、梱包後の容積に適用されます。
重量または容積建	Freight Ton	重量建て、容積建てのどちらか運賃総額の大きいほうが適用されます。W/M(Weight or Measurement の意）と表示される場合もあります。
従価建	価格	商品価格に応じて適用される運賃率。宝石や美術品などの高価な商品に適用されます。
ボックスレート	コンテナ	コンテナ1本当たりいくらと設定する運賃率。 FCL貨物に適用されます。

定期船(コンテナ船)の船荷証券

定期船の船荷証券の表面には船積情報が、裏面には運送契約の一般条項が記載されています。

コンテナ船の船荷証券(B/L：Bills of Lading)

定期船の主要航路ではコンテナ船が起用されています。コンテナ輸送の船荷証券には、船会社が輸送責任を負う範囲として、コンテナや貨物の受取地点（Place of Receipt）と引渡地点（Place of Delivery）が記載されます。船荷証券は、船会社が貨物を受取った時点で発行できるように「Received」の文言で始まる受取式船荷証券（Received B/L）の書式が使用されています（P.142）。船荷証券の表面には、その船積みの内容を表す本船情報、荷主情報、貨物情報が記載され、裏面には船主責任や共同海損発生時の対応など船会社による運送引受条件の詳細が多岐にわたり記載されています。

» 船積確認文言（On Board Notation）

荷為替手形決済では、貨物が船積みされたことを確認する船積式船荷証券（Shipped B/L）を要求されるのが一般的です。コンテナ輸送の船荷証券は受取式なのでこのままでは要求を満たすことはできませんが、船積日を証明する文言（On Board Notation）（P.142）が記載されることにより、船積式船荷証券と同様に扱われます。L/C決済のルールである信用状統一規則（P.214）に、その旨が規定されています。

» 不知文言（Unknown Clause）

FCL貨物で、荷主がコンテナ詰めを行った場合、船会社等の運送人はコンテナの内容物、数量、個々の重量については知ることができません。このため船会社は、「Shipper's weight, load and count（貨物の明細は荷主の申告ゆえその正確性は船会社は責任を負えない）」という主旨の免責文言を船荷証券に記載します。

▶コンテナ船の船荷証券(表面)の例

ABC CONTAINER LINE　**FIRST ORIGINAL**　BILL OF LADING

SHIPPER/EXPORTER
KANKI TRADING CO., LTD
1-1-XX NIHONBASHI, CHUO-KU
TOKYO 103-0000, JAPAN
(荷主)

BOOKING NO. ABC0001(ブッキング番号)　BILL OF LADING NO. ABCU1234567(B/L番号)

EXPORT REFERENCES (for the merchant's and/or carrier's reference only. See back clause 8(1)(b))
YKNY10XX
(輸出者の参照となる契約番号など)

CONSIGNEE
TO ORDER OF SHIPPER
(受荷主)

FORWARDING AGENT-REFERENCES
FMC NO.
Yasuda Soko(海貨・通関業者)

NOTIFY PARTY (It is agreed that no responsibility shall be attached to the Carrier or its Agents for failure to notify)
DILLON CORPORATION
20XX ATLANTIC STREET
STAMFORD, CT. 06902 U.S.A.(到着案内送付先)
TEL 203-327-290X FAX 203-327-291X

RECEIVED by the Carrier from the Shipper in apparent good order and condition unless otherwise indicated herein, the Goods, or package(s) said to contain the Goods, to be carried subject to all the terms and conditions herein.
Delivery of the Goods to the Carrier for Carriage hereunder constitutes the Merchant's acceptance of all the stipulations, exceptions, terms and conditions of this Bill as fully as if signed by him, any contrary local custom or privilege notwithstanding.This Bill supersedes all prior agreements or freight engagements for the Goods.
If required by the Carrier, this Bill (duly endorsed if it is negotiable) must be surrendered in exchange for the Goods or delivery order. Where issued as a Sea Waybill, this Bill is not negotiable or a document of title and delivery shall be made to the named consignee on production of such reasonable proof of identity as may be required by the Carrier.
In witness whereof, the undersigned, on behalf of the Carrier, has signed the number of Bills stated hereunder, all of this tenor and date. Where issued as a Bill of Lading, delivery may be made against only one original Bill in which case, the others shall stand void.

PRE-CARRIAGE BY	PLACE OF RECEIPT	
	YOKOHAMA CY(受取地)	
OCEAN VESSEL VOYAGE NO. FLAG	PORT OF LOADING	FINAL DESTINATION (for the Merchant's reference only)
ABC RONDO(本船名) 111(航海番号)	YOKOHAMA JAPAN(船積港)	
PORT OF DISCHARGE	PLACE OF DELIVERY	TYPE OF MOVEMENT (IF MIXED, USE DESCRIPTION OF PACKAGES AND GOODS FIELD)
NEW YORK, N.Y. U.S.A.(仕向港)	NEW YORK CY(引渡地)	FCL/FCL(輸送タイプ) CY/CY

(CHECK "HM" COLUMN IF HAZARDOUS MATERIAL) PARTICULARS DECLARED BY SHIPPER BUT NOT ACKNOWLEDGED BY THE CARRIER(不知文言)

CNTR. NOS. W/SEAL NOS. MARKS & NUMBERS	QUANTITY (FOR CUSTOMS DECLARATION ONLY)	H M	DESCRIPTION OF GOODS	GROSS WEIGHT	GROSS MEASUREMENT
DILLON CORPORATION NEW YORK COLD ROLLED STAINLESS STEEL SHEET IN COIL C/NO. 1/15 MADE IN JAPAN (荷印) ABCU123456 (コンテナ番号) YN00123 (シール番号)	1 CONTAINER 15 SKIDS (コンテナ数 梱包数)		"SHIPPER'S LOAD AND COUNT" (不知文言) COLD ROLLED STAINLESS STEEL SHEET IN COIL (貨物の名称)	15,000.000 KGS (貨物総重量)	10.000 M3 (容積)

Declared Cargo Value US$　. If Merchant enters a value, Carrier's limitation of liability shall not apply and the ad valorem rate will be charged.

FREIGHT AND CHARGES	RATE	UNIT	CURRENCY	PREPAID	COLLECT
・BASIC OCEAN FREIGHT	2,500.00	PER CONTAINER	USD	2,500.00	
・BUNKER SURCHARGE	500.00	PER CONTAINER	USD	500.00	
・DOCUMENTATION FEE - ORIGIN	3,000.00	PER BILL OF LADING	JPY	3,000.00	
・TERMINAL HANDLING CHARGE - ORIGIN	26,000.00	PER CONTAINER	JPY	26,000.00	
・DOCUMENTATION FEE - DESTINATION	55.00	PER BILL OF LADING	USD		55.00
・TERMINAL HANDLING CHARGE - DESTINATION	115.00	PER CONTAINER	USD		115.00
(運賃と諸チャージ)	(料率)	(単位)	(通貨)	(積地で前払いの運賃と諸チャージ)	(揚地払いの諸チャージ)

NUMBER OF CONTAINERS	DATE CARGO RECEIVED	DATE OF ISSUE OF B/L
1 CONTAINER(コンテナ数)	JUNE 19, 20XX(貨物受取日)	JUNE 20, 20XX(B/L発行日)
NUMBER AND SEQUENCE OF ORIGINAL B(S)/L	SHIPPED ON BOARD DATE (LOCAL TIME)	PLACE OF ISSUE OF B/L
1/THREE (オリジナルB/L発行部数)	JUNE 20, 20XX (船積確認文言)	TOKYO(B/L発行地)

収入印紙

ABC CONTAINER LINE CO., LTD.
(船会社署名) Rui Ikeura

定期船（コンテナ船）の書類

コンテナの受取りや引渡し時に各書類が作成されます。

B/Lインストラクション（B/I）とは

B/Lに記載する事項を船会社に連絡する書類として、従来はDock Receipt（D/R）が使用されていましたが、現在はJSA[*1]/JASTPRO[*2]による統一フォームであるB/Lインストラクションが利用されています。

また、NACCS（P.173）の船積確認事項登録（ACL[*3]）業務を利用したB/Lインストラクション情報のデータ送信も行われています。ACL業務は、海貨業者、通関業等が船会社やNVOCCあるいはCYやCFS等宛にB/L作成に必要な情報を送信する業務です。船会社やNVOCCは受信したデータを自社のB/L作成システムに取り込むことにより、省力化と入力ミス回避の合理化が行えます。

コンテナパッキングリスト（for CLP）とは

コンテナごとの各種情報を連絡する書類として、従来はコンテナロードプラン（CLP）が使用されていましたが、現在はB/LインストラクションのSupplement Sheetとしてコンテナパッキングリスト（for CLP）が利用されています。

コンテナパッキングリスト（for CLP）には、そのコンテナに積まれた貨物情報（商品名称、数量、個数等）、船積情報（本船名、船積港、仕向港等）、コンテナ情報（コンテナ番号、シール番号等）が記載されます。コンテナロードプラン（CLP）もACL業務を利用したデータ送信が行われています。

＊1　JSA：一般社団法人　日本船主協会
＊2　JASTPRO：一般財団法人　日本貿易関係手続簡易化協会
＊3　ACL：Access Control List

機器受渡書（EIR[*3]）とは

コンテナ FCL 貨物輸送では、海上コンテナは船会社から荷主（輸出者）や受荷主（輸入者）に貸し出されます。機器受渡書は、コンテナを CY から搬出・搬入する際に CY オペレーターが発行するコンテナの受渡し書です。

輸出の場合には、海貨・通関業者が空コンテナを CY のバンプールから借出したときにコンテナの詳細や状態を記録した EIR/OUT（機器受渡書/搬出）が発行され、コンテナシール（P.90）が交付されます。海貨・通関業者は、バンニングと輸出通関手続きを行った後、コンテナを CY に搬入し、コンテナ番号、シール番号、コンテナの状態の点検後、EIR/IN（機器受渡書／搬入）を受取ります。

LCL 貨物の場合には CY からのコンテナの借入れと搬入は CFS オペレーターが行いますので、EIR も CFS オペレーター宛に発行されます。

輸入港側ではこの逆の流れで業務が行われ、荷が積まれているコンテナを CY から搬出するときに EIR/OUT、デバンニング後の空コンテナを CY に返却するときに EIR/IN が海貨・通関業者（FCL 貨物）や CFS オペレーター（LCL 貨物）宛に発行されます。

デバンニングレポート（Devanning Report）とは

デバンニングレポートは、輸入コンテナから商品を取出した際の数量確認や貨物の状況を記録した報告書で、貨物に員数不足や損傷が発見されたときには、リマークとして記載し、運送人への賠償請求や保険求償の帳票書類として使用します。記載事項の客観中立性を保つため、デバンニングレポートの作成は検査機関に依頼するのが一般的です。FCL 貨物の場合には輸入者（荷受人）が、LCL 貨物の場合は CFS オペレーターが依頼します。検査機関は、コンテナのシールが無傷かどうか、コンテナの天板や側板に損傷はないか、取出した貨物に員数不足はないかなどをチェックします。

＊3　EIR：Equipment Interchange Receipt

▶B/Lインストラクション(B/I)の例

ABC CONTAINER LINE

B/L INSTRUCTIONS (Container Vessel Only)

SHIPPER
KANKI TRADING CO., LTD
1-1-XX NIHONBASHI, CHUO-KU
TOKYO 103-0000, JAPAN
(荷主)

BOOKING NO. ABC0001 (ブッキング番号)
B/L NO. ABCU1234567 (B/L番号)
FORWARDING NAME YASUDA SOKO
TEL (市外局番を必ず御記入ください) 03-3262-801X
NO. OF B/L INSTRUCTIONS 1 OF 1
NO. OF ATTACH SHEET 1
FAX NO.(FAX サービス用) 1) 03-3262-802X 2)

WAYBILL ☐ RECEIVED B/L ☐ FREIGHT AS ARRANGED ☑

NEED AGENT NAME ☐

CONSIGNEE
TO ORDER OF SHIPPER
(受荷主)

NOTIFY PARTY
DILLON CORPORATION (到着案内送付先)
20XX ATLANTIC STREET
STAMFORD, CT. 06902 U.S.A.
TEL 203-327-290X FAX 203-327-291X

ALSO NOTIFY PARTY

PRE-CARRIAGE BY
PLACE OF RECEIPT (SERVICE TYPE) YOKOHAMA CY (受取地)
OCEAN VESSEL ABC RONDO (本船名) VOY.NO. 111 (航海番号)
PORT OF LOADING YOKOHAMA JAPAN
PORT OF DISCHARGE NEW YORK, N.Y. U.S.A. (仕向港)
PLACE OF DELIVERY (SERVICE TYPE) NEW YORK CY (引渡地)
FINAL DESTINATION (for the Merchant's reference only)

PARTICULARS FURNISHED BY SHIPPER

MARKS & NUMBERS	NO. OF CONTAINERS OF PACKAGES	KIND OF PACKAGES DESCRIPTION OF GOODS	GROSS WEIGHT	MEASUREMENT
DILLON CORPORATION NEW YORK COLD ROLLED STAINLESS STEEL SHEET IN COIL C/NO. 1/15 MADE IN JAPAN (荷印)	1 CONTAINER 15 SKIDS (コンテナ数 梱包数)	COLD ROLLED STAINLESS STEEL SHEET IN COIL (貨物の名称)	15,000.000 KGS (貨物総重量)	10.000 M3 (容積)

TOTAL NUMBER OF CONTAINERS OR PACKAGES (IN WORDS) SAY : ONE (1) CONTAINER ONLY

PREPAID AT TOKYO, JAPAN
PAYABLE AT
PLACE OF B(S)/L ISSUE TOKYO, JAPAN
NUMBER OF ORIGINAL B(S)/L THREE (3)

CONTAINER NO.	SEAL NO.	SIZE	TYPE	NO. OF PACKAGE(S) NUMBER	NO. OF PACKAGE(S) PKG TYPE	CARGO WT	TARE WT	GROSS WT (PER CTNR)	M3 (PER CTNR)	TEMP/DANGEROUS
ABCU123456 (コンテナ番号)	YNO0123 (シール番号)	20 (コンテナのサイズ)	DRY (コンテナの種類)	15 (梱包数)	SKID (梱包の種類)	(KGS) 14,850 (貨物正味重量)	(KGS) 150 (梱包の重量)	(KGS) 15,000 (総重量)	(M3) 10 (容積)	

JSA/JASTPRO統一フォーム

TYPEは下記から選択願います。
DRY(DRY CTNR) / REF (REEFER CTNR) / TNK (TANK CTNR) /OPT(OPEN TOP CTNR) /FLT(FLAT RACK CTNR)
HCD (HIGH CUBE DRY) / HCR (HIGH CUBE REEFER)

▶コンテナパッキングリスト(for CLP)の例

Supplemental sheet

Container Packing List (for CLP)

VESSEL	ABC RONDO (本船名)	VOY NO.	111 (航海番号)
BKG NO.	ABC0001 (ブッキング番号)		

CONTAINER NO.	SEAL NO.	SIZE	TYPE	NO. OF PACKAGES		CARGO WT	TARE WT	GROSS WT	M3	TEMP / DANGEROUS
				NUMBER	PKG TYPE			(PER CTNR)	(PER CTNR)	
ABCU123456 (コンテナ番号)	YNO0123 (シール番号)	20 (コンテナのサイズ)	DRY (コンテナの種類)	15 (梱包数)	SKID (梱包の種類)	14,850 KGS (貨物正味重量)	150 KGS (梱包の重量)	15,000 KGS (総重量)	10 M3 (容積)	

TYPEは下記から選択願います。
DRY(DRY CTNR) / **REF** (REEFER CTNR) / **TNK** (TANK CTNR) /**OPT**(OPEN TOP CTNR) /**FLT**(FLAT RACK CTNR)
HCD (HIGH CUBE DRY) / **HCR** (HIGH CUBE REEFER)

貿易取引
売買契約
輸送
通関
決済
保険

▶機器受渡書(EIR)の例

ABC CONTAINER TERMINAL CO. LTD
XXX, HONMOKU, YOKOHAMA, JAPAN

EQUIPMENT INTERCHANGE RECEIPT（機器受渡書）			
IN/OUT	**IN** （搬入）	OPERATOR	**ABC CONTAINER LINE**（船会社）
CONTAINER NO.	**ABCU123456** （コンテナ番号）	CONTAINER TYPE.	**DRY** （コンテナの種類）
SEAL NO.	**YNO0123** （シール番号）	CONTAINER SIZE.	**20 Feet** （コンテナのサイズ）
PLACE OF DELIVERY/RECEIPT	**TERMINAL A** （搬出入場所）	DATE & TIME OF DELIVERY/RECEIPT	**20XX/06/19 13:25** （搬出入日時）
CARRIER NAME	**MLC UNYU**	CONTAINER GROSS WEIGHT	**16.5 MT**（総重量）
TRUCKER ID	**AA12XX**	LICENSE PLATE	**横浜 XXXX**
OCEAN VESSEL	**ABC RONDO** （本船名）	VOYAGE NO.	**111** （航海番号）
PORT OF LOADING	**YOKOHAMA** （船積港）	PORT OF DISCHARGE	**NEW YORK** （仕向港）
DESCRIPTION OF GOODS	**COLD ROLLED STAINLESS STEEL SHEET IN COIL**	BOOKING NO.	**ABC0001** （ブッキング確認番号）

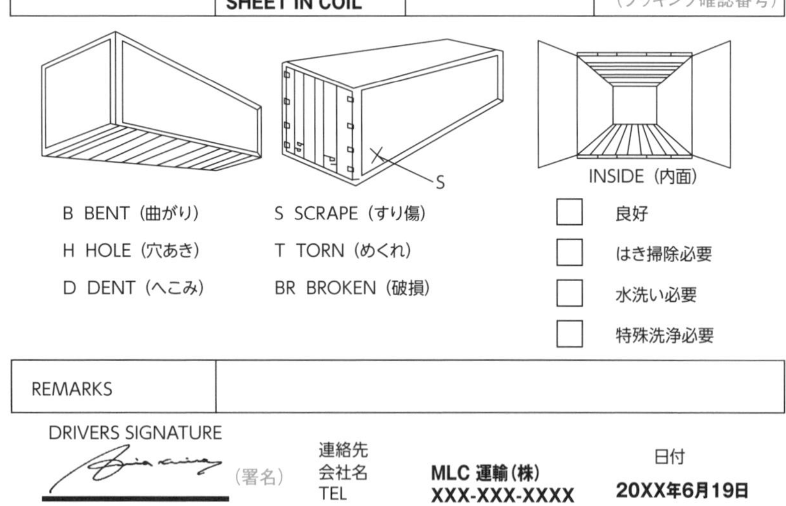

REMARKS	

DRIVERS SIGNATURE（署名）

連絡先
会社名　**MLC 運輸(株)**
TEL　**XXX-XXX-XXXX**

日付
20XX年6月19日

▶デバンニングレポートの例

NEW YORK CHECKING CORPORATION
XX, MAIN STREET, WESTCHESTER, NY 104XX U.S.A.

DEVANNING REPORT			
APPLICANTS	**DILLON CORPORATION** （依頼人）	REPORT NO./DATE	**NYCC 001XX** **JULY 22, 20XX** （REF番号と日付）
CONTAINER NO.	**ABCU123456** （コンテナ番号）	TYPE OF CONTAINER	**20 Feet DRY X 1** （コンテナの種類と数）
SEAL NO.	**YNO0123** （シール番号）	B/L NO.	**YKNY10XX** （B/L番号）
OCEAN VESSEL	**ABC RONDO** （本船名）	VOYAGE NO.	**111** （航海番号）
PORT OF LOADING	**YOKOHAMA, JAPAN** （船積港）	SHIPPER	**KANKI TRADING CO., LTD.** （荷主）
PORT OF DISCHARGING	**ARRIVED AT NEW YORK ON JULY 20, 20XX** （荷揚港到着日）		
PLACE OF DEVANNING	**STAMFORD WAREHOUSE** （コンテナのデバンニング場所）		
DATE & TIME OF DEVANNING	**13:00 - 14:00 JULY 22, 20XX** （デバンニングの日時）		

DESCRIPTION OF GOOD	MARKS & NUMBERS
COLD ROLLED STAINLESS STEEL SHEET IN COIL （商品名）	**DILLON CORPORATION** **NEW YORK** **COLD ROLLED STAINLESS STEEL SHEET IN COIL** **C/NO. 1/15** **MADE IN JAPAN** （荷印）

NO. & KINDS OF PACKINGS	WEIGHT (KGS)	MEASUREMENT (M3)
15 SKIDS （梱包数）	**14,850.000 KGS (NET)**（正味重量） **15,000.000 KGS** (GROSS)（総重量）	**10.000 M3** （容積）

TOTAL	PACKINGS IN	CONTAINERS	KGS/LBS	CBM/CFT
		20 FEET X 1	**14,850.000 KGS** (NET) **15,000.000 KGS** (GROSS)	**10.000**

RESULT PACKINGS	**ALL 15 SKIDS ARE IN GOOD CONDITION** （個数検査結果）
REMARKS	**NO DAMAGES ARE FOUND** （貨物状況に特記事項があれば記載）

（検査人署名）

NEW YORK CHECKING CORPORATION

貨物の検数と検量

検数や検量は第三者機関により行われます。

貨物の検数（Tally）、検量（Measurement）とは

輸出入貨物は定期船、不定期船にかかわらず必要に応じて検数、検量を行います。検数は貨物の積込み時や陸揚げ時の個数計算と受渡しの証明、検量は重量や容積の計算と証明を行います。これらは、港湾運送事業法により許可を受けた業者（一般社団法人日本貨物検数協会や一般社団法人日本海事検定協会など）が第三者機関として公正な立場で行っています。

検数票（Tally Sheet）

検数は製品類を中心とした個数を確認できる貨物を対象として、運送人とともに貨物の受渡し場所で行われます。コンテナ貨物輸出の場合、FCL貨物であれば輸出者や海貨業者の倉庫などバンニングを行う場所で行われ、LCL貨物であればCFSで検数人（チェッカー）により実施されます。在来型貨物船の場合には、総積みでは船会社指定の港湾地区の上屋で、直積みでは本船上で検数が行われます。いずれの場合でも、結果は検数票（タリーシート Tally Sheet）として発行されます。輸入貨物の検数も同様に行われます。

重量容積証明書（Certificate of Weight & Measurement）

重量容積証明書や重量証明書は、輸出者が第三者である検定機関に検量を依頼してその証明書を取得し、輸入者との決済や税関への申告に用います。また、船会社は海上運賃の算出根拠とするために検定機関に検量を依頼します。重量の計測は、計量器やバルク貨物の場合には船の喫水により計測するドラフトサーベイの方法で行われます。

▶重量証明書の例

HEAD OFFICE
X-X, 1-CHOME HATCHOBORI, CHUO-KU
TOKYO 104-0032, JAPAN
TEL : 81-3-3552-XXXX
FAX : 81-3-3552-XXXX
URL http://www.nkkk.jp/

BRANCHES
ALL PRINCIPAL PORTS IN JAPAN

OVERSEAS OFFICES
THAILAND, SINGAPORE, MALAYSIA,
PHILIPPINES, INDONESIA, CHINA,
NETHERLANDS, VIETNAM, HONG KONG

LABORATORIES
YOKOHAMA, OSAKA, SINGAPORE

INTERNATIONAL INSPECTION & SURVE
INSPECTIONS REQUIRED BY REGULATIONS
DANGEROUS GOODS, SOLID BULK SUBSTANCES A
NOXIOUS LIQUID SUBSTANCES
MARINE SURVEY AND CARGO INSPECTION
MARINE CONSULTANT
NON-MARINE ADJUSTING
PETRO-CHEMICAL SUPERINTENDING
LIQUEFIED GAS INSPECTION
CHEMICAL ANALYSIS
TANK CALIBRATION
SAMPLING AND TESTING
CARGO WEIGHING AND MEASURING

TOKYO JUNE 18, 20XX
No. 8YT9999

CERTIFICATE OF WEIGHT
（重量証明書）

Applicant : KANKI TRADING CO., LTD （証明依頼者）
Shipper : KANKI TRADING CO., LTD （輸出者）
Importer : DILLON CORPORATION （輸入者）

B/L No. :

Commodity & Invoice Quantity : COLD ROLLED STAINLESS STEEL SHEET IN COIL （商品名）

Vessel : ABC RONDO （本船名） *Date of Arrival* : E.T.A. YOKOHAMA JUNE 20, 20XX
Ports of Shipment and Discharge : FROM YOKOHAMA TO NEW YORK （船積港と到着予定日）
Date and place of Weighing : AT YOKOHAMA W/H
ON JUNE 18, 20XX （検量実施場所と日付）

This is to certify that the weights of the goods were taken by our competent weighers as follows:-

MARKS No. OF PACKINGS : 15 SKIDS

DILLON CORPORATION
NEW YORK
COLD ROLLED STAINLESS STEEL SHEET
IN COIL
C/NO. 1/15
MADE IN JAPAN

（荷印）

TOTAL CARGO WEIGHT : 14,850.000 KGS (NET)
15,000.000 KGS (GROSS)
（重量）

WEIGHING METHOD :-
WEIGHING SCALE
（検量方法）

NIPPON KAIJI KENTEI KYOKAI
（署名）

GENERAL MANAGER

This survey/inspection has been conducted under the quality management system conforming to ISO9001/JISQ9001 Registered by Quality NK, which is accredited by JAB（The Japan Accreditation Board for Conformity Assessment）.

03-14

定期船

コンテナデマレージとディティテンションチャージ

フリータイムを過ぎると超過料金が発生します。

コンテナ貸与の日数に制限

コンテナ船のFCL貨物輸送では、コンテナは船会社が輸出入者に貸与しますが、一定日数を過ぎても返却されない場合は超過料金を課徴するシステムが採られています。船積港においては本船の入出港予定に合わせてコンテナを貸出しますので超過が発生することはまずありません。しかし、荷揚港においては、輸入手続きの不首尾や倉庫の引取り事情などによりコンテナの返却までに思わぬ日数がかかってしまうことがあるので、輸入時においては注意が必要です。

コンテナのデマレージ(Demurrage)

輸入港において本船から荷揚げされたコンテナは、コンテナヤード(CY)に保管されますが、CYは長期保管を目的とした場所ではないので、コンテナを速やかに搬出する必要があります。船会社はフリータイムと呼ばれる一定期間(1週間程度)は無料でコンテナをCYに保管しますが、フリータイムを超えても引取りが行われない場合には、デマレージと呼ばれる延滞留置料が課されます。

デマレージが発生した場合は、デマレージを支払わないとコンテナは引渡されません。

コンテナのディテンションチャージ(Detention Charge)

輸入者は貨物の入ったコンテナをCYから引取り、海貨業者や自社の倉庫でデバンニングを行った後に空コンテナをCYに返却します。船会社はコンテナ貸出期間に制限日数(この場合もフリータイムと呼ばれます)を設けて無料貸出期間の期日までに返却されなかった場合には、ディテンションチャージと呼ばれる返却遅延料が課されます。船積港においても、輸出者が制限日数内に貨物入りコンテナをCYに搬入できなかった場合にはディテンションチャージが発生します。

▶輸入コンテナ　デマレージとディテンションチャージの例

デマレージ（Demurrage）

種類	港	フリータイム	サイズ	1日あたりの金額（土日祝日もカウントする）		
				1-4日目まで	5-9日まで	10日以上
ドライコンテナ	東京/横浜	7カレンダー日（土日含む/祝日除く）	20 feet	¥4,000	¥8,000	¥12,000
	神戸		40 feet	¥6,000	¥12,000	¥18,000
	名古屋		20 feet	¥4,800	¥9,600	¥14,400
			40 feet	¥7,200	¥14,400	¥21,600
	その他	5カレンダー日（土日含む/祝日除く）	20 feet	¥4,800	¥9,600	¥14,400
			40 feet	¥7,200	¥14,400	¥21,600

フリータイム起算日

フリータイムは本船到着の翌日00:01から始まり、コンテナがヤードから搬出されるまでの期間となります。

デマレージの計算

デマレージは、フリータイムが切れた後、土日祝日を含む全ての日がカウントされます。

ディテンションチャージ（Detention Charge）

種類	港	フリータイム	サイズ	1日あたりの金額（土日祝日もカウントする）		
				1-5日目まで	6-10日まで	11日以上
ドライコンテナ	すべての港	5カレンダー日（土日含む/祝日除く）	20 feet	¥1,000	¥2,000	¥3,000
			40 feet	¥1,800	¥3,600	¥5,400

フリータイム起算日

フリータイムはヤードからのコンテナ搬出の翌日から空コンテナのヤード搬入日（搬入日を含む）までの期間となります。

ディテンションチャージの計算

ディテンションチャージは、フリータイムが切れた後、土日祝日を含むすべての日がカウントされます。

不定期船サービス (Tramper Service)

エネルギー資源や原料輸入の輸送に不定期船が用いられています。

不定期船の航路

不定期船サービスは、荷主の要望に応じて指定された港から港へと配船する船の貸切りサービスで、世界中の大小の海運会社が各々の得意とする船型や水域で配船しています。

使用される船の種類は在来型貨物船、バルカー、タンカー、専用船と多種多様で、大きさも積載重量が1000トンクラスの近海航海用の小型船から40万トンクラスの鉄鉱石専用船や大型タンカーまで、用途や輸送距離に応じて幅広い選択肢があります。

日本の場合は主に原料類輸入の輸送に不定期船が用いられています。主な航路として、鉄鋼原料である鉄鉱石や石炭の輸送では豪州、ブラジル、

▶日本の主な不定期航路

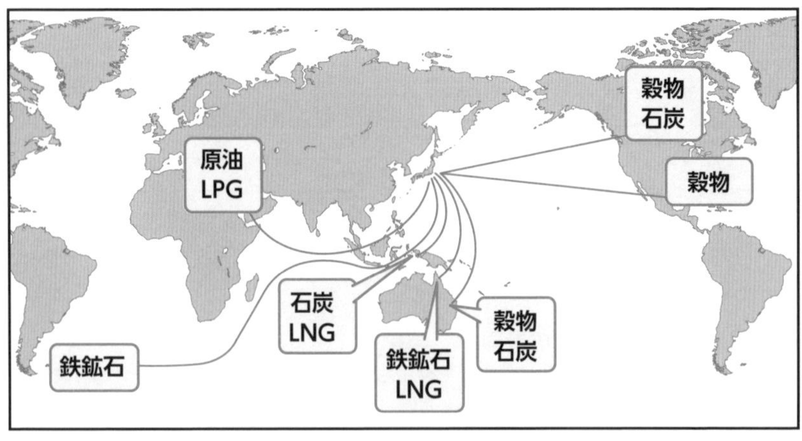

南アフリカ、インドからの航路、とうもろこしや大豆などの穀物関係ではアメリカや南米からの航路、石油ではタンカーを用いた中近東からの航路があげられます。

▶船の種類（ドライ貨物）

呼称	船の大きさ（積載重量*）	航路や貨物
近海型船	1千～1万トン	台湾、中国～マラッカ海峡近辺の近海水域で多種多様な貨物を輸送する。
スモール ハンディ	1万～3万トン	全長170m程度、本船に荷役設備を備え、主に東南アジア～中東水域を航行する。
ハンディ サイズ	3万～4万トン	全長190m程度で本船に荷役設備（クレーン）を備えており、小規模の港にも寄港できる機動力を持って全世界の水域を航行する。
ハンディ マックス	4万～6万トン	ハンディサイズの最大級の船型。
パナマックス	6万～8万トン	パナマ運河の旧ロック（船幅Max.32.2m)を航行できる最大船型で通常はクレーンは装備されていない。主に穀物や石炭を輸送する。
ネオ パナマックス	8万～12万トン	パナマ運河拡張（2016年）で開通した、新ロック（船幅Max.49m）を通過できる最大船型。
ケープ サイズ	12万～20万トン超え	大型船のためパナマ運河やスエズ運河は通行できず、喜望峰（Cape of Good Hope）回りの航路をとる。主に鉄鉱石や石炭を輸送する。

＊積載重量は概数で、航路はおおよその目安です。

主要貨物	主な輸入元*
穀物	アメリカ、カナダ、オーストラリア
石炭	オーストラリア、インドネシア、カナダ
鉄鉱石	オーストラリア、ブラジル
原油	サウジアラビア、アラブ首長国連邦、カタール
LNG	インドネシア、マレーシア、オーストラリア
LPG	サウジアラビア、カタール、アラブ首長国連邦

＊輸入元は経済情勢等により変化します。

不定期船の市場

用船マーケットは24時間活動しています。

用船マーケット

不定期船用船の交渉は、用船者（Charterer）と船会社（Owner）による直接交渉あるいは海運ブローカー（Ship Broker）が張り巡らせているネットワークを通して交渉が行われます。多くの用船関係者が集まっている東京、ロンドン、ニューヨークのマーケットでは昼夜の区別なく交渉が行われています。用船マーケットでは、貨物輸送のための用船だけではなく、船会社が船舶の仕入れを行う期間用船（Time Charter）などの交渉も行われています。

航海用船(Voyage Charter)

輸出入者が行う用船は、貨物を船積港から荷揚港まで輸送する契約を行う航海用船が一般的です。輸出者と輸入者のどちらが用船を行うかは、売買契約における貿易取引条件により決まります。すなわち、Eグループと Fグループの貿易取引条件であれば輸入者が用船を行い、CグループとDグループであれば輸出者が行います。不定期船を起用する売買契約ではインコタームズのクラス2の規則（船舶輸送にのみ適した規則）、特にFOB、CFR、CIFが多く使用されています。

不定期船の運賃市況

不定期船の運賃は船積みの都度交渉され、運賃は貨物と船舶の需給関係により日々刻々と変動しています。また、燃料油コストや為替レートなどの変動要素も考慮に入れた運賃で交渉されています。運賃が上昇する要因には、海上輸送量の増加、輸送距離の増加、船混みによる稼働船舶の減少、燃料油価格上昇などがあげられます。一方、運賃が下降する要因には、海上輸送貨物量の減少、新造船供給量の増加などがあります。

これら強弱さまざまな要素が複雑にからみ合って、運賃相場は上昇下降を繰り返しています。

▶ばら積み船運賃市況の強弱要因

運賃の上昇要因	**船舶供給の減少** （例：船混みによる稼働船腹の減少）	**荷動きの増加** （例：鉄鋼生産増による鉄鉱石・石炭の輸入増加）
運賃の下降要因	**船舶供給増** （例：新造船竣工の増加）	**荷動きの減少** （例：穀物不作による輸出減）

＊ほかにも心理要因なども影響します。

▶バルチック海運指数の動き

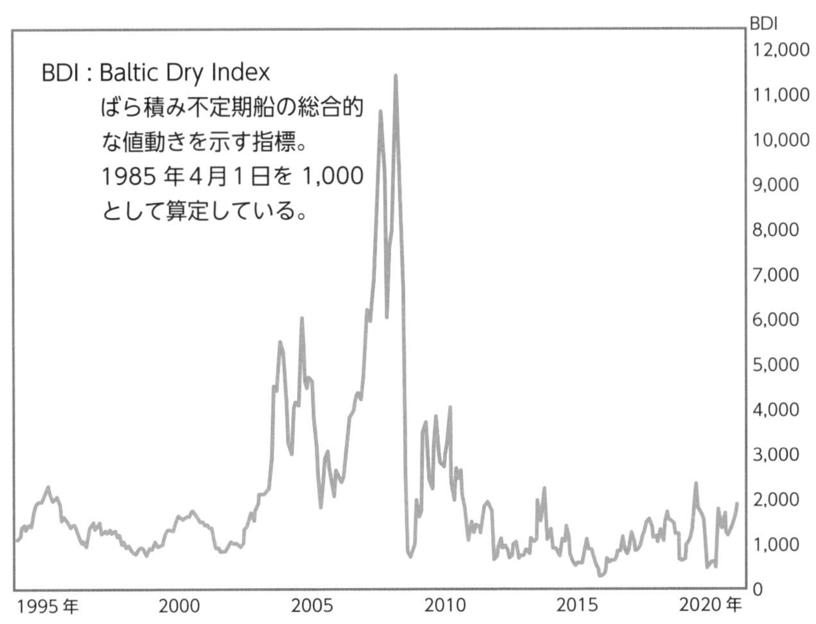

03-17

Trading

不定期船（ばら積み船）の運賃

積込費用と荷揚費用が運賃条件の要素となります。

運賃の建値

不定期船運賃の多くはトン当たりの重量建てで運賃率が取決められていますが、貨物の性状によっては容積建てや1船当たりの運賃総額（Lumpsum Freight）で取り決められる場合もあります。

トンの基準は、メートル法によるメトリックトン（Metric Ton、1MT=2,204lbs）が一般的に使用されていますが、一部の商品や地域によっては英トン（Long Ton、1LT=2,240lbs）や米トン（Short Ton、1ST=2,000lbs）が使用される場合もあります。

運賃条件

穀物メジャー、鉄鉱石や石炭の資源メジャー、鉄鋼メーカーなど不定期船需要家の多くは荷役設備を保有し、本船への貨物の積込みや荷揚げを自社の費用で行っています。このため、不定期船の運賃は積揚げの荷役費用を含むか含まないかを区別して、4通りの運賃条件が使用されています。

FIO（Free In & Out）：積込費用、荷揚費用とも運賃に含まない。
FO（Free Out）：積込費用は運賃に含み、荷揚費用は含まない。
FI（Free In）：積込費用は運賃に含まず、荷揚費用は含む。
Berth Term：積込費用、荷揚費用とも運賃に含む。
Liner Termとも呼ばれます。

また、積込み費用に加えて、積付け作業や貨物固定作業などの船倉内での作業の費用についても細かく規定する場合があります。

▶不定期船の運賃条件

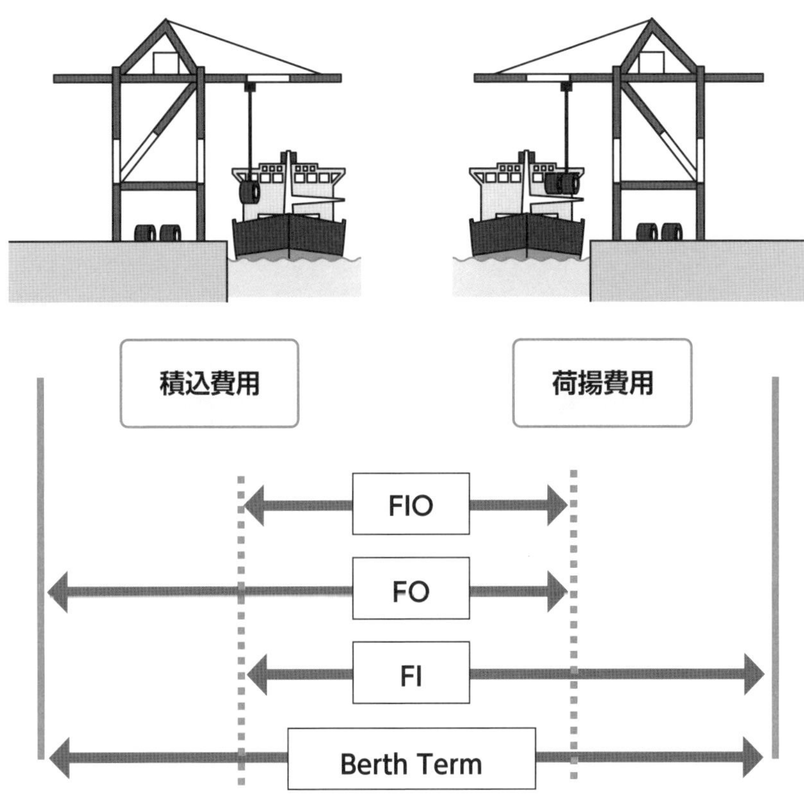

▶不定期船の運賃表記の例

Freight Rate：US$50.00 per Metric Ton of 1,000kg FIO

(運賃率は、1メトリックトン(1,000kg)当たり、US$50.00　にて、積込み費用と荷揚げ費用はともに運賃には含まない。すなわち用船者が積込みと荷揚げ両方の手配を行い費用を負担することとなります)

Trading

不定期船の用船契約

航海用船契約の留意点は、貨物の性状、航路、船舶の種類や大きさなどによりさまざまな要素があります。

航海用船契約(Voyage Charter)の要点

» 本船情報を把握すること

本船が安全に入港・接岸・荷役・出港できる港や岸壁などの荷役施設を提供すること（safe berth safe port の提供）は用船者の義務とすることが一般的です。このため、その船舶の大きさ（載貨重量トン、全長、全幅、高さ、最大吃水、船倉数やサイズなど）が港湾施設に適合しているかの確認が重要です。また、本船の現在位置と船積港の到着予定日（ETA）などの本船スケジュールにも注意を払います。

» 貨物情報を船会社に正確に伝えること

船積港、仕向港、商品明細（重量、容積、梱包状態）などの情報を船会社に伝え、その貨物輸送に適した能力のある本船であることを確認します。

航海用船契約の諸条件

» LAY/CAN（Laydays/Cancelling Date）

本船の船積港到着期日に係る規程です。船会社は船の船積港到着日を保証することはできませんので、一定日数の幅を持たせて取決めます。用船者はLAY/CAN 期日の範囲内に到着した本船を使用する義務を負いますが、本船がCancelling Date（解約日）までに到着しない場合はその用船契約をキャンセルする権利を有するという規定です。

» 荷役準備完了通知(N/R)[*1]

本船が船積港や荷揚港に到着し、荷役準備が完了したことを本船から荷主や受荷主に伝える通知で、上記のLAY/CAN の範囲内到着の判断材料となります。本船が入港してもバース (berth) に空きがなく待たされる場

＊1　N/R：Notice of Readiness

合に備えて、通常はWIBON[*2]条項が付されます。

» 滞船料（Demurrage）

積揚荷役を用船者が行う場合、船会社は港での本船停泊期間に制限を設けることが一般的に行われます。この許容停泊期間（Laytime Allowed）を超えて船積み（または荷揚げ）を行った場合に超過日数に対して用船者が船会社に支払う賠償金の取決めが滞船料の規定です。許容停泊期間は、1日当たりの荷役トン数の取決めや、確定した日数での取決めなどの方法により算出されます。また、超過日時数の計算は、次項の天候や日曜祝日にかかわらずすべての時間がカウントされます。

» 早出料（Despatch Money）

滞船料とは逆に、許容停泊期間より早く船積み（または荷揚げ）を終えた場合に船主が用船者に支払う報奨金を早出料といい、通常は滞船料の半額の料率で取決められています。

» W.W.D.（Weather Working Day）

滞船料/早出料の算出のために停泊日数を計算する際、荷役のできない悪天候の時間は算入せず好天の時間だけをカウントする「好天荷役日」の取決めです。

» SHINC[*3]とSHEX U.U.[*4]

W.W.D.と同じく、停泊期間の計算方法に関わる規定で、SHINCは「日曜祝日もカウントする」意、SHEX U.U.は「日曜祝日はカウントしないが、荷役を行った場合は実働時間のみカウントする」意です。

» C.Q.D.（Customary Quick Despatch）

その港での荷役日数に安定性があり、滞船料/早出料の規定は必要ないと判断された場合、その港の慣習に従ってできるだけ早く荷役を行う意味のC.Q.D.（慣習的早荷役）の条件を採用する場合もあります。

» 停泊期間計算書（Laydays Statement）

滞船料や早出料計算書のことで、通常は滞船料が発生した場合は船会社が作成し、早出料が発生した場合は用船者が作成して請求しています(P.131)。

＊2　WIBON：Whether In Berth Or Not　バースに到着していなくてもN/Rを通知(Tender)できる意

＊3　SHINC：Sunday Holiday Included

＊4　SHEX U.U.：Sunday Holiday Excluded, Unless Used

03-19

不定期船

不定期船貨物の輸出手続きの流れ

日本から不定期船で輸出される貨物には鉄鋼製品や大型機械などがあります。一般的な輸出手続きの流れは次の通りです。

本船の確定

輸出者が輸送を手配する貿易取引条件であれば、輸出者は商品の出荷予定に国内輸送や通関にかかる日数を考慮して船積みに適した本船を用船し、輸入者に船積予定を連絡します。輸入者が輸送を手配する場合であれば、輸出者は輸入者に荷揃い予定日を伝えて船積予定本船の明細、船積港到着予定日、船舶代理店など船積みに要する本船情報の確認を求めます。

船積み準備

本船が決まれば、輸出者は海貨・通関業者に船積依頼書（S/I[*1] P.175）と輸出通関に必要なインボイス、パッキングリスト、輸出許認可書類（P.176）などを送り、輸出手続き代行を委託します。

船積み

船積みには直(じか)積み（自家積み）と総積みの方式があります。

直積みは大口貨物の場合に用いられる方式で、輸出者が艀(はしけ)などで貨物を国内輸送し本船に横付けして積込む方法です。この場合、輸出通関手続きは艀中(ふちゅう)扱いまたは本船扱いの手続きがとられます。また大手鉄鋼メーカーのように外航船が接岸可能な船積設備を所有する輸出者であれば、自社岸壁に船を寄港させて直積みする場合もあります。

総積みは小口貨物の場合に用いられる方式で、輸出者は船積港の指定された上屋で輸出通関手続き済みの貨物を船会社に引渡し、船側までの輸送と本船への積込みは船会社が行う船積方法です。

＊1　S/I：Shipping Instruction

書類の流れ

海貨・通関業者は、船会社から預かった本船宛の船積指図書（S/O）[*2]にメーツレシート（未署名）と輸出許可証（E/P）[*3]を添えて船会社代理店を経由して本船に渡します。船積みが完了すれば、本船は貨物受取証であるメーツレシート（署名済み／ P.133）を輸出者宛に発行して写しを船会社に送ります。船会社はメーツレシートと引換えに、海貨・通関業者経由または直接、輸出者に船荷証券を発行します。運賃先払い（Freight Prepaid）の場合は、船荷証券の発行は船会社が運賃入金確認後となります。また、用船契約（Charter Party）に基づいて発行される船荷証券B/LはCharter Party B/L（P.141）と呼ばれ、B/Lの裏面は白紙で、表面に当該用船契約を参照する文言が記載されます。

（例：「All other terms and condition stipulated in Charter Party dated …… shall be incorporated herein.」といった文言）。

▶Charter Party B/Lの例

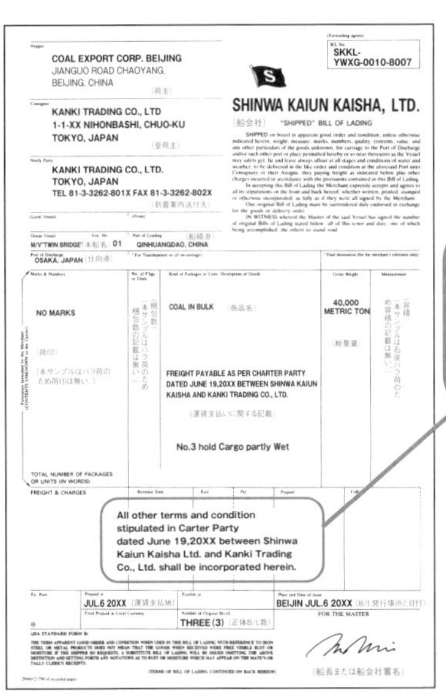
COAL EXPORT CORP. BEIJING
JIANGUO ROAD CHAOYANG,
BEIJING, CHINA
（荷主）

KANKI TRADING CO., LTD
1-1-XX NIHONBASHI, CHUO-KU
TOKYO, JAPAN
（受荷主）

KANKI TRADING CO., LTD.
TOKYO, JAPAN
TEL 81-3-3262-801X FAX 81-3-3262-802X
（到着案内送付先）

B/L No. SKKL-YWXG-0010-8007

SHINWA KAIUN KAISHA, LTD.
（船会社） "SHIPPED" BILL OF LADING

M/V"TWIN BRIDGE"（本船名） 01 QINHUANGDAO, CHINA（船積港）
OSAKA, JAPAN（仕向港）

NO MARKS
（荷印）
〔本サンプルはバラ荷のため荷印は無い。〕

（梱包数）
〔本サンプルはバラ荷のため梱包数の記載は無い。〕

COAL IN BULK（商品名）

40,000 METRIC TON
（総重量）

（容積）
〔本サンプルは石炭バラ荷のため容積の記載は無い。〕

FREIGHT PAYABLE AS PER CHARTER PARTY DATED JUNE 19,20XX BETWEEN SHINWA KAIUN KAISHA AND KANKI TRADING CO., LTD.
（運賃支払いに関する記載）

No.3 hold Cargo partly Wet

TOTAL NUMBER OF PACKAGES OR UNITS (IN WORDS)
FREIGHT & CHARGES

All other terms and condition stipulated in Carter Party dated June 19,20XX between Shinwa Kaiun Kaisha Ltd. and Kanki Trading Co., Ltd. shall be incorporated herein.

JUL.6 20XX（運賃支払地）
THREE (3)（正本B/L数）
BEIJIN JUL.6 20XX（B/L発行場所と日付）
FOR THE MASTER
（船長または船会社署名）

All other terms and condition stipulated in Charter Party dated June 19,20XX between Shinwa Kaiun Kaisha Ltd. and Kanki Trading Co., Ltd. shall be incorporated herein.

＊2　S/O：Shipping Order
＊3　E/P：Export Permit

不定期船貨物の輸入手続きの流れ

日本に不定期船で輸入される貨物は穀物、鉄鉱石、石炭、粗糖、木材チップ、原油、石油製品など多種に及びます。

書類の準備

輸入者は本船の荷揚港到着予定に合わせて、必要な許認可取得、船積書類の入手、輸入通関準備、揚港での荷揚げ準備などの輸入手続きの準備を行います。船積書類は輸出者から直接送られてくるか、あるいは荷為替手形の一部として銀行経由で送られてきます。

荷受け準備

輸入者は入手した船積書類を海貨・通関業者に渡し、輸入通関から商品引取りまで一連の輸入手続き代行を依頼します。

海貨・通関業者は、船荷証券を船会社に差し入れて、荷渡指図書（D/O P.129）を受取ります。荷渡指図書は、直取りの場合は本船宛に、総揚げの場合は埠頭で貨物を保管している上屋管理者宛に作成されます。

荷揚げ

荷揚げには、輸入者が直接本船から揚げる直（自家）取りと船会社がすべての貨物を本船から荷揚げする総揚げの方式があります。

直取りは大口貨物の場合に用いられる方式で、海貨・通関業者は、本船に荷渡指図書を呈示し、荷揚げを行います。荷揚げは、輸入者の施設（自社岸壁や自社穀物サイロなど）や本船に横付けした艀に行い、荷揚げ方法に応じて税関に輸入通関手続き（輸入申告、保税運送、本船扱い、艀中扱いなど）を行います。荷揚げ貨物の確認は検数機関に依頼し、荷揚げ完了後は貨物受取証としてボートノート（B/N*）を本船に渡します。

総揚げの場合、貨物は船会社代理店の手配により本船から荷揚げされ、

＊B/N：Boat Note

検数機関による確認を経て、ボートノートが本船に渡されます。貨物は港湾内の上屋に搬入されますので、海貨・通関業者は輸入通関手続きを行い、荷渡指図書を上屋管理者に呈示して貨物を引取ります。

▶不定期船貨物の荷受けの例

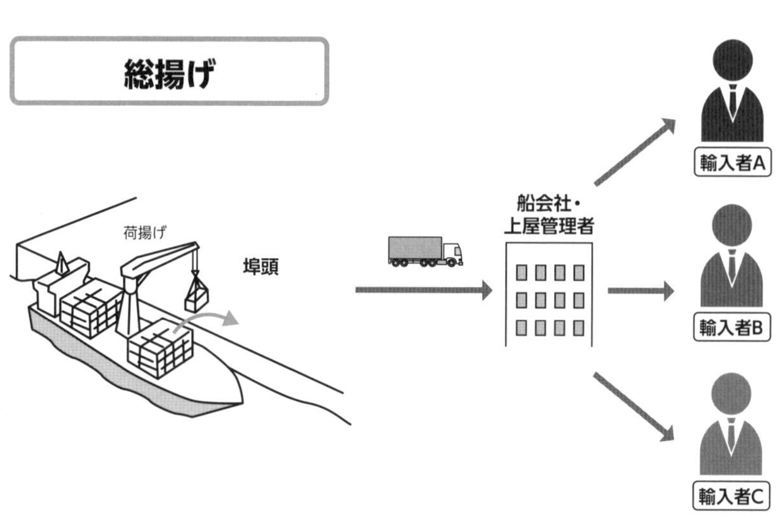

不定期船(ばら積み船)の書類

不定期船業務においても、貨物の受取りや業務の指図など、目的に応じた書類が作成されます。

用船契約書(Charter Party)

用船契約書は、貨物や航路により各種の書式が使われており、たとえば一般的な貨物輸送にはジェンコン（GENCON）書式、日本向け石炭輸送であればNIPPON COAL書式が使用されています。各書式には船主責任やストライキ条項など詳細が規定されています（P.130）。

船積依頼書(S/I)[*1]

輸出者から海貨・通関業者に送る船積業務の依頼書（P.175）で、B/L記載事項などの指示を行います。また船積手続きや輸出通関に必要となるインボイス、パッキングリスト、輸出許認可書類なども送付します。

船積指図書(S/O)[*2]

船積指図書は、船会社から本船船長宛に出される貨物の船積みを指示する指図書です。荷主、受荷主、仕向港、商品明細などB/L情報とほぼ同様の事項が記載されます。

メーツレシート(M/R)[*3]

メーツは本船の一等航海士（Mate）のことで、船積完了後に貨物の受取証として輸出者宛に発行される書類がメーツレシートです。

メーツレシートの書式や記載事項もB/L情報とほぼ同様の事項が記載されます。実務的には、海貨・通関業者が船会社より船積指図書とメーツレシートのブランクフォームを預かり、輸出者からの船積依頼書（S/I）に基づいてB/L情報を記入して、船会社にはS/Oを、本船にはM/Rを

＊1　S/I：Shipping Instruction
＊2　S/O：Shipping Order
＊3　M/R：Mate's Receipt

提出して署名を取得する流れで作成されています。

保証状(Letter of Guarantee)

本船が受取った貨物に損傷が発見された場合、メーツレシートに損傷の状況がリマーク（Remark 留保事項）として記載され、そのリマークは船荷証券（B/L）に記載されることになります。しかしながら、貿易取引ではリマークの入っていないクリーンB/Lが要求されるのが通常で、とくにL/C決済の場合にはリマークの入ったB/Lは銀行に買取りを拒否されます。このような場合、船会社の合意が得られれば、輸出者はリマークをB/Lには記載しないことによる一切の責任を負う保証状（L/G）を船会社に差し入れて、クリーンB/Lを発行する場合もあります。

到着案内書(Arrival Notice)

本船の仕向港到着予定日（ETA[*4]）が近づけば、船会社代理店は船荷証券に記載されているNotify Party宛に到着予定案内や貨物引取りに必要な港湾諸チャージ等の請求金額を連絡し、貨物引取り準備を促します。

荷渡指図書(D/O[*5])

荷渡指図書は、仕向港において船会社が本船または上屋管理者宛てに発行する、貨物引渡しの指図書です。輸入者は船荷証券を船会社代理店に差入れ、その引換えに船会社より荷渡指図書を受取り、本船または上屋管理者に呈示して貨物を引取ります。実務的には、正当な荷受人であることが確認できる場合、荷渡指図書は省略される運用も行われています。

ボートノート(B/N[*6])

ボートノート（B/N）は本船から貨物を荷揚げした際に、輸入者の委託を受けた検数機関が本船宛に渡す貨物受取証です。ボートノートには品名、個数、荷印、荷揚日などの貨物荷揚げに関する明細が記載されます。もし、個数の不足や貨物に損傷が発見されればその状況はボートノートにリマークとして記入され、船会社への賠償請求や保険求償に使用されます。

＊4 ETA：Estimated Time of Arrival　＊5 D/O：Delivery Order

＊6 B/N：Boat Note

▶用船契約書(C/P)の例

Page 1

THE DOCUMENTARY COMMITTEE OF THE JAPAN SHIPPING EXCHANGE, INC.
COAL CHARTER PARTY
CODE NAME "NIPPONCOAL"

1. Place and date	TOKYO, JUNE 19, 20XX（契約日、場所）
2. Owners/Chartered Owners/Disponent Owners	SHINWA KAIUN KAISHA, LTD, TOKYO（船会社）
3. Charterers	KANKI TRADING CO., LTD. TOKYO（用船者）
4. Vessel's name and type (also state kind of engine, and geared or gearless)	M/V"TWIN BRIDGE" GEARED SINGLE DECK BULK CARRIER（本船名）
5. Flag	SINGAPORE（船籍）
6. Class	NK（船級）
7. When built	MARCH 3RD 2011（建造日）
8. GRT/NRT	29758 TON/ 14,440 TON
9. Length overall	190 M（全長）
10. Breadth moulded	30.00 M（全幅）
11. Depth moulded	16.00 M
12. Total d.w. (about)	46,550 MT（DWT）
13. Summer draft	10.50 M（喫水）
14. Present position	SHANGHAI DOCK（現在地）
15. Expected date of arr. (load)	JULY 1, 20XX
16. Laydays date (Cl.4)	JULY 1, 20XX（LAYDAY）
17. Cancelling date (Cl.4)	JULY 10, 20XX（解約日）
18. Loading port(s)/berth(s) and permissible draft (Cl.1)	ONE (1) SAFE BERTH ONE(1) SAFE PORT OF QINHUANGDAO, CHINA（船積港）
19. Discharging port(s)/ berth(s) and permissible draft (Cl.1)	ONE (1) SAFE BERTH ONE(1) SAFE PORT OF OSAKA, JAPAN,（荷揚港） Number of days for final nomination of destination (Cl.1)
20. Sailing telgr., advance notices and final notice of 24 hours prior to e.t.a. (load.) (also indicate when and to whom to be given) (Cl.3)	COAL EXPORT CORP. BEIJING TEL 86-10-8580-09XX FAX 86-10-8580-09XX
21. Advance notices prior to e.t.a. (disch.) (also indicate when and to whom to be given) (Cl.3)	KANKI TRADING CO., LTD. TOKYO TEL 81-3-3262-801X FAX 81-3-3262-802X
22. Notice of readiness (load.) (indicate when and to whom to be given), (state whether SHEX or SHINC), (indicate (a) or (b) regarding waiting for berth) (Cl.5)	COAL EXPORT CORP. BEIJING (DETAILS AS PER CL. XX)（NOR通知先）
23. Notice of readiness (disch.) (indicate when and to whom to be given) (state whether SHEX or SHINC), (indicate (a) or (b) regarding waiting for berth) (Cl.5)	KANKI TRADING CO., LTD. TOKYO (DETAILS AS PER CL. XX)（NOR通知先）
24. Number of hours' notice time (load.) (Cl.5)	SEE CLAUSE NO. XX
25. Number of hours' notice time (disch.) (Cl.5)	SEE CLAUSE NO. XX
26. Loading rate per day of 24 run. hours (state whether SHEX unless used or SHINC) (Cl.5)	20,000MT WWDSHINC（積条件）
27. Discharging rate per day of 24 run. hours (state whether SHEX unless used or SHINC) (Cl.5)	15,000MT WWDSHEXUU（揚条件）
28. Demurrage rate (load.) (Cl.7 & 24)	US$20,000 PDPR（滞船料）
29. Despatch Money (load.) (Cl.7)	US$10,000 PDPR（早出料）
30. Demurrage rate (disch.) (Cl.7)	US$20,000 PDPR（滞船料）
31. Despatch Money (disch.) (Cl.7)	US$10,000 PDPR（早出料）
32. Demurrage and/or Despatch Money to be settled at (time and place) & in (currency) (load.) (Cl.7)	TOKYO IN US$
33 Demurrage and/or Despatch Money to be settled at (time and place) & in (currency) (disch.) (Cl.7)	TOKYO IN US$
34. Agents (load.) (Cl.11)	OWNER'S NOMINATED AGENT
35. Agents (disch.) (Cl.11)	CHARTERER'S NOMINATED AGENT
36. Description and quantity of cargo in bulk; also state margin percentage more or less in Owners' option (Cl.1)	A FULL AND COMPLETE CARGO OF COAL IN BULK 40,000MT 5 % MORE OR LESS IN OWNER'S OPTION.（貨物とトン数）
37. Freight rate per metric ton or long ton (Cl.2)	U.S.$20.00 PER MT F.I.O.（運賃率）
38. Mode of freight payment (Cl.2)	FREIGHT PREPAID (DETAILS AS PER CL. XX)
39 State the means by which B/L weight to be decided, if other than draft survey is agreed (Cl.2)	VESSEL'S DRAFT SURVEY（重量計測法）
40. Maximum amount of extra insurance (Cl.17)	FULLY FOR OWNER'S ACCOUNT
41. General Average to be adjusted and settled at & in (currency) (Cl.20)	TOKYO（共同海損精算場所）
42. War cancellation (state countries if Cl. 26 (a) applicable)	
43. Brokerage Commission and to whom payable (Cl.27)	1.25% FOR Q SHIPBORKING CO., LTD （ブローカーコミッション）
44. Place of Arbitration (optional) (Cl. 28)	TOKYO（仲裁場所）
45. Numbers of additional clauses attached, if any	NO. XX TO YY

PREAMBLE. It is this day mutually agreed between the Owners/Chartered Owners/Disponent Owners indicated in Box 2 above (in any case hereinafter referred to as the Owners) of the Vessel with particulars indicated above, now in a position as indicated in Box 14 and expected ready to load under this charterparty on the expected date of arrival indicated in Box 15 at the (first) loading port and the party mentioned as Charterers in Box 3 that the carriage under this charterparty shall be performed in accordance with the terms and conditions contained in the "Nipponcoal" Charter Party which shall include Page 1 with boxes filled in as above including possible additional clauses attached as indicated in Box 45 and Pages 2 to 4 with clauses 1 to 28 (including arbitration clause), and that typewritten provisions of Page 1 hereof shall prevail over the printed provisions of Pages 2 to 4 to the extent of any conflict between them.

For the Owners	For the Charterers
（船会社署名）	（用船者署名）

Issued Aug. 26,1983 Amended Mar. 1,1995

Adopted by The Documentary Committee of The Baltic and International Maritime Council (BIMCO), Copenhagen

▶停泊期間計算書(Laydays Statement)の例

SHINWA KAIUN KAISHA, LTD.

LAYDAYS STATEMENT (停泊期間計算書)

DATE: **JULY 15, 20XX**

VESSEL : **MV."TWIN BRIDGE" DWT 46,550MT** (本船名)　PORT : **QINHUANGDAO, CHINA** (船積港)

CARGO : **COAL IN BULK** (貨物)　QTTY : **40,000.00 MT** (船積トン数)

RATE OF DEMURRAGE **US$20,000.00 PER DAY OR PRO RATA FOR ALL TIME LOST** (滞船料の料率)

RATE OF DESPATCH **US$10,000.00 PER DAY OR PRO RATA FOR LAYTIME SAVED** (早出料の料率)

LOADING RATE **20.000 MT WWD SHINC** (用船契約で取決めた船積速度)

LAYTIME ALLOWED **2.000000 DAYS** (許容停泊期間)

ARRIVED **1236hrs JUL. 1, 20XX** (船積港到着時刻)

BERTHED **1000hrs JUL. 2, 20XX** (岸壁接岸時刻)

N/R TENDERED **1236hrs JUL. 1, 20XX** (本船の準備完了通知の発信時刻)

N/R ACCEPTED **1236hrs JUL. 1, 20XX** (本船の準備完了通知の承認時刻)

LAYTIME COMMENCED **0036hrs JUL. 2, 20XX** (停泊期間の計算開始時刻)

LOADING COMMENCED **1000hrs JUL. 2, 20XX** (船積み開始時刻)

LOADING COMPLETED **1800hrs JUL. 6, 20XX** (船積み完了時刻)

DATE [WEEK]	TIME	REMARKS	LAYTIME USED D.	H.	M.
JUL.2 [THU]	**0036-2400**	**0036 LAYTIME COMMENCED** (停泊期間の計算開始時刻)	**0**	**23**	**24**
JUL.3 [FRI]	**0000-2400**		**1**	**0**	**0**
JUL.4 [SAT]	**0000-2400**	**0036 LAYTIME EXPIRED** (許容停泊期間の満了時刻)	**1**	**0**	**0**
JUL.5 [SUN]	**0000-2400**		**1**	**0**	**0**
JUL.6 [MON]	**0000-1800**	**1800 COMPLETED LOADING** (船積み完了時刻)	**0**	**18**	**0**
		TIME USED	**4**	**17**	**24**
		(許容停泊期間) TOTAL LAYTIME ALLOWED	**2**	**0**	**0**
		(実際の停泊期間) TOTAL LAYTIME USED	**4**	**17**	**24**
		(超過停泊期間) TIME LOST	**2**	**17**	**24**

DEMURRAGE (滞船料)　USD **20,000 /DAY X 2.72500 DAYS**

USD 54,500.00

FOR CHARTERERS :
KANKI TRADING CO., LTD
(用船者の署名)

FOR OWNERS :
SHINWA KAIUN KAISHA LTD.
(船会社の署名)

▶船積指図書（S/O）の例

Shipper
COAL EXPORT CORP. BEIJING
JIANGUO ROAD CHAOYANG, BEIJING,
CHINA （荷主）

B/L No.
SK-QIOS-001XX
（B/L番号）

SHINWA KAIUN KAISHA, LTD.
（船会社）
SHIPPING ORDER

Consignee
KANKI TRADING CO., LTD
1-1-XX NIHONBASHI, CHUO-KU TOKYO,
JAPAN （受荷主）

Notify Party
KANKI TRADING CO., LTD. TOKYO, JAPAN
TEL 81-3-3262-801X FAX 81-3-3262-802X
（到着案内送付先）

To the Commanding Officer;
Please receive on board the undermentioned goods.
If any discrepancy is found, please keep such record on accompanying Mate's Receipt.

Lighter's Name or Warehouse's Name

Cargo Alongside Deadline
Date, Hour

(Local Vessel) (From)

Ocean Vessel M/V"TWIN BRIDGE"（本船名） Voy. No. 01
Port of Loading QINHUANGDAO, CHINA（船積港）

Port of Discharge OSAKA. JAPAN（仕向港）
*For Transhipment to (if on-carriage)
*Final destination (for the merchant's reference only)

Particulars furnished by the Merchant (CONTENTS UNKNOWN to the Carrier)

Marks & Numbers	No. of P'kgs. or Units	Kind of Packages or Units; Description of Goods	Gross Weight	Measurement
NO MARKS （荷印） （本サンプルはばら荷のため荷印はない）	（梱包数） （本サンプルはばら荷のため梱包数の記載はない）	COAL IN BULK （商品名） FREIGHT PAYABLE AS PER CHARTER PARTY DATED JUNE 19,20XX BETWEEN SHINWA KAIUN KAISHA AND KANKI TRADING CO., LTD. （運賃支払いに関する記載）	40,000 METRIC TON （総重量）	（容積） （本サンプルは石炭ばら荷のため容積の記載はない）
TOTAL NUMBER OF PACKAGES OR UNITS (IN WORDS)				

REMARKS:

AFT FORE

HATCH NO.

RECEIVED IN ALL DATED

CHECKER

FOR MANAGER
（船会社または代理店署名）

S/O NUMBER
SK-QIOS-001XX
（S/O番号はB/L番号とは必ずしも一致しない）

Ⓐ

▶メーツレシート(M/R)の例

Shipper
COAL EXPORT CORP. BEIJING
JIANGUO ROAD CHAOYANG, BEIJING,
CHINA （荷主）

B/L No. SK-QIOS-001XX （B/L番号）

SHINWA KAIUN KAISHA, LTD. （船会社）
MATE'S RECEIPT

Consignee
KANKI TRADING CO., LTD
1-1-XX NIHONBASHI, CHUO-KU TOKYO,
JAPAN （受荷主）

Notify Party
KANKI TRADING CO., LTD. TOKYO, JAPAN
TEL 81-3-3262-801X FAX 81-3-3262-802X
（到着案内送付先）

Shipped on board the vessel, the undermentioned goods in apparent good order and condition unless otherwise indicated herein;

Lighter's Name or Warehouse's Name

Cargo Alongside Deadline
Date, Hour

(Local Vessel) (From)

Ocean Vessel M/V"TWIN BRIDGE" （本船名） Voy. No. 01
Port of Loading QINHUANGDAO, CHINA （船積港）

Port of Discharge OSAKA. JAPAN （仕向港）
*For Transhipment to (if on-carriage)
*Final destination (for the merchant's reference only)

Particulars furnished by the Merchant (CONTENTS UNKNOWN to the Carrier)

Marks & Numbers	No. of P'kgs. or Units	Kind of Packages or Units; Description of Goods	Gross Weight	Measurement
NO MARKS （荷印） （本サンプルはばら荷のため荷印はない）	（梱包数） （本サンプルはばら荷のため梱包数の記載はない）	COAL IN BULK （商品名） Remarks No.3 hold cargo partly wet （リマークがあれば記載される）	40,000 METRIC TON （総重量）	（容積） （本サンプルは石炭ばら荷のため容積の記載はない）
TOTAL NUMBER OF PACKAGES OR UNITS (IN WORDS)				

REMARKS:

AFT FORE

HATCH NO.

RECEIVED IN ALL

DATED JUL.1 20XX

CHECKER （検数業者署名）

CHIEF OFFICER （本船一等航海士署名）

（S/O番号） S/O NUMBER SK-QIOS-001XX

Ⓑ

▶保証状(L/G)の例

COAL EXPORT CORP. BEIJING
JIANGUO ROAD
CHAOYANG, BEIJING

LETTER OF GUARANTEE

(メーツレシートに記載されたリマークを船荷証券に載せず
クリーンB/Lの発行を受けるための保証状)

Date **JUL.1 20XX**

To : **SHINWA KAIUN KAISHA, LTD**

(船会社)

Dear Sirs

Ship	**M/V"TWIN BRIDGE"**	(本船名)
Voyage	**01**	(航海番号)
Bill of Lading No.	**SK-QIOS-001XX**	(船荷証券番号)
Cargo	**Coal in bulk**	(商品名)
Quantity	**40,000 METRIC TON**	(数量)
Shipper	**KANKI TRADING CO., LTD**	(荷主名)
Remarks in the M/R	**No.3 hold cargo partly wet** (メーツレシートに記載されたリマークの内容)	

In consideration of your issuing us clean Bill of Lading for above-mentioned goods, for which exceptions have been inserted in the relative Mate's Receipt as indicated above, we the undersigned, hereby undertake and agree to pay, on demand, any claims that may arise on the goods made by the consignee, or by any person to whom the documents are endorsed, and also to indemnify you against all consequences arising therefrom.

COAL EXPORT CORP. BEIJING
(輸出者署名)

(輸出者責任者名、役職)

▶荷渡指図書(D/O)の例

SHINWA KAIUN KAISHA, LTD.

DELIVERY ORDER

To. M/V"TWIN BRIDGE" (船長宛) D/O. No. 123XXX (D/O番号)

Please deliver to Messrs. KANKI TRADING CO., LTD (荷受人)

upon endorsement of this Delivery Order the following goods:

Ex M.S. / S. S. TWIN BRIDGE (本船名), Voy. No. 01 (航海番号)

(Orig. S.__________, Voy. No.__________),

Port of Loading QINHUANGDAO, CHINA (船積港) (Orig.__________),

Port of Discharge OSAKA, JAPAN (荷揚港), on or about JULY 9, 20XX (荷揚港到着予定日),

B/L. No.__________ (Orig. B/L. No.__________)

Marks and Nos.	Contents
(荷印) N/M (荷印) (本サンプルはばら荷のため荷印はない。N/MはNO MARKSの略)	COAL IN BULK 40,000 MT (商品と重量や数量)

Total number of packages in words__________

This Delivery Order is issued subject to the conditions stated on the back hereof.

FOR THE SHINWA KAIUN KAISHA, LTD.

(船会社または代理店署名) as Agents.

(56. 12. 3×50×100 岩)

▶ボートノート(B/N)の例

ALL NIPPON CHECKERS CORPORATION
LICENSED BY JAPANESE GOVERNMENT
ANCC
(検査機関)

HEAD OFFICE：
3-1-8 KAIGAN MINATO-KU TOKYO JAPAN
TEL.03-5765-XXXX FAX.03-5440-XXXX

BRANCHES:
ALL PRINCIPAL PORTS
IN JAPAN

B/N No. XX○○○
(ボートノート番号)

BRANCH

CARGO BOAT NOTE

VESSEL "TWIN BRIDGE" (本船名) VOY No. 01 (航海番号)

PORT OSAKA (荷揚港) ARRIVED ON JULY 9, 20XX (荷揚港到着日) BERTH A-1X (荷揚埠頭名)

LIGHTER No./WHARF HATCH No 1, 2, 3, 4&5 (ハッチ番号)

B/L NO	MARKS & NO.	NO. OF P'KGS	STYLE	DESCRIPTION	REMARKS
			DISCHARGING CARGO AT OSAKA		
	FROM: QINHUANGDAO, CHINA				
		40,000.000 (重量)	M/T	COAL IN BULK (商品名)	SAID TO WEIGH.

TOTAL (40,000.000 M/T ONLY (重量)

LANDING PLACE:

CONSIGNEE/XXXXXXXX KANKI TRADING CO., LTD (荷受人)

RECEIVER (荷受人署名)

CHIEF OFFICER (本船一等航海士署名)

RECEIVED DATE JULY 12, 20XX

CHIEF CHECKER (検査機関署名)

船荷証券(Bill of Lading)の機能と条約

運送人の責任は条約で規定されています。

船荷証券の機能

貿易取引において、輸出者から輸入者に流通していく書類の中で最も重要な役割を占めるのが船荷証券（B/L）です。船荷証券は、貨物の受取証であり引渡し請求権を持つこと、有価証券であること、運送契約書であることの3つの機能を持っています。

船荷証券や運送人の責任に関する国際的なルール

» ヘーグ・ルール「船荷証券統一条約」（1924年）

船荷証券に係る運送人の権利・義務を詳細に規定した条約で、運送人の責任となる損害（堪航能力不足、商業過失）と責任とならない損害（航海過失、天災その他）などを定めています。

» ヘーグ・ヴィスビー・ルール「船荷証券条約の一部を改正する議定書」（1968年）

本条約はコンテナ貨物の台頭など輸送環境の変化に対応してヘーグ・ルールを補完した改正で、運送人の賠償責任限度額を1梱包もしくは1単位当たり666.67SDRまたは総重量1kgにつき2SDRのいずれか高いほうとするパッケージリミテーションなどを規定しています。

» ハンブルグ・ルール「国際連合海上物品運送条約」（1992年）

荷主の権利の強化を求めて国連UNCTADの場で開発途上国中心に策定された条約で、運送人の責任範囲はヘーグ・ルールより拡大され、パッケージリミテーションも835SDR/パッケージまたは2.5SDR/kgと重く規定されています。日本を含む先進諸国の多くは批准していません。

» ロッテルダム・ルール「新国連国際海上物品運送条約」(2009年)

国際海上物品運送法の統一を目的に国連国際商取引法委員会(UNCITRAL)が策定し、2009年9月にロッテルダムにて調印された条約です。日本を含む先進諸国の多くはまだ批准していません。本条約ではパッケージリミテーションは875SDR/パッケージまたは3SDR/kgと規定されています。

▶船荷証券(B/L)の機能

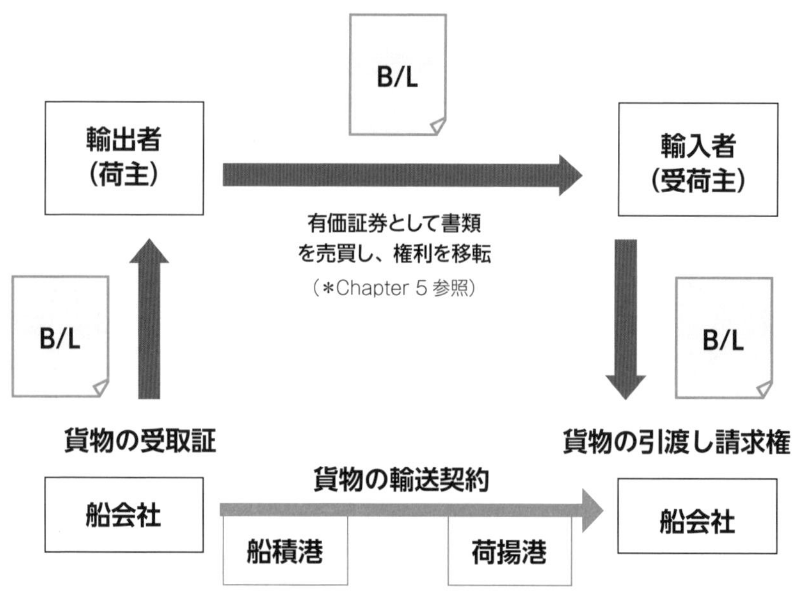

1. 貨物の受取証であり引渡し請求権を持つ
2. 有価証券である
3. 運送契約である

▶船荷証券(B/L)の主な記載事項

貨物情報		
	貨物の名称	Description of Goods
	容積、重量、梱包数	Measurement, weight, number of package
	貨物の記号と番号	Marks & Nos
	貨物の外見状態	Apparent order and condition of goods
	荷送人	Shipper
	荷受人	Consignee
	到着案内通知先	Notify party
本船情報		
	運送人	Carrier
	船舶名	Name of vessel
	航海番号	Voyage No
運送情報		
	荷受け地	Place of receipt
	船積港	Port of loading
	船積日	Date of On Board
	荷揚港	Port of discharging
	荷渡し場所	Place of delivery
	最終仕向地(荷主の参考用のみ)	Final destination (for the merchant's reference only)
	運賃、運送費	Freight
船荷証券情報		
	船荷証券番号	B/L number
	作成地と作成年月日	Place and date of issue
	発行船荷証券数	Number of B/L
	署名	Signature

船荷証券(B/L)の種類

船荷証券はフォーム、記載内容、機能などにより分類されます。

オリジナルとコピー

有価証券として有効な原本がオリジナルで、紛失時に備えてOriginal（1st）、Duplicate（2nd）、Triplicate（3rd）の3通が発行されます。3通はいずれもオリジナルとして貨物引渡し請求権の効力を持っており、いずれか1通を船会社に差し入れると貨物は引渡され、同時に他の2通の効力は消滅します。コピーはB/L情報の確認や伝達用に使用されます。

船積式(Shipped B/L)と受取式(Received B/L)

船荷証券の書式による分類です。船積式B/Lは、貨物の船積みが確認されたことを示す'Shipped'の文言が印刷されている書式で、港から港の船舶海上輸送で使用されています。受取式B/Lは、運送人が貨物を受取ったことを示す'Received'の文言が印刷されている書式で、コンテナ輸送や複合一貫輸送で使用されています。

記名式(Straight B/L)と指図式(Order B/L)

船荷証券のConsignee欄の記載内容による分類です。記名式は、Consignee欄に荷受人名を明記したB/Lで、貨物は記載された荷受人にのみ引渡されます。指図式は、Consignee欄に荷受人名を明記せず「to order」や「to order of shipper」と記載し、ShipperがB/Lに裏書き（endorsement）することにより荷受人を指定できるようにして流通性を持たせたB/Lです。指定を受けた荷受人は裏書を繰り返すことにより権利を移転させることができます。荷受人を指定せずに白地裏書（blank endorsement）された場合は、B/L持参人に貨物は引渡されます。

Clean B/L（無故障）とFoul B/L（故障付）

船会社が受取った時点で貨物にキズなどの瑕疵が発見され、その旨のリマーク（Remark）が記載されたB/LをFoul B/L（またはDirty B/L）、そのようなリマークの付いていないB/LをClean B/Lと呼びます。信用状統一規則（P.214）では「銀行は、無故障運送書類（clean transport documents）のみ受理する」と規定されています。

Stale B/L（呈示期限切れ）

信用状統一規則で規定されている運送書類の呈示期限（not later than 21 calendar days after the date of shipment）を過ぎてしまった状態のB/Lのことです。たとえば、B/L dateが5月1日（水）であれば、B/L date翌日からカウントし21日目の5月22日（水）がStaleとならない最終日で、23日以降がStaleとなります。信用状によっては、呈示期限が短縮されている場合もありますので、注意が必要です。

Long Form B/LとShort Form B/L

裏面に運送約款が記載されているB/LがLong Form B/Lで、記載が省略されて裏面は白いB/LがShort Form B/Lです。通常、定期船はLong Form B/L、不定期船ではShort Form B/Lが使用されます。

Charter Party B/L（用船契約B/L）

用船契約（Charter Party）に基づいて発行されるB/Lです（P.125参照）。信用状統一規則（UCP600）では、「Charter Party B/Lをacceptする文言が入っていれば買取りが行われる」と規定していますのでL/C決済の場合、輸出者はL/Cに「Charter Party B/L acceptable」の文言を挿入するように輸入者に義務付けておく必要があります。

Combined Transport B/LまたはMultimodal Transport B/L

複合一貫輸送において全区間をカバーして発行されるB/Lです（P.165）。

▶船荷証券の例①　受取式フォーム　指図式　B/L

ABC CONTAINER LINE　**FIRST ORIGINAL**　BILL OF LADING

SHIPPER/EXPORTER
KANKI TRADING CO., LTD
1-1-XX NIHONBASHI, CHUO-KU
TOKYO 103-0000, JAPAN
（荷主）

BOOKING NO.
ABC0001（ブッキング番号）

BILL OF LADING NO.
ABCU1234567（B/L番号）

EXPORT REFERENCES (for the merchant's and/or carrier's reference only. See back clause 8(1)(b))
YKNY10XX
（輸出者の参照となる契約番号など）

CONSIGNEE
TO ORDER OF SHIPPER
（受荷主）

荷受人は指図式

FORWARDING AGENT-REFERENCES
FMC NO.
Yasuda Soko（海貨・通関業者）

RECEIVED by the Carrier from the Shipper in apparent good order and condition unless otherwise indicated herein, the Goods or package(s) said to contain the Goods, to be carried subject to all the terms and conditions herein.
Delivery of the Goods to the Carrier for Carriage hereunder constitutes the Merchant's acceptance of all the stipulations, exceptions, terms and conditions of this Bill as fully as if signed by him, any contrary local custom or privilege notwithstanding. This Bill supersedes all prior agreements or freight engagements for the Goods.
If required by the Carrier, this Bill (duly endorsed if it is negotiable) must be surrendered in exchange for the Goods or delivery order. Where issued as a Sea Waybill, this Bill is not negotiable or a document of title and delivery shall be made to the named consignee on production of such reasonable proof of identity as may be required by the Carrier.
In witness whereof, the undersigned, on behalf of the Carrier, has signed the number of Bills stated hereunder, all of this tenor and date. Where issued as a Bill of Lading, delivery may be made against only one original Bill in which case, the others shall stand void.

Received で始まる受取式フォーム

NOTIFY PARTY (It is agreed that no responsibility shall be attached to the Carrier or its Agents for failure to notify)
DILLON CORPORATION
20XX ATLANTIC STREET
STAMFORD, CT. 06902 U.S.A.（到着案内送付先）
TEL 203-327-290X FAX 203-327-291X

PRE-CARRIAGE BY

PLACE OF RECEIPT
YOKOHAMA CY（受取地）

OCEAN VESSEL VOYAGE NO. FLAG
ABC RONDO（本船名）111（航海番号）

PORT OF LOADING（船積港）
YOKOHAMA JAPAN

FINAL DESTINATION (for the Merchant's reference only)

PORT OF DISCHARGE
NEW YORK, N.Y. U.S.A.（仕向港）

PLACE OF DELIVERY
:NEW YORK CY（引渡地）

TYPE OF MOVEMENT (IF MIXED, USE DESCRIPTION OF PACKAGES AND GOODS FIELD)
FCL/FCL（輸送タイプ）　CY/CY

(CHECK "HM" COLUMN IF HAZARDOUS MATERIAL)　PARTICULARS DECLARED BY SHIPPER BUT NOT ACKNOWLEDGED BY THE CARRIER（不知文言）

CNTR. NOS. W/SEAL NOS. MARKS & NUMBERS	QUANTITY (FOR CUSTOMS DECLARATION ONLY)	HM	DESCRIPTION OF GOODS	GROSS WEIGHT	GROSS MEASUREMENT
DILLON CORPORATION NEW YORK COLD ROLLED STAINLESS STEEL SHEET IN COIL C/NO. 1/15 MADE IN JAPAN （荷印） ABCU123456 （コンテナ番号） YN00123 （シール番号）	1 CONTAINER 15 SKIDS （コンテナ数 梱包数）		"SHIPPER'S LOAD AND COUNT" （不知文言） COLD ROLLED STAINLESS STEEL SHEET IN COIL （貨物の名称）	15,000.000 KGS （貨物総重量）	10.000 M3 （容積）

Declared Cargo Value US$　. If Merchant enters a value, Carrier's limitation of liability shall not apply and the ad valorem rate will be charged.

FREIGHT AND CHARGES	RATE	UNIT	CURRENCY	PREPAID	COLLECT
· BASIC OCEAN FREIGHT	2,500.00	PER CONTAINER	USD	2,500.00	
· BUNKER SURCHARGE	500.00	PER CONTAINER	USD	500.00	
· DOCUMENTATION FEE - ORIGIN	3,000.00	PER BILL OF LADING	JPY	3,000.00	
· TERMINAL HANDLING CHARGE - ORIGIN	26,000.00	PER CONTAINER	JPY	26,000.00	
· DOCUMENTATION FEE - DESTINATION	55.00	PER BILL OF LADING	USD		55.00
· TERMINAL HANDLING CHARGE - DESTINATION	115.00	PER CONTAINER	USD		115.00
（運賃と諸チャージ）	（料率）	（単位）	（通貨）	（積地で前払いの運賃と諸チャージ）	（揚地払いの諸チャージ）

NUMBER OF CONTAINERS	DATE CARGO RECEIVED	DATE OF ISSUE OF B/L
1 CONTAINER（コンテナ数）	JUNE 19, 20XX（貨物受取日）	JUNE 20, 20XX（B/L発行日）
NUMBER AND SEQUENCE OF ORIGINAL B(S)/L	SHIPPED ON BOARD DATE (LOCAL TIME)	PLACE OF ISSUE OF B/L
1/THREE（オリジナルB/L発行部数）	JUNE 20, 20XX（船積確認文言）	TOKYO（B/L発行地）

収入印紙

ABC CONTAINER LINE CO., LTD.
（船会社署名）

船積確認文言（On Board Notation）

上記の船荷証券（B/L）は、受取式の書式で作成されたオリジナルB/Lで、リマークの記載のないClean（クリーン）B/Lです。Consignee（荷受人）欄は指図式で記載されているOrder B/Lですので、オリジナルB/Lの裏面にShipperが裏書することによって貨物の権利譲渡が可能となる流通性を持っています。

本サンプルは受取式書式ですが、船積確認文言（On Board Notation）が付記されているので、船積式と同等に取り扱われます。

本サンプルのような定期船コンテナ輸送には、裏面に運送契約が記載されているLong Form B/Lが使用されます。

▶船荷証券の例② 船積式フォーム 記名式 B/L

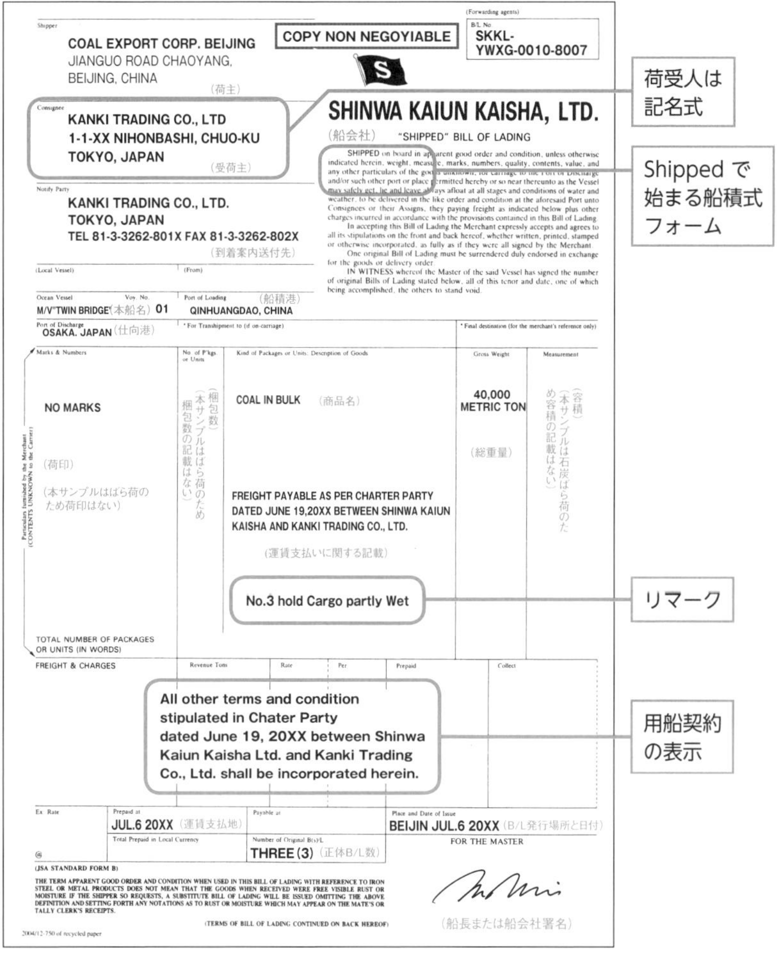

(Forwarding agents)

Shipper
COAL EXPORT CORP. BEIJING
JIANGUO ROAD CHAOYANG,
BEIJING, CHINA
（荷主）

COPY NON NEGOYIABLE

B/L No
SKKL-
YWXG-0010-8007

Consignee
KANKI TRADING CO., LTD
1-1-XX NIHONBASHI, CHUO-KU
TOKYO, JAPAN
（受荷主）

SHINWA KAIUN KAISHA, LTD.
（船会社） "SHIPPED" BILL OF LADING

SHIPPED on board in apparent good order and condition, unless otherwise indicated herein, weight, measure, marks, numbers, quality, contents, value, and any other particulars of the goods unknown, for carriage to the Port of Discharge and/or such other port or place permitted hereby or so near thereunto as the Vessel may safely get, lie and leave always afloat at all stages and conditions of water and weather, to be delivered in the like order and condition at the aforesaid Port unto Consignees or their Assigns, they paying freight as indicated below plus other charges incurred in accordance with the provisions contained in this Bill of Lading.

In accepting this Bill of Lading the Merchant expressly accepts and agrees to all its stipulations on the front and back hereof, whether written, printed, stamped or otherwise incorporated, as fully as if they were all signed by the Merchant.

One original Bill of Lading must be surrendered duly endorsed in exchange for the goods or delivery order.

IN WITNESS whereof the Master of the said Vessel has signed the number of original Bills of Lading stated below, all of this tenor and date, one of which being accomplished, the others to stand void.

Notify Party
KANKI TRADING CO., LTD.
TOKYO, JAPAN
TEL 81-3-3262-801X FAX 81-3-3262-802X
（到着案内送付先）

(Local Vessel) | (From)

Ocean Vessel: M/V"TWIN BRIDGE"（本船名） Voy. No. 01
Port of Loading: QINHUANGDAO, CHINA（船積港）
Port of Discharge: OSAKA, JAPAN（仕向港）
* For Transhipment to (if on-carriage)
* Final destination (for the merchant's reference only)

Particulars furnished by the Merchant (CONTENTS UNKNOWN to the Carrier)

Marks & Numbers	No. of P'kgs. or Units	Kind of Packages or Units: Description of Goods	Gross Weight	Measurement
NO MARKS （荷印） （本サンプルはばら荷のため荷印はない）	（梱包数） （本サンプルはばら荷のため梱包数の記載はない）	COAL IN BULK（商品名） FREIGHT PAYABLE AS PER CHARTER PARTY DATED JUNE 19,20XX BETWEEN SHINWA KAIUN KAISHA AND KANKI TRADING CO., LTD. （運賃支払いに関する記載） No.3 hold Cargo partly Wet	40,000 METRIC TON （総重量）	（容積） （本サンプルは石炭ばら荷のため容積の記載はない）

TOTAL NUMBER OF PACKAGES OR UNITS (IN WORDS)

FREIGHT & CHARGES	Revenue Tons	Rate	Per	Prepaid	Collect

All other terms and condition stipulated in Chater Party dated June 19, 20XX between Shinwa Kaiun Kaisha Ltd. and Kanki Trading Co., Ltd. shall be incorporated herein.

Ex. Rate	Prepaid at JUL.6 20XX（運賃支払地）	Payable at	Place and Date of Issue BEIJIN JUL.6 20XX（B/L発行場所と日付）
@	Total Prepaid in Local Currency	Number of Original B(s)/L THREE (3)（正体B/L数）	FOR THE MASTER

(JSA STANDARD FORM B)

THE TERM APPARENT GOOD ORDER AND CONDITION WHEN USED IN THIS BILL OF LADING WITH REFERENCE TO IRON STEEL OR METAL PRODUCTS DOES NOT MEAN THAT THE GOODS WHEN RECEIVED WERE FREE VISIBLE RUST OR MOISTURE IF THE SHIPPER SO REQUESTS, A SUBSTITUTE BILL OF LADING WILL BE ISSUED OMITTING THE ABOVE DEFINITION AND SETTING FORTH ANY NOTATIONS AS TO RUST OR MOISTURE WHICH MAY APPEAR ON THE MATE'S OR TALLY CLERK'S RECEIPTS.

(TERMS OF BILL OF LADING CONTINUED ON BACK HEREOF)

（船長または船会社署名）

2004/12-750 of recycled paper

上記の船荷証券（B/L）は、船積式の書式で作成されたB/Lのコピーです。オリジナルではないので有価証券ではありません。Consignee（荷受人）欄は記名式で記載されているStraight B/Lです。記名式B/Lは、多くの国では裏書による権利譲渡が許されていないため、オリジナルであっても基本的には流通性は持っていません。

本サンプルB/Lには「No.3 hold Cargo partly wet」というRemark（リマーク）が記載されており、このままオリジナルB/Lが発行されるとFoul（故障付）B/Lとなります（P.141）。本サンプルのように用船契約に基づいて発行されるCharter Party B/Lには、通常は裏面が白紙のShort Form B/Lが使用されます。

海上運送状 (Sea Waybill)

海上運送状は、有価証券ではなく流通性を持ちません。

海上運送状（SWB：Sea Waybill）とは

海上運送状は、運送書類の一種であり貨物受取証と輸送契約書の機能は持っていますが、有価証券ではなく、貨物引渡請求権はありません。海上運送状の書式は船荷証券とほとんど同じように見えますが、いくつかの重要な点での違いがあり、その一つとして非有価証券であることを明確にする「Non Negotiable」（流通性がない意味）の文言が表示されています。

海上運送状の記載事項は船荷証券と変わりはありませんが、受荷主（Consignee）欄は必ず記名式で発行されます。仕向港において、輸入者は海上運送状を船会社に提出する必要はなく、海上運送状に記載された受荷主であることが確認されれば貨物は引渡されます。

海上運送状の利用

企業グループ内の貿易のように、荷受人が固定しており代金決済に船荷証券（B/L）をあえて必要としない取引では、船荷証券の紛失リスクがなく事務処理も軽くなる海上運送状の利用価値が高まります。

また、貨物の引渡しに海上運送状の提出は不要であることから、B/Lの危機（P.148）への対応策としても有効です。

海上運送状は、万国海法会（Comité Maritime International：ベルギーの公益法人）により「海上運送状に関するCMI統一規則」（CMI Uniform Rules for Sea Waybill）が1990年に採択されており、荷送人による運送品処分権などが規定されています。

▶海上運送状(Sea Waybill)の例

Code name: "JSE-CTWAYBILL 2008"
(Published April 2008 by the Documentary Committee of the JSE)

Shipper (Shipper's Reference No.)
Japan Export Co., Ltd.
1-XX Nihonbashi, Chuo-ku
Tokyo, 103-00XX, Japan
（荷主）

WAYBILL
NON-NEGOTIABLE
（海上運送状、非有価証券の表示）

Waybill No.
12ABC00XXX
（海上運送状番号）

Consignee
Japan Export Hong Kong Limited
XXX-XX Queensway, Hong Kong
（受荷主）

RECEIVED by the Carrier the Goods stated below in apparent good order and condition unless otherwise noted, for transportation from the place of receipt to the place of delivery, subject to the terms and conditions provided for on the face and back hereof and the applicable Bill of Lading and there to be delivered to the Consignee named herein, or its authorized agents on production of proof of identity.
IN WITNESS whereof, the undersigned, has signed the number of Waybill(s) stated below, all of this tenor and date.

This Waybill is not construed as a Bill of Lading or any other similar document of title referred to in the International Carriage of Goods by Sea Act of Japan, 1957 as amended in 1992 or any other foreign legislation of a nature similar to the international Convention for the Unification of Certain Rules relating to Bills of Lading signed at Brussels on 25 August, 1924 or the amendments by the Protocol signed at Brussels on 23 February, 1968 or the amendments by the Protocol signed at Brussels on 21 December, 1979.

(Terms of this Waybill continued on the back hereof)

Notify Party
Japan Export Hong Kong Limited
XXX-XX Queensway, Hong Kong
Tel : 852-△△△△-XXXX Fax 852-△△△-XXXX
（到着案内送付先）

Place of Receipt
Port of Loading: KOBE CY （船積港）

Ocean Vessel: ABC TRADE（本船名）
Voy No.: 001（航海番号）
For delivery of the Goods please apply to:

Port of Discharge: HONG KONG（仕向港）
Place of Delivery: HONG KONG CY（引渡場所）

Particulars Furnished by Shipper

Container No.	Seal No. Marks and Numbers	No. of Containers or Pkgs	Kind of Packages; Description of Goods	Gross Weight	Measurement
（コンテナ番号）	（シール番号）	（コンテナ数、梱包数）	（商品名）	（総重量）	（容積）
ABC 12XXX	ABC 123XX	1 CONTAINER 18 CASES	WELDING MATERIALS	19,800.00 KGS	11.250 M3
	JAPAN EXPORT WELDING MATERIALS CASE NO. 1/18 MADE IN JAPAN （荷印）		*FREIGHT PREPAID （運賃前払いの表示）		

Total number of Containers or other Packages or Units (in words): ONE (1) CONTAINER ONLY（コンテナ数または梱包数の文章表示）

Merchant's Declared Value (See Clause 3):

Note:
The Merchant's attention is called to the fact that according to Clause 3 of this Waybill the liability of the Carrier is, in most cases, limited in respect of loss of or damage to the Goods.

Freight and Charges	Revenue Tons	Rate	Per	Prepaid	Collect
	AS ARRANGED （運賃率。本サンプルのように記載しない場合もある）				

Exchange Rate	Prepaid at	Payable at	Place and Date of issue
			TOKYO, JAPAN JUNE 16, 20XX
	Total prepaid in local currency	No. of original Waybill(s)	SIGNATURE as the Carrier

LADEN ON BOARD THE OCEAN VESSEL
Date JUNE 15, 20XX（船積日） By

（船会社 署名）

03-25

船荷証券

サレンダードB/L (Surrendered B/L)

サレンダードB/Lは、条約や法律に基づかない便宜的・変則的な手法なので、できるだけ避けるのが賢明です。

サレンダードB/Lとは

サレンダードB/Lは、船積みの元地で回収（Surrender）されたB/Lのことで、船荷証券の種類を表すものではありません。日中間貿易のように近距離貿易輸送の場合、書類よりも船のほうが先に仕向港に到着してしまう「B/Lの危機」（P.148）への対応策の一種です。

サレンダードB/Lの流れ

輸出者は船積地で発行されたオリジナルB/L全通を船積地で船会社に差入れ、すなわちB/LをSurrenderし、船会社に対して輸入者への貨物引渡しを依頼します。船会社は、引渡し先の間違いを避けるため記名式のB/Lに限定することが一般的です。また、荷主からの求めがあれば、「Surrendered」のスタンプが押されて無効となったオリジナルB/Lが荷主に渡されます。

船会社は、B/Lを元地で回収した旨を仕向港の代理店に連絡し、輸入者はB/Lの提示なしに貨物の引渡しを受けます。

サレンダードB/Lの留意点

サレンダードB/Lを行う場合に、輸出者としては代金回収の手立てを確保しておくことが重要です。サレンダードB/Lは、B/Lが持つ担保証券としての機能を放棄していますので、荷為替手形決済には基本的には不向きです。また、サレンダードB/Lは信用状統一規則に記載されている書類ではありません。信用状取引に使用できるかどうかは、銀行との協議次第となります。

▶サレンダードB/Lの例

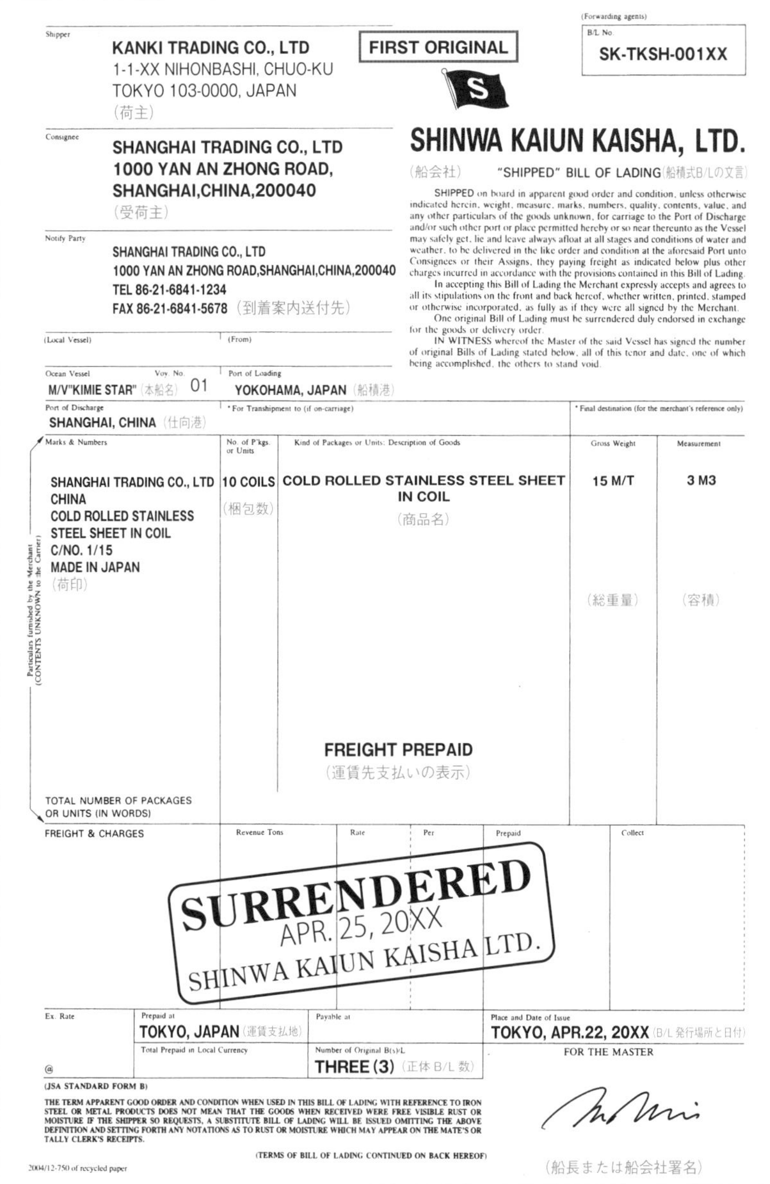

(Forwarding agents)

B/L No.
SK-TKSH-001XX

FIRST ORIGINAL

Shipper
KANKI TRADING CO., LTD
1-1-XX NIHONBASHI, CHUO-KU
TOKYO 103-0000, JAPAN
（荷主）

Consignee
SHANGHAI TRADING CO., LTD
1000 YAN AN ZHONG ROAD,
SHANGHAI,CHINA,200040
（受荷主）

Notify Party
SHANGHAI TRADING CO., LTD
1000 YAN AN ZHONG ROAD,SHANGHAI,CHINA,200040
TEL 86-21-6841-1234
FAX 86-21-6841-5678（到着案内送付先）

SHINWA KAIUN KAISHA, LTD.
（船会社）

"SHIPPED" BILL OF LADING（船積式B/Lの文言）

SHIPPED on board in apparent good order and condition, unless otherwise indicated herein, weight, measure, marks, numbers, quality, contents, value, and any other particulars of the goods unknown, for carriage to the Port of Discharge and/or such other port or place permitted hereby or so near thereunto as the Vessel may safely get, lie and leave always afloat at all stages and conditions of water and weather, to be delivered in the like order and condition at the aforesaid Port unto Consignees or their Assigns, they paying freight as indicated below plus other charges incurred in accordance with the provisions contained in this Bill of Lading.

In accepting this Bill of Lading the Merchant expressly accepts and agrees to all its stipulations on the front and back hereof, whether written, printed, stamped or otherwise incorporated, as fully as if they were all signed by the Merchant.

One original Bill of Lading must be surrendered duly endorsed in exchange for the goods or delivery order.

IN WITNESS whereof the Master of the said Vessel has signed the number of original Bills of Lading stated below, all of this tenor and date, one of which being accomplished, the others to stand void.

(Local Vessel)	(From)

Ocean Vessel / Voy. No.	Port of Loading
M/V"KIMIE STAR"（本船名） 01	**YOKOHAMA, JAPAN**（船積港）

Port of Discharge	* For Transhipment to (if on-carriage)	* Final destination (for the merchant's reference only)
SHANGHAI, CHINA（仕向港）		

Particulars furnished by the Merchant (CONTENTS UNKNOWN to the Carrier)

Marks & Numbers	No. of P'kgs. or Units	Kind of Packages or Units: Description of Goods	Gross Weight	Measurement
SHANGHAI TRADING CO., LTD **CHINA** **COLD ROLLED STAINLESS** **STEEL SHEET IN COIL** **C/NO. 1/15** **MADE IN JAPAN** （荷印）	**10 COILS** （梱包数）	**COLD ROLLED STAINLESS STEEL SHEET IN COIL** （商品名） **FREIGHT PREPAID** （運賃先支払いの表示）	**15 M/T** （総重量）	**3 M3** （容積）

TOTAL NUMBER OF PACKAGES OR UNITS (IN WORDS)

FREIGHT & CHARGES	Revenue Tons	Rate	Per	Prepaid	Collect

SURRENDERED
APR. 25, 20XX
SHINWA KAIUN KAISHA LTD.

Ex. Rate	Prepaid at	Payable at	Place and Date of Issue
@	**TOKYO, JAPAN**（運賃支払地）		**TOKYO, APR.22, 20XX**（B/L発行場所と日付）
	Total Prepaid in Local Currency	Number of Original B(s)/L **THREE (3)**（正体B/L数）	FOR THE MASTER

(JSA STANDARD FORM B)

THE TERM APPARENT GOOD ORDER AND CONDITION WHEN USED IN THIS BILL OF LADING WITH REFERENCE TO IRON STEEL OR METAL PRODUCTS DOES NOT MEAN THAT THE GOODS WHEN RECEIVED WERE FREE VISIBLE RUST OR MOISTURE IF THE SHIPPER SO REQUESTS, A SUBSTITUTE BILL OF LADING WILL BE ISSUED OMITTING THE ABOVE DEFINITION AND SETTING FORTH ANY NOTATIONS AS TO RUST OR MOISTURE WHICH MAY APPEAR ON THE MATE'S OR TALLY CLERK'S RECEIPTS.

(TERMS OF BILL OF LADING CONTINUED ON BACK HEREOF)

（船長または船会社署名）

2004/12-750 of recycled paper

03-26

船荷証券

Trading

B/Lの危機 (B/L Crisis)

近距離の貿易取引では、船積書類よりも先に本船が仕向港に到着するときがあります。

船荷証券の危機(B/L Crisis)

コンテナ船の高速化などの理由で、貨物が仕向港に到着しているにもかかわらず、B/L が受荷主の手元に届いていない、いわゆる B/L の危機と呼ばれる事態がとくに近隣諸国との貿易において発生しています。対応策として以下の方法が採られています。

保証状(L/G*)荷渡し

最も一般的な対処方法で、輸入者が船会社に保証状（L/G）を差入れて貨物を引取る方法です。船会社は通常は銀行の連帯保証を求めますので輸入者には銀行との交渉と手数料の負担がかかります。輸入者は B/L 入手後、船会社に B/L を差入れて保証状を解除して銀行に返却します。

保証状荷渡しで貨物を引取った場合、後日到着した船荷証券を含む船積書類にディスクレパンシー（P.224）が発見されても、輸入者および銀行は、ディスクレを理由にアンペイド（P.225）の措置を採ることは事実上できません。仮にアンペイドの措置を採って船積書類を輸出地の銀行に返却しても、船荷証券の正当な所持者による船会社への貨物の引渡し請求に対して船会社は実行できず、結局は L/G に基づいて輸入者およびその連帯保証人である銀行がインボイス金額と場合によっては利息や損害金などの賠償の責を負うことになるためです。

B/L直送

輸出者から輸入者に B/L を直接送付する方法です。輸出者としては、代金回収の手立てを確保しておくことが重要となります。

＊ L/G：Letter of Guarantee

▶輸入貨物引渡保証状(L/G)の例

KANKI TRADING CO. ,LTD
1-1XX NIHONBASHI CHUO-KU
Tokyo, JAPAN

LETTER OF GUARANTEE
DELIVERY WITHOUT BILL OF LADING
(船荷証券の呈示なしで、輸入貨物引渡しを受けるための保証状)

Date **July 9, 20XX**

To : **SHINWA KAIUN KAISHA, LTD**
(Address)

Dear Sirs

Ship	**M/V"TWIN BRIDGE"**	(本船名)
Voyage	**Voyage 01**	(航海番号)
Bill of Lading No.	**SKKL-YWXG-0010-8007**	(船荷証券番号)
Cargo	**COAL IN BULK**	(商品名)
Quantity	**40,000 METRIC TON**	(数量)
Shipper	**COAL EXPORT CORP. BEIJING**	(荷主名)
Cargo Value	**US$4,000,000 (FOB)**	(貨物価値)

In considerarion of your granting us the delivery of the above-mentioned cargo **Ex.M/V"TWIN BRIDGE"**voyage No. **01** to arrive at **OSAKA** from **QINHUANG DAO** on **JUL.9** consigned to us, without presentation of the bill of lading which has not yet been received by us, we hereby agree and undertake to surrender the said bill of lading duly endorsed immediately on obtaining after this date, and further guarantee to indemnify you against all consequences that may araise from you so granting us delivery, and to pay you on demand any freight and/or charges that may be due on the cargo. We hereby certify that the bill of lading covering the above consignment is not hypothecated to any party(ies). In the event of the said bill of lading hypothecated to any other party(ies), we further guarantee you hold harmless from all consequences whatsoever arising therefrom.

KANKI TRADING CO., LTD

(輸入者署名)

輸入者責任者名、役職

B/L 全通を送る場合は、紛失防止のため必ず別便で送ることが肝要です。

海上運送状(SWB)の使用

荷受人が決まっておりB/Lを流通させる必要がない取引であれば、海上運送状を使用する方法が考えられます（P.144）。グループ企業でない場合、輸出者は代金回収に不安のない決済条件で売買契約を結んでおくことが肝要です。

B/L元地回収(Surrendered B/L)

輸出者がB/Lを船積元地で船会社に差入れる方法です。この場合も、B/L直送と同様に輸出者としては、代金回収の手立て確保が重要です（P.146）。B/L元地回収（サレンダードB/L　P.146）は、条約や法律に基づかない変則的手法ですが、日本とアジア間で便宜的に使われることがあります。B/L元地回収の手法は、代金回収問題以外にも船会社等運送人とのトラブルが発生することもあるので、できるだけ避けるのが賢明です。欧州等では、前述のSea Waybillが一般的に使われています。

B/Lの紛失

万一の紛失に備えてオリジナル３通は別便で送付します。

オリジナルは３通発行される

船荷証券は有価証券ですので、紛失した場合に簡単に再発行できるものではありません。紛失対策として、船荷証券のオリジナルは通常３通発行されており、いずれか１通を船会社に差入れれば貨物を引取ることができ、その時点で残りの２通は失効します。この機能を活かし、オリジナル３通は必ず別の便で送付し、B/L全通を紛失してしまうリスクを防ぎます。

万が一なんらかの理由でオリジナルB/L全通を紛失してしまった場合は、貨物引取りのための実務的な手続きと有価証券を再発行するための法的手続きを進めることとなります。

B/L紛失時の実務的手続き

日本の輸入者がB/Lを紛失した場合は、B/Lの再発行を船会社と交渉するか、あるいは保証状荷渡し（P.148）による荷渡しで貨物を引取り、一方で当該B/Lを無効とする除権決定を得る法的手続き（公示催告手続き）を取る方法が考えられます。B/Lの再発行には銀行連帯保証（Bank L/G）やCash Depositを要求されるのが一般的です。また、除権決定を得るには数カ月以上の日数を要するといわれています。

日本の輸出者がB/Lを紛失した場合、当該B/Lを無効とする法的手続きは輸入地の法に従うこととなります。

いずれにせよ、B/L再発行や法的手続きは想像以上の時間と費用がかかることとなりますので、B/Lの取扱いには細心の注意が必要です。

航空輸送の貨物とスペース

航空輸送には旅客機と貨物専用機が使用されています。

航空輸送に適した貨物

航空輸送は、1958年に民間航空業界にジェット機が就航、1960年代に貨物専用機も登場し、その後は貿易取引の主要輸送手段の一つとして急速に発展してきました。スピードを特徴とする航空輸送は次のような貨物の貿易輸送に利用されています。

- 緊急を要する貨物　プラント機器類の修理部品など
- 商品の劣化が進みやすい貨物　生花、生鮮食料など
- 運賃負担力の高い貨物　電子機器、IC関連機器など
- 盗難リスクを避けたい貨物　貴金属、美術品、紙幣など
- 旅客に付随して急送する貨物　引越荷物、愛玩動物など
- 地上での輸送力が弱小な場合　僻地への輸送

航空輸送に用いられるスペース

航空輸送には、旅客機と貨物専用機の両方が使用されます。旅客機の場合は、上半分のメインデッキは旅客が使用し、客室下部のベリースペースに旅客荷物と商用貨物が積込まれます。貨物専用機は窓がなく、メインデッキとロワーデッキ（ベリースペース）の両方が貨物室として使用されます。

貨物専用機の貨物室

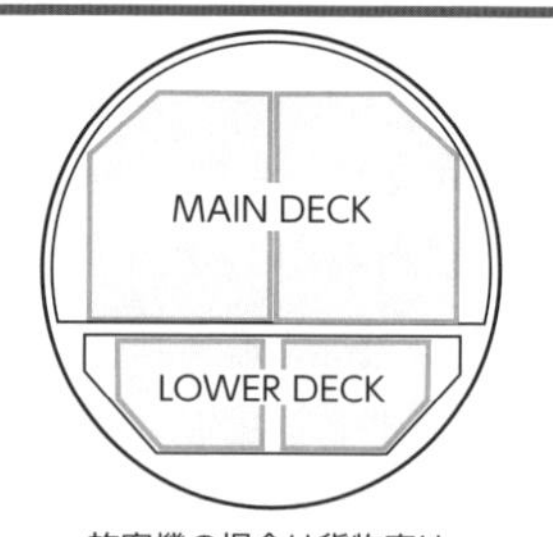

旅客機の場合は貨物室は
LOWER DECK(Belly Space) のみ

積込み方式

航空機への搭載は、ULD*と呼ばれる航空コンテナやパレットなどの器具を使用する方法と、そのままばらで積むバルクローディング方式があります。コンテナローディングシステムは、貨物室の形状に合わせて作られた航空用コンテナに貨物を入れる方式で、貨物の保護に適しています。パレットローディングシステムは、硬質アルミ製の板（パレット）に貨物を積付ける方式で、この場合も機体貨物室の形状に合わせてユニット化します。バルクローディングシステムは旅客手荷物のように貨物をそのまま積む方法で、1梱包の大きさや重量は制限を受けることになります。

▶ローディング方法

航空貨物用コンテナ

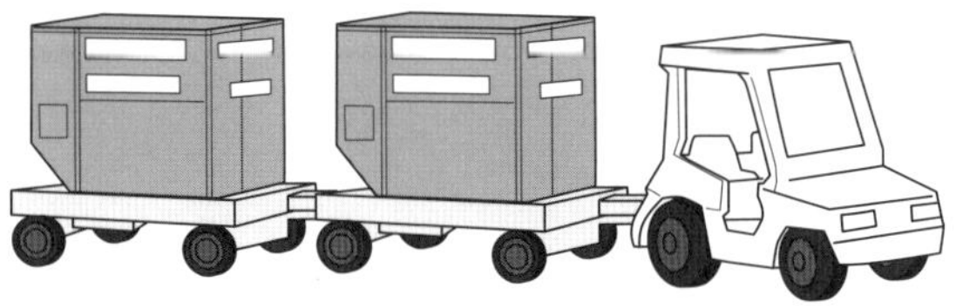

パレット

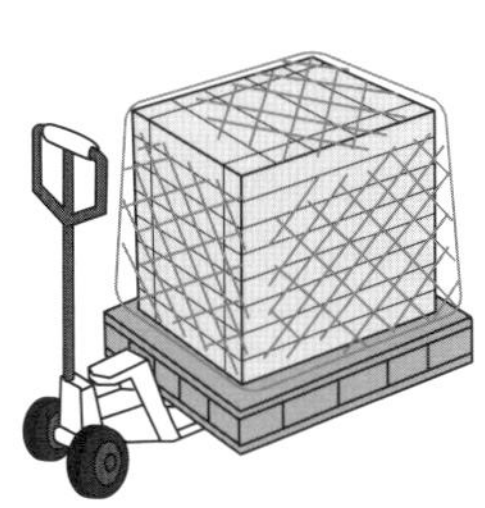

バルク

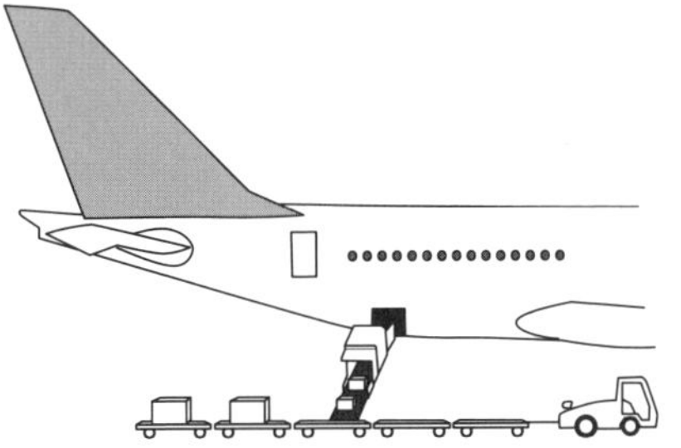

＊ULD：Unit Load Devices

航空運賃

航空運賃はIATAが策定します。

航空運賃タリフ

航空運賃は国際航空運送協会（IATA[*1]）が策定し各国政府機関が認可した運賃表（Tariff）が基本運賃として採用されています。

基本運賃には以下の種類があります。

» 一般貨物賃率（GCR[*2]）

一般的な運賃で重量が増えるほどkg当たりの運賃率が逓減する設定となっています。

» 品目分類賃率（CCR[*3]）

一定の地区間や地区内で輸送される動物、貴重品、新聞、雑誌などの特定された貨物品目に対する割引または割増運賃率で、Class Rateとも呼ばれ、GCRに優先適用されます。

» 特定品目賃率（SCR[*4]）

特定品目に対して特定区間に設定されている割引運賃で、SPECまたはCO-RATEとも呼ばれ、GCR、CCRに優先適用されます。有効期限や適用条件が定められている品目もあります。

» 最低料金（Minimum Charge）

上記の賃率に対して算出された料金が一定額に満たない場合に適用される下限金額のことです。

航空運賃は、上記の基本運賃に各航空会社が設定する燃料サーチャージなどの割増運賃（Surcharge）の合計で算出されます。

＊1　IATA：International Air Transport Association
＊2　GCR：General Cargo Rate
＊3　CCR：Commodity Classification Rate
＊4　SCR：Specific Commodity Rate

航空運賃の計算方法

航空運賃の算出は、実重量（actual weight）と容積重量（volume weight）の比較で計算重量が決定されます。具体的には、容積重量を $6{,}000cm^3$ = 1 kg として換算し、端数は 0.5 kg 単位で切上げて比較し、実重量と容積重量のどちらか大きい重量を運賃計算重量として運賃を計算します*。

▶航空運賃の計算例

(計算例)
実重量 70.0 kg
貨物寸法 122cm(L) X 81cm(W) X 62cm(H) の場合
容積重量は (122 X 81 X 62)÷6,000 = 102.114 = 102.5（端数処理後）
となり、運賃計算重量は 102.5 kg として計算されます。

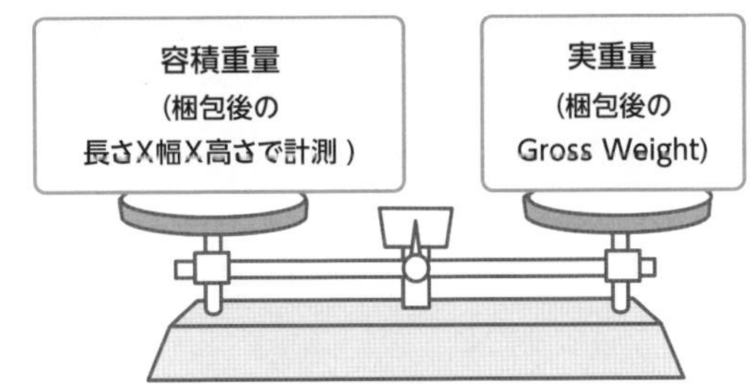

▶一般貨物賃率の例

成田からマニラ

貨物の運賃計算重量	運賃単価
ミニマム運賃	8,500円
45 キログラム未満	830円／kg
45~100 キログラム	700円／kg
100~300 キログラム	620円／kg
300 キログラム以上	540円／kg

燃油サーチャージ	100円／kg

＊ フォワーダー（利用航空運送事業者）はIATA運賃にしばられないので、異なる容積重量の換算率を適用することがあります。

直載貨物と混載貨物

航空貨物輸送はフォワーダーによる混載貨物の利用が主流となっています。

航空貨物輸送の手配方法

航空貨物輸送では、輸出者あるいは輸入者が航空会社と直接輸送契約を結ぶ直載貨物（Straight Cargo または Direct Cargo）と、フォワーダーと呼ばれる航空貨物混載業者に申込む混載貨物（Consolidation Cargo）の２通りの方法があります。

直載貨物の航空運賃はIATA運賃が適用され、航空会社が提供するサービスは空港から空港の輸送に限定されます。

混載貨物においては、フォワーダーは各荷主の貨物を取りまとめたうえで自らが荷主となり航空会社と輸送契約を結びます。フォワーダーが荷主に提供する運賃はIATA運賃には縛られず自由に設定することができますので、IATA運賃の重量逓減制を活用して低い運賃率を航空会社から仕入れて、顧客に割安な運賃を提供しています。フォワーダーは、輸出者の施設での貨物ピックアップから、梱包、ラベリング、書類作成、通関業務代行などの一貫サービスを提供しています。この利便性より、現在は混載貨物が航空貨物輸送の主流となっています。輸出者、輸入者のどちらが航空輸送手配を行うかは、貿易取引条件により決まります。

直載貨物の流れ

大きなロットの貨物、ほかの貨物と混載が困難な危険品、到着後の貨物引取りに一刻を争う保冷品などは、フォワーダーを通さず直載貨物として輸送されています。

直載貨物では、輸出者が準備した商品を航空代理店が集荷して、輸出通関後に航空機に搭載されます。到着空港では、貨物は荷卸し後貨物ターミナルに搬入されます。航空会社は航空運送状に記載されている荷受人に連絡を取り、荷受人は輸入通関手続きをして貨物を引取ります。直載貨物の航空運賃は上述のIATA運賃が適用され、航空運送状は航空代理店から荷主に発行されます。

混載貨物の流れ

輸出者が航空輸送の手配を行う場合、輸出者はインボイスやパッキングリストなど輸出通関に必要な書類を準備し、フォワーダーに貨物のピックアップから、梱包、ラベリング、書類作成、通関業務代行など一連の輸出業務を委託する方法が一般的に行われています。フォワーダーはほかの貨物との混載を仕立てて1つの貨物として、航空会社の貨物ターミナルに搬入します。到着空港においては、フォワーダーは航空会社から貨物の引渡しを受けて受荷主（輸入者）別に小分けして、貨物を引渡します。

輸入者が航空輸送の手配を行う場合、フォワーダーは出発空港の代理店を通して輸出者と連絡を取り、貨物受取り場所や時期の打ち合わせを行います。到着空港側では、輸入者は輸入通関から国内配送までの業務まで一貫してフォワーダーに委託する場合が多く、フォワーダーは業務完了後に一通の請求書で精算を行います（P.162）。

▶混載貨物と直載貨物の流れ

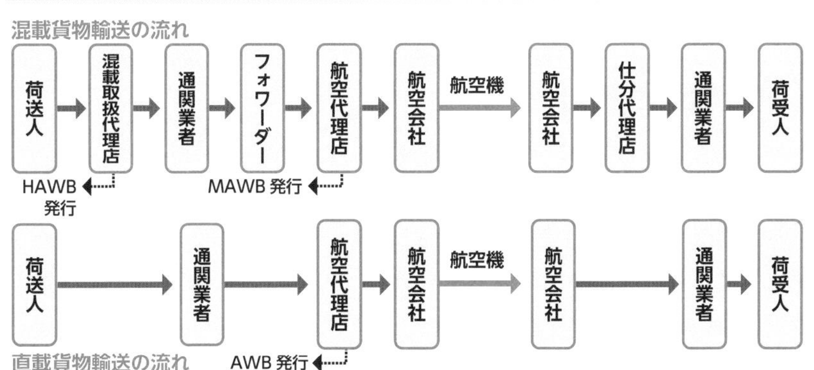

航空運送状 (Air Waybill)

航空運送状は有価証券ではありません。

航空運送状（AWB*）

航空輸送の運送人である航空会社やフォワーダーは貨物を受取った証として航空運送状を発行します。航空運送状は運送契約書の機能を持っていますが、有価証券ではなく、表面に「Not Negotiable」と表示され流通性のない旨が記載されています。

実運送人である航空会社が発行する航空運送状をマスター・エアウェイビル（MAWB）、フォワーダー（利用航空運送事業者）が発行する航空運送状をハウス・エアウェイビル（HAWB）と呼んでいます。

航空運送状のフォームはIATAにより統一化されており、通常オリジナルは3通発行されます。オリジナルNo.1は航空会社用、No.2は受荷主用で貨物と一緒に仕向空港に送られ、No.3は荷主に発行されます。

航空運送状の書式は受取式（Received）で、荷受人（Consignee）欄は常に記名式で発行されます。到着空港において、荷受人が貨物の引渡しを運送人に請求する際、航空運送状の呈示は必要ありません。運送人は航空運送状に記載されている荷受人であることが確認の後、貨物を引渡します。

航空輸送と条約

航空運送状の法的性質や運送人の責任等を規定する条約には、ワルソー条約、ヘーグ議定書（改正ワルソー条約）、モントリオール条約（1975年採択、1998年発効、日本は2000年に批准）があります。モントリオール条約では運送人の賠償責任額1kg当たり19SDR（2009年改正）と規定されています。

＊ AWB：Air Waybill

▶航空運送状(Air Waybill)の例

JAF - 8888 - 10XX（HAWB番号）

Shipper's Name and Address	Shipper's Account Number	Not negotiable
KANKI TRADING CORPORATION 1-1-XX Nihonbashi, Chuo-ku Tokyo, 103-0000, Japan（荷主名と住所）		**Air Waybill**（Not Negotiableの表示） Issued by JAPAN AIR FORWARDING CO., LTD （航空運送状の発行者） as carrier

Consignee's Name and Address	Consignee's Account Number	Copies 1, 2 and 3 of this Air Waybill are originals and have the same validity.
CHINA STEEL CENTER CO.LTD. TEL 86-20-8600-10XX FAX 86-20-8600-11XX（受荷主と住所）		It is agreed that the goods described herein are accepted in apparent good order and condition (except as noted) for carriage SUBJECT TO THE CONDITIONS OF CONTRACT ON THE REVERSE HEREOF. ALL GOODS MAY BE CARRIED BY ANY OTHER MEANS INCLUDING ROAD OR ANY OTHER CARRIER UNLESS SPECIFIC CONTRARY INSTRUCTIONS ARE GIVEN HEREON BY THE SHIPPER, AND SHIPPER AGREES THAT THE SHIPMENT MAY BE CARRIED VIA INTERMEDIATE STOPPING PLACES WHICH THE CARRIER DEEMS APPROPRIATE. THE SHIPPER'S ATTENTION IS DRAWN TO THE NOTICE CONCERNING CARRIER'S LIMITATION OF LIABILITY. Shipper may increase such limitation of liability by declaring a higher value for carriage and paying a supplemental charge if required.

Issuing Carrier's Name and City	Accounting Information
JAPAN AIR FORWARDING CO., LTD （航空運送状の発行者:Issuing Carrier）	CHINA STEEL LOGISTICS CO.LTD. TEL 86-20-8600-99XX FAX 86-20-8600-98XX （到着案内送付先等を記載）
MAWB NO. 131 - 1010 - 10XX（マスターAWB番号）	
Airport of Departure (Addr. of First Carrier) and Requested Routing KANSAI INT APT - OSAKA, JAPAN（発地空港）	（N. V. D. はNO VALUE DECLAREDの略）

To	By First Carrier / Routing and Destination	to	by	to	by	Currency	Chgs Code	WT VAL PPD	WT VAL COLL	Other PPD	Other COLL	Declared Value for Carriage	Declared Value for Customs
CAN	JL（航空会社名）					JPY		X		X		N.V.D （航空会社への申告価額）	（税関への申告価額）

Airport of Destination	Requested Flight/Date	Amount of Insurance	INSURANCE - If carrier offers insurance and such insurance is requested in accordance with the conditions thereof, indicate amount to be insured in figures in box marked Amount of Insurance.
GUANGZHOU（仕向空港）	JL5027/10（便名と日付）		

Handling Information

（危険品などの特記事項を記載）

No. of Pieces RCP	Gross Weight	kg lb	Rate Class / Commodity Item No.	Chargeable Weight	Rate / Charge	Total	Nature and Quantity of Goods (incl. Dimensions or Volume)
1 （梱包数）	4,035.0 KGS （総重量）		N（適用運賃料率）N＝基本料率 7220.20 （品目番号 H.S.CODE）	4,035.0 KGS （計算重量） 0.5kg 単位切上げ	JPY 190/KG （運賃単価）	JPY 766,650 （運賃合計）	COLD ROLLED STAINLESS STEEL SHEET IN COIL TOTAL 1 COIL INVOICE NO. KT0011XX ORIGIN JAPAN FREIGHT PREPAID （商品情報、その他）

Prepaid	Weight Charge	Collect	Other Charges
766,650（運賃先払い）		（運賃後払い）	FUEL SURCHARGE JPY 97/KG TOTAL JPY 391,395 （その他諸チャージ）
Valuation Charge			
391,395			
Tax			
Total other Charges Due Agent			Shipper certifies that the particulars on the face hereof are correct and that insofar as any part of the consignment contains dangerous goods, such part is properly described by name and is in proper condition for carriage by air according to the applicable Dangerous Goods Regulations.
Total other Charges Due Carrier			（荷主または代理人のサイン） Signature of Shipper or his Agent
200（B/L Feeなど）			
Total Prepaid		Total Collect	（発行日と場所）
1,158,245			APR. 10, 20XX / KANSAI INT（航空運送状発行者のサイン）
Currency Conversion Rates		CC Charges in Dest. Currency	Executed on (date) / at (place) / Signature of issuing Carrier
For Carriers Use only at Destination		Charges at Destination	Total Collect Charges

ORIGINAL-3 (FOR SHIPPER)
（荷主用）

PRINTED IN JAPAN

JAFA JAPAN AIRCARGO FORWARDERS ASSOCIATION

TOPPAN FORMS CO.,LTD

航空輸送の書類

航空輸送の貿易取引でL/C決済を行うしくみは次の通りです。

リリースオーダー（Bank Release Order：航空貨物引渡指図書）

航空貨物の代金決済を信用状付き荷為替手形で行う場合、信用状発行銀行は、自らを貨物の荷受人とした航空運送状を信用状の要求書類として貨物の担保性を確保するのが一般的です。銀行は、輸入者（すなわち信用状発行依頼人）から輸入担保貨物保管書（Air Trust Receipt）を受取り、航空会社または混載業者宛のリリースオーダーを発行し、輸入者への貨物引渡しを指図します。

実務的には、リリースオーダーは航空会社またはフォワーダーが作成して輸入者に渡し、輸入者は銀行の署名捺印を取得した後に、航空会社またはフォワーダーに提出して貨物を引取るという運用がなされています。

フォワーダーの請求書

フォワーダーは、通関手続きや梱包など請け負った業務をまとめて航空運賃とともに一本の請求書で請求を行います（P.162）。

航空貨物到着案内（Arrival Notice）

到着空港では、フォワーダーは貨物到着案内を輸入者（荷受人）に送付し、輸入通関など諸業務の連絡を行います（P.163）。

荷渡指図書（航空輸送）

輸入者（荷受け人）は到着案内を受取れば、デリバリーオーダー（D/O　荷渡指図書）の発行を受けて、荷物を引取ります。

▶リリースオーダーの例

JAPAN AIR FORWARDING CO., LTD
東京都○○区　○○○町　×××

JAF

RELEASE ORDER

日付　**20XX年7月7日**

JAPAN AIR FORWARDING CO., LTD　　REF.NO.　**XXXXXX**
（フォワーダー）　　（参照番号）

IMPORT DEPARTMENT　御中

（支店名、担当部署名）

当行宛到着貨物（運送状番号　**618-XXXX-XXXX**）を、

JAPAN IMPORT CO., LTD.　に引き渡すようお願い致します。

（荷受人　＝　ALSO NOTIFY PARTY）
（輸入者）

（銀行署名）

（信用状発行銀行
銀行名、支店名、部署名）

▶Air T/Rとリリースオーダーの流れ

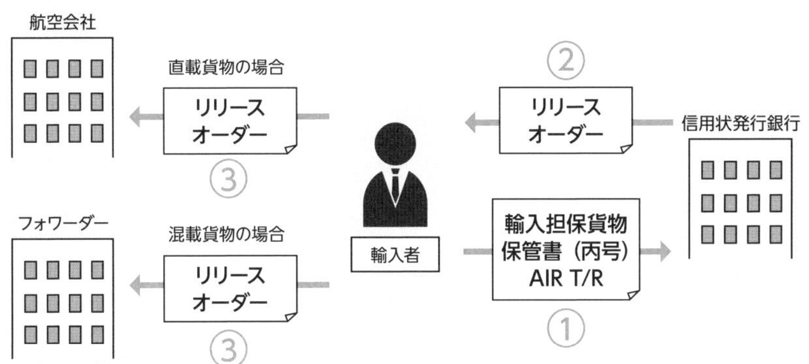

▶フォワーダー請求書（輸出混載貨物）の例

JAPAN AIR FORWARDING CO., LTD
1-1-XX KAYABACHO, Chuo-ku
Tokyo, 103-0025, Japan

JAF

請求書

MESSRS :	KANKI TRADING CORPORATION 1-1-XX Nihonbashi, Chuo-ku Tokyo, 103-0000, Japan （輸出者名と住所）	日付	20XX年4月15日
		請求書番号	JAF011XXX

AWB NO.	JAF - 8888 - 10XX （ハウス AWB 番号）	AWB DATE	20XX年4月10日 （ハウス AWB 発行日）
M AWB NO.	131 - 1010 - 10XX （マスター AWB 番号）	申告番号	011 123 XXXX （税関への輸出申告番号）
SHIPPER	KANKI TRADING CORPORATION （荷主）	CONSIGNEE	CHINA STEEL CENTER （受荷主）
発地空港	KANSAI INT APT - OSAKA, JAPAN	着地空港	GUANGZHOU, CHINA
商品名	COLD ROLLED STAINLESS STEEL SHEET IN COIL	数量	1 COIL
実重量	4,035.000 KGS （GROSS 重量）	容積	2.15866M^3
計算重量	4,035.0 KGS （運賃計算の適用重量）	INVOICE NO.	KT0011XX （輸出者のインボイス番号）

項目	数量	単価	レート	金額	消費税
輸出通関料	1	5,900円/件	JPY	5,900	
TERMINAL CHARGE	4,035.0 KGS	15円/KG	JPY	60,525	課税
WAREHOUSE CHARGE	4,035.0 KGS	15円/KG	JPY	60,525	
梱包料	1	15,000円/M3	JPY	32,380	課税
保安対策費	1	1000円/件	JPY	1,000	課税
AWB作成料	1	200円/件	JPY	200	課税
航空運賃	4,035.0 KGS	190円/KG	JPY	766,650	
FUEL SURCHARGE	4,035.0 KGS	97円/KG	JPY	391,395	
横持ち（トラック）料	1	60,000円/PKG	JPY	60,525	課税

REMARKS	JL5027便 / 10. APR. 20XX ETD OSAKA (OSA) 14:00 ETA GUANGZHOU (CAN) 17:30

お支払期限20XX年5月31日までに
お支払願います。
お振込み口座〇〇銀行　△支店
当座　XXXXXX

課税対象外金額	JPY	1,224,470
課税対象金額	JPY	154,630
消費税	JPY	15,460
合計請求額	JPY	1,394,560

▶航空貨物到着案内(輸入混載貨物)の例

JAPAN AIR FORWARDING CO., LTD
東京都○○区　○○○町　×××

JAF

ARRIVAL NOTICE

お客様名		
JAPAN IMPORT CO., LTD. 御中 (HAWBの受荷主である輸入者)	日付	**20XX 年 7 月 7 日**
	ご担当者名	○○　様
○○○　様	TEL	**03-XXX-XXXX**
	FAX	**03-XXX-XXXX**
	E-MAIL	○○○○**@xxx.com**

毎度ご利用いただきありがとうございます。(フォワーダーから各受荷主への到着案内)
貴社宛の輸入航空貨物が到着致しましたので、以下の通りご案内申し上げます。

AIR WAYBILL 番号	個数 (NUMBER OF PACKING)	重量 (KG)
618-XXXX-XXXX (HAWB番号)	**2 (TWO)**	**15.5**

ご連絡事項

送付書類	通関
☑ AIR WAYBILL	☑ 輸入通関の指示をお願い致します。
☑ INVOICE	☐ 輸入通関の手続きに入ります。
☑ PACKING LIST	その他
☐ BANK RELEASE	☐ 商品説明をお願い致します(税関対応のため)。
☐ 検疫証明書	☑ 納品先のご指示をお願い致します。
☐ その他	☐ 銀行手続き (BANK RELEASE) をお願い致します。

通関予定日	納品予定日

JAPAN AIR FORWARDING CO., LTD
IMPORT DEPARTMENT
担当　G.MANAGER
TEL　○○○-○○○○
FAX　△△△-△△△△
E-MAIL　**XXX@xxx.com**

▶荷渡指図書(航空輸送)輸入混載貨物の例

AIR CARGO

貨物引渡指図書
DELIVERY ORDER

AIR CARGOインターナショナル
成田市成田国際空港内
(航空会社または代理店)

日 付 20XX年7月7日
年/月/日

荷受人/CONSIGNEE:

JAPAN AIR FORWARDING CO., LTD
(MAWBの受荷主であるフォワーダー)

YS

運送状番号 AIR WAYBILL NO.
618-XXXXXXXX

(MAWB番号)

個数 PIECES	重量 WEIGHT	内容品 CONTENTS
2	15.5	MACHINE PARTS

到着便名 ARRIVAL FLIGHT	到着日 ARRIVAL DATE	荷送人名/住所 SHIPPER/ADDRESS
SQ 012	7/JUL.	△△△ MACHINERY CORP. XXX, SINGAPORE
(航空便名)	(到着日)	(輸出者)

輸入通関業者 CUSTOMS BROKER
MLC

NARITA

当指示書と引き換えに上記貨物を引渡してください。

貨物受取書

DELIVERY RECEIPT

上記の貨物を外装上異常ないものとして受け取りました。
THE ABOVE MENTIONED GOODS WERE RECEIVED BY THE UNDERSIGNED IN GOOD ORDER AND CONDITION.

☐ 貨物受取時、内容点検実施明細書作成

月/日	時刻	署名
/	:	

03-33

複合輸送

Trading

国際複合一貫輸送 (International Multimodal Transport)

NVOCCが国際複合一貫輸送の中心的役割を果たしています。

複数の輸送モードを組合せ、一本の運送契約で引受け

国際複合一貫輸送とは、船、鉄道、トラック、航空機などの輸送手段から２つ以上を組み合わせて行う国際輸送を、１つの運送契約として引受ける輸送形態です。

たとえば海と空の組合せでは、日本から米国西海岸のシアトルまでを船舶輸送しその後欧州まで航空輸送するSea & Air輸送、海と陸の組合せでは、日本からナホトカまでを海上コンテナ輸送しその後欧州までを貨車で輸送するシベリア・ランド・ブリッジ（SLB）があげられます。

国際複合一貫輸送の手配

国際複合一貫輸送契約の引き受けは、自ら輸送用具を持つ船会社や航空会社のほかに自らは輸送用具を持たないNVOCC*と呼ばれる輸送業者が行っています。

国際複合一貫輸送では、複合運送証券（Multimodal Transport B/L あるいはCombined Transport B/Lと呼ぶ）あるいは、船荷証券、Sea Waybill, Air Waybillが複合運送人により発行されます。複合運送証券における運送人の責任は、輸送区間ごとに適用される各下請運送人の運送約款と法体系を採用するネットワーク・ライアビリティ・システムが主に適用されています。

（参考：複合運送人が全輸送区間を単一の責任原則で責任を負うユニフォーム・ライアビリティ・システムを採用している国連国際物品複合運送条約は1980年に成立していますが発効はしていません）

＊NVOCC：Non-Vessel Operating Common Carrier

▶複合運送証券の例

JSE-CT B/L (Published October 1986 and amended May 1993, March 1995, September 2004 and April 2008 by the Documentary Committee of the JSE)

NEGOTIABLE
COMBINED TRANSPORT BILL OF LADING

CT B/L No.
AA00123xx
（複合運送証券番号）

Shipper (Shipper's Reference No.)
Japan Export Co., Ltd.
1-XX Nihonbashi, Chuo-ku
Tokyo, 103-00XX, Japan
（荷主と住所）

Consigned to the order of
Mexican Import Company
XXX Mexico City, Mexico
（荷受人と住所）

Notify Party
Mexican Import Company
xxx Mexico City, Mexico
Tel : 52-55-XXXX-XXXX
Fax 52-55-0000-XXXX（到着案内送付先）

RECEIVED by the Carrier the Goods stated below in apparent good order and condition unless otherwise noted, for transportation from the place of receipt to the place of delivery, subject to the terms and conditions provided for on the face and back hereof.
One of the original Bills of Lading must be surrendered duly endorsed in exchange for the Goods or delivery order.
IN WITNESS whereof, the number of original Bills of Lading stated below have been signed, one of which being accomplished, the other(s) to be void.
(Terms of this Bill of Lading continued on the back hereof)

Place of Receipt	Port of Loading
YOKOHAMA, CY（受取場所）	YOKOHAMA, JAPAN（船積港）
Ocean Vessel	**Voy No.**
AAA EXPRESS（本船名）	001
Port of Discharge	**Place of Delivery**
MANZANILLO, MEXICO.（仕向港）	AGUASCALIENTES DOOR, MEXICO（最終仕向地（引渡場所））

For delivery of the Goods please apply to:

Particulars Furnished by Shipper

Container No.	Seal No. Marks and Numbers	No. of Containers or Pkgs	Kind of Packages; Description of Goods	Gross Weight	Measurement
MEXICAN IMPORT COMPANY MANZANILLO, MEXICO. STAINLESS STEEL PIPE C/NO, 1-50 MADE IN JAPAN （荷印） CONTAINER NO/SEAL NO. TXXXX123456/ABC00001 （コンテナ番号/シール番号）		1 CONTAINER (50 BUNDLES) (4,500 PIECES) （数量）	STAINLESS STEEL PIPE （商品名） ' FREIGHT PREPAID' （運賃支払条件）	(KGS) 12,020 （総重量）	(M3) 21.010 （容積）

Total number of Containers or other Packages or Units (in words): TOTAL : ONE (1) CONTAINER ONLY（コンテナ本数）

Merchant's Declared Value (See Clauses 8 & 19):

Note:
The Merchant's attention is called to the fact that according to Clauses 8 & 19 of this Bill of Lading the liability of the Carrier is, in most cases, limited in respect of loss of or damage to the Goods.

Freight and Charges	Revenue Tons	Rate Per	Prepaid	Collect
		FREIGHT AS ARRANGED （運賃表示）		

Exchange Rate	Prepaid at	Payable at	Place and Date of CT B/L issue
	TOKYO, JAPAN（運賃支払地）		TOKYO JUNE 29, 20XX（発行場所と日付）
	Total prepaid in local currency	No. of original CT B/L THREE (3)（正本の部数）	SIGNATURE as the Carrier

LADEN ON BOARD THE OCEAN VESSEL
Date JUNE 29, 20XX（船積日） By

XYZ LOGISTICS CO., LTD. AS CARRIER
by
（輸送人署名）

An enlarged copy of back clauses is available from the Carrier upon request.

出所：海運集会所の資料をもとに作成

ロジスティクス

各種情報をシステムで管理し、物流の全体最適化の取組みが行われています。

ロジスティクス(Logistics)

ロジスティクスとは、顧客の要求を満たすために、製造地点から消費地点に至る商品の保管や輸送の一連の流れを効率的に計画・運営・管理する活動のことです。元々は米国の軍事用語で、前線部隊が必要とする兵員、武器弾薬、食料品、医療品などの物資を作戦計画に合わせて効率的に配送する活動のことですが、ビジネスにおいても顧客ニーズに合わせて行う活動として用いられています。

このロジスティクス活動は企業内だけでなく複数の企業を跨って行うことも有効で、原材料の調達から製造、在庫、客先への製品輸送販売の一連の鎖（チェーン）を管理することからサプライチェーンマネージメント（SCM：Supply Chain Management）と呼ばれています。

サードパーティーロジスティクス(3PL)

ロジスティクスやサプライチェーンマネージメントを実行していくためには、一連の物流や在庫情報の把握とその情報分析ツールとなる物流システムの構築が必要となってきます。このような物流管理を請負う物流業者をサードパーティーロジスティクス（3PL）業者と呼んでおり、企業の物流業務の全体あるいは一部の管理運営サービスを提供しています。

通関
のしくみと書類

通関手続きを正確に行うことは
輸出入者の義務です。また、テロ対策などで
求められる各種手続きにも正しく対応することが必要です。

輸出業務と輸出通関

輸出業務と輸出通関の流れは次の通りです。

法規制のチェック

税関への輸出申告を行う際には、その品目が外為法の輸出貿易管理令（リスト規制とキャッチオール規制）やその他の法令により規制を受けるかどうかを確認し、必要な場合には管轄官庁から輸出許可・承認を取得します。

代金決済手配や各種準備

買手との代金接受に必要な書類の入手準備が整っているかどうか、特にL/C決済の場合は入手した信用状の付帯条件と売買契約 / 船積予定等の整合性などを確認します。また、船積前検査が必要であれば検査人の手配などを行います。

貨物の準備

貨物の性状や仕向地により必要な準備は異なりますが、たとえば以下のような手配を行います。船積準備に関わる多くの業務は海貨業者に委託されています。

» 梱包

貨物の性質・形状・輸送方法などを考慮して貿易輸送に適切な梱包を行います。不適切な梱包に起因する貨物の損傷は貨物海上保険の免責事由となるので注意が必要です。木材梱包の場合は、害虫の侵入阻止のため各国で木材梱包に関する消毒証明書やマークが要求されており、FAO（国連食糧農業機関）が策定した「国際貿易における木製梱包材料の規制ガイドライン」（ISPM No.15）[*1]を採用する国が多くなっています。

＊1　ISPM : International Standards for Phytosanitary Measures

貿易取引
売買契約
輸送
通関
決済
保険

» 荷印（Shipping Mark）

梱包の外面に付する貨物情報で、仕向港、仕向地、梱包番号、原産国名などが記載されます。「KEEP DRY」や「FRAGILE」などの取扱注意記号（Care Mark）も必要に応じて記載されます。

» 米国向け輸出24時間ルールとテロ対策

米国向け輸出の場合は、海上輸送の場合には船積み24時間前までに船会社やNVOCCは米国通関システム（AMS[*2]）を経由して米国税関に積荷明細を提出する24時間ルールがありますので、時間の余裕を持って船積手配を行います。

航空輸送の場合は、航空機の米国到着4時間前までに、AMS経由で提出します。その他、米国ではテロ対策として、CSI[*3]やC-TPAT[*4]の施策が採られています。CSIは税関職員を相手国の港湾に派遣し危険性の高いコンテナの特定等を協力して行う制度、C-TPATはテロ行為防止のために税関と産業界が協力する海上コンテナ安全対策パートナーシップ制度です。

» 検査・検量

貨物の重量や容積の測定、個数の照合などを検査機関に依頼し、証明書（Weight and Measurement List や Tally Sheet）の発行を受けます。証明書は海上運賃算定の基礎資料や第三者に対する証明として使用されます。仕向国によっては、指定された検査機関（例：SGSやOMICなど）による数量・品質・価格などの船積前検査が要求される場合があります。

» 貨物搬入

以上のような準備を行ったうえで、貨物を船積みのために輸送人に引渡す場所に搬入します。

コンテナ輸送の場合は、米国向きを除き通常は本船入港の24時間前にCY（CFSの場合は48時間前）での荷受が締切られます（CY CUT、CFS CUTと呼ばれます）ので、カット日時に間に合うように貨物準備と税関輸出許可取得を終えておく必要があります。

＊2　AMS：Automated Manifest System
＊3　CSI：Container Security Initiative
＊4　C-TPAT：Customs-Trade Partnership Against Terrorism

税関への輸出申告

税関への輸出申告の流れは次の通りです。

代理申告

税関への輸出申告は輸出者自ら行うこともできますが、一般的には通関業者に申告業務を委託する代理申告が行われています。通関業者は通関業法に基づいて各営業所に通関士を配置しています。多くの通関業者は海貨業者も兼務しており、同一業者に船積準備と通関をまとめて依頼することで効率よく輸出業務が行われています。

船積依頼書(S/I)[*1]

輸出者が海貨・通関業者宛に出す業務指示書を船積依頼書と呼び、通関と船積みを的確に行うための情報を伝えます。船積依頼書には、契約に関する情報（輸出者、輸入者、商品名、数量、重量、価格、取引条件など）、船積みに関する情報（船積予定本船、船積港、船積予定日、貨物の搬入場所など）、書類作成に関する情報（船荷証券上の記載事項、受荷主、Notify Party、運賃記載がFreight PrepaidかFreight Collectか）などの指示事項を記載します。

輸出者は、船積依頼書とともにインボイス、パッキングリスト、輸出規制品目の場合には関係省庁より承認を取得した輸出承認申請書（E/L P.36）など、輸出通関に必要な書類を海貨・通関業者に送付します。

保税地域

保税地域は、外国貨物の積卸し、運搬、蔵置、加工・製造、展示などを税関の監督のもとで行う場所で、指定保税地域、保税蔵置場、保税工場、保税展示場、総合保税地域の５種類があります。

＊1　S/I：Shipping Instruction

輸出においては、従来は税関への輸出申告は保税地域に貨物を搬入した後に行うことが原則とされていましたが、「輸出通関における保税搬入原則の見直し」（改正関税法、2011 年 3 月成立、10 月施行）により輸出申告を、適正通関を確保しつつ、保税地域への搬入前に行うことが可能となりました。ただし、税関の輸出許可は、貨物を保税地域に搬入した後に行われます。

NACCS[＊2]（ナックス）

通関業者は、NACCS と呼ばれる税関その他の関係行政機関への手続きや関連業務を処理する統合システムにアクセスして通関手続きを行います。NACCS は、船舶・航空機の入出港、輸出貨物の運送引受けから船舶・航空機搭載、輸入貨物の到着から国内引取までの行政機関に対する一連の手続きおよび関連する民間業務（銀行や貨物保険業務等）を処理しています。(P.106)

税関審査と許可

税関は輸出申告を以下の 3 区分に振り分けます。

- 区分 1　　簡易審査　書類審査や現物検査なしで即時に許可
- 区分 2　　書類審査　関連書類を税関に提出し、審査後許可
- 区分 3　　現物検査　現物を検査後許可

いずれの場合でも、船積みは輸出許可取得後の実施となります。また、輸出許可を得た貨物は外国貨物となりますので、何らかの事情で船積みを中止し国内に戻す場合には輸入手続きが必要となります。

輸出許可後の書類の整備と保存

輸出許可を取得し船積みを行った後、輸出者はインボイス、パッキングリスト、船荷証券のコピーなど通関や船積に関する書類を整えておき、税関からの求めがあれば提出します。

関税法において、輸出許可貨物に関わる帳簿（品名、数量、価格、仕向人の名称、輸出許可年月日、許可番号等を記載）の備付けと書類（インボ

＊2　NACCS：Nippon Automated Cargo and Port Consolidated System

イス等）の保存義務は５年間と規定されています。また、取引の関係書類を電子メールでやりとりした場合には、そのメールなどを輸出許可日の翌日から５年間保存することが義務付けられています。

その他の特別な輸出通関手続き

» 指定地外検査

巨大重量物や危険品など保税地域への搬入が不適当と判断される貨物の場合に、税関から「他所蔵置許可場所」の許可を受け、保税地域外に搬入して輸出の通関手続きを行い、必要であれば、「指定地外検査」を申請し、輸出許可を取得する手続きです。

» 艀中扱い、本船扱い

鉄鋼製品やばら貨物などを艀輸送で本船に横付けして海側から直接本船に積込む場合に、艀上あるいは本船上で検査を受け、輸出許可を取得する手続きです。

» 特定輸出申告

貨物を保税地域に搬入することなく輸出申告を行い、許可も下りる制度で、コンプライアンスに優れた輸出者として税関より認定を受けた特定輸出者が利用できる制度です。

» 保税運送（Transportation in Bond）

輸出通関済みの貨物をほかの保税地域に回送する際に必要な手続きで、陸路保税運送（OLT[*1]）、空路保税運送（ACT[*2]）、海路保税運送（ICT[*3]）、あるいはその組合せで行われます。

» コンテナFCL貨物の扱いについて

P.173の関税法改正（2011年３月）により、コンテナ貨物の輸出申告を保税地域搬入前に行う「コンテナ扱い申請書」の提出は不要となりました。ただし、税関審査により検査区分（区分３）となれば開梱検査が実施されます。対応策としては、「指定地外検査許可申請書」および「事前検査願い」を提出し、梱包・バンニング前に検査を実施のうえで輸出申告を行い、検査記録を税関審査資料として提供する手段が考えられます。

＊１　OLT：Overland Transport
＊２　ACT：Aircraft Transport
＊３　ICT：Intercoast Transport

▶船積依頼書(Shipping Instruction)の例

KANKI TRADING CORPORATION
1-1-XX Nihonbashi, Chuo-ku
Tokyo, 103-0000, Japan

KT

SHIPPING INSTRUCTION

BOOKING INFORMATION		DATE	**JUNE 1, 20XX**
TO	**YASUDA SOKO** (海貨・通関業者)	BOOKING NO.	**ABC0001** (ブッキング確認番号)
VESSEL	**ABC RONDO** (本船名)	VOYAGE NO.	**111** (航海番号)
SHIPPING AGENT	**ABC AGENCY** (船会社代理店)	CARRIER	**ABC CONTAINER LINE** (船会社)
FROM	**YOKOHAMA** (船積港)	E.T.A./E.T.D.	**JUNE 20/21** (到着/出港予定日)
TO	**NEW YORK, U.S.A.** (仕向港)	VIA	**経由港** (もしあれば)
CONDITION (FCL OR LCL)	**FCL** (FCL貨物かLCL貨物)	FINAL DESTINATION	**最終仕向地** (もしあれば参考情報)
CONTAINER TYPE	**20 FEET DRY** (コンテナの種類)	UNITS	**1** (コンテナの本数)
FROM	**YOKOHAMA CY** (コンテナ受取場所)	CUT DATE/TIME	**JUNE 19, 16:30** (コンテナ搬入締切日時)
TO	**NEW YORK CY** (コンテナ引渡場所)	OTHERS	(その他特記事項)
COMMODITY	**COLD ROLLED STAINLESS STEEL SHEET IN COIL** (商品)	PACKING	**ON WOODEN SKID** (梱包)
QUANTITY	**3 UNITS** (数量、重量)	INVOICE NO.	**KT0000111** (インボイス番号)
B/L INSTRUCTION (船荷証券に関する指示)			
B/L SHIPPER	**KANKI TRADING CO., LTD** **1-1-XX NIHONBASHI, CHUO-KU** **TOKYO 103-0000, JAPAN** (荷主欄の記載)	CONSIGNEE	**TO ORDER OF SHIPPER** (受荷主欄の記載)
NOTIFY PARTY	**DILLON CORPORATION** **20XX ATLANTIC STREET** **STAMFORD, CT. 06902 U.S.A.** **TEL 203-327-290X** **FAX 203-327-291X** (到着案内送付先)	B/L ISSUED	**3 ORIGINAL 3 COPY** (作成部数)
		FREIGHT MARKED	**FREIGHT PREPAID** (運賃表示)
B/L MUST SHOW	(B/Lに記載するべき事項に関する指示)		
SPECIAL CONDITION	(その他、特別な指示があれば記載する)		

KANKI TRADING CO., LTD (担当者、連絡先など)
1-1-XX Nihonbashi, Chuo-ku
Tokyo, 103-0000, Japan
TEL 03-3262-801X FAX 03-3262-802X E-MAIL

▶輸出許可通知書(E/P :Export Permit)(NACCSのプリントアウトの例)

〈SEA/EXP〉　　**輸出許可通知書（大額）**　　1/1
〈EXP〉

代表統番	申告種別	区分	あて先税関	提出先	申告年月日	申告番号
8461	**LEA**	**1**	○○	**01**	**20XX/6/18**	**123 456 XXYY**

（輸出申告情報）　申告条件［　］　搬入［　］

輸出者　**P001DAXX KANKI TRADING CO., LTD**　（輸出者情報）
住所　**1030000　TOKYO TO　CHUO KU**
NIHONBASHI 1-1-XX
電話　**033262801X**
税関事務管理人
仕向人　**DILLON CORPORATION**　（輸入者情報）
住所　**20XX ATLANTIC STREET STAMFORD, CT. 06902 U.S.A.**　国コード　**US**
代理人　**1TYSD　YASUDA SOKO CO., LTD.**　（通関業者情報）　通関士コード　**12XX**

輸出管理番号　**00011XXXX**　貨物個数　**15 COILS**　（船積情報）
AWB 番号　貨物重量　**15.000　TNE**
蔵置税関　**1FW46　KOKUSAI SI**
最終仕向地　**USNYK**　事前検査済貨物等識別［　］
積込港　**JPYOK　YOKOHAMA**　貿易形態別符号　**518**　調査用符号
積載予定船（機）名　**9999　ABC RONDO**
出航予定年月日　**20XX/6/21**　船積（搭載）確認（関税［　］内国消費税［　］その他［　］）
記号番号　**DILLON CORPORATION NEW YORK COLD ROLLED STAINLESS STEEL SHEET IN COIL C/NO. 1/15 MADE IN JAPAN**

輸出承認証等区分 NO
輸出承認証番号等　（輸出許認可情報）
(1)
(2)
(3)
(4)
(5)

仕入書番号　**KT0000111**
仕入書番号（電子）　（契約･価格情報）
仕入書価格　**CIP -USD- 74,250.00 - A**
FOB 価格　**USD- 71,250.00**
通貨レート　**USD-100.00**
BPR 合計

バンニング　場所　**1TY00**
AAA-BBBB　（コンテナ情報）
住所
構成　**1** 枚　**1** 欄

コンテナ適用日　コンテナ本数　**1**　本
記事（税関）
記事（通関）　（関係者照会用情報）
記事（荷主）
荷主セクションコード　**KTEX**　荷主 Ref No.　**KT0000111**
社内整理番号　**09001XX**　利用者整理番号　**00ZZZZ**　輸出者（入力）　**XXXXXX**

税関通知欄

関税法 67 条の規定により、あなたが申告した貨物の輸出を許可します。 （輸出許可情報）

許可年月日 **20XX/6/19** ○○税関支署長

保税運送承認機関

（注） この申告に基づく処分について不服があるときは、その処分があったことを知った日の翌日から起算して 2 月以内に税関長に対して異議申立てをすることができます。

〈01 欄〉 統合先欄 価格再確認 [ ]

品名 **STAINLESS STEEL SHEET IN COIL** 統計品目番号 **7220.20-010 X**

申告価格（FOB） **¥7,125,000** 数量（1） **15 COILS**

数量（2）

BPR 按分係数

BPR 金額 -

関税法 70 条関係 （1） （2） （3） （4） （5） 輸出令別表 外為法第 48 条

減免戻税条項符号 （法） （令）

内消費税免税符号 -

輸入業務と輸入通関

輸入業務と輸入通関の流れは次の通りです。

法規制のチェック、代金決済と船積書類の入手

税関への輸入申告を行う際には、その品目が外為法の輸入貿易管理令やその他の法令の規制を受けるかどうかを確認し、必要な場合には管轄官庁から輸入許可・承認を取得します。

輸入者は代金決済を売買契約の条件通りに行い、輸入手続きに必要な船積書類（インボイス、パッキングリスト、船荷証券、原産地証明書など）を入手します。船積書類は荷為替手形決済の場合には銀行経由、その他の場合は輸出者から入手します。

輸入コンテナ出港前報告制度（日本版24時間ルール）

輸出における米国の24時間ルールと同様に日本でも輸入海上コンテナ貨物を対象に出港前報告制度（AFR）が2014年より導入されました。この制度では、運送人は本船が外国の船積港を出港する24時間前までに貨物情報（B/L情報やH.S.コードなど）をNACCS経由で日本の税関に報告することが義務付けられています。

貨物荷受の準備と、船荷証券（B/L）の差入れ

輸出者は船積みが完了すれば輸入者に船積案内（Shipping Advise）を連絡してきますので、輸入者は荷受けの準備を行います。

海上輸送の場合には本船の仕向港到着予定に合わせて船会社代理店から船荷証券（B/L）のNotify Party宛に到着案内（Arrival Notice）がFAX/MAIL等で通知されます。

輸入者は、船荷証券（B/L）を船会社（または代理店）に差入れD/O

（荷渡指図書）を入手します。輸入者側が運賃を支払う取引条件であれば、船荷証券（B/L）には運賃後払い（Freight Collect）と記載されていますので、この場合はD/Oの発行は運賃を船会社に支払い後となります。

コンテナ貨物の荷受け

FCL貨物の場合、受荷主は貨物入りコンテナをCYから引取り自社施設や営業倉庫まで回送し貨物を取出します。コンテナからの貨物取出しはデバンニング（Devanning）と呼ばれます（コンテナデマレージとディテンションはP.114参照）。

LCL貨物の場合は、貨物入りコンテナは船会社によりCYからCFSに回送され、船会社の手配でデバンニングが行われ、各受荷主に貨物が引渡されます。受荷主はCFS Chargeを支払います。

在来船貨物の荷受け

在来貨物船の場合の本船からの荷受けには、船会社が貨物を一括して荷揚げして上屋に搬入し、各受荷主に引渡す「総揚げ」と、比較的大口貨物で受荷主が艀やトラックなどで本船から直接引取る「直取り」の荷受形態があります。総揚げの場合、本船船側から引取りまでの費用（Landing Charge）は受荷主負担となります。

航空貨物の荷受け

航空輸送の場合は、仕向空港の航空貨物代理店から航空運送状の受荷主宛にArrival NoticeとAir Waybill（受荷主用）が送付されます。通常は荷受人欄にTEL番号の記載があるので、まずは電話連絡があります。航空貨物は、航空運送状（Air Waybill）の受荷主であることを確認した後、空港の貨物ターミナルやフォワーダーの倉庫で輸入者に引渡されます。

04-04

輸入通関

税関への輸入申告

税関への輸入申告の流れは次の通りです。

代理申告

外国から到着した貨物は船や航空機から荷揚げされた後、保税地域に搬入されます。外国貨物を輸入手続き未済のまま国内を運送する場合には税関より保税運送の許可を取得します。

輸入者は自ら税関に輸入申告を行うこともできますが、海貨・通関業者に申告業務を委託する代理申告が一般的に行われています。海貨・通関業者は、輸入者より受取ったインボイス、船荷証券のコピー、運賃や保険料明細書などより、輸入申告に必要な事項をナックスに入力して税関への輸入申告（Import Declaration）を行います。

税関審査と許可

税関は輸入申告を３区分に振り分けます。

- 区分１　簡易審査　書類審査や現物検査なしで即時に許可
- 区分２　書類審査　関連書類を税関に提出し、審査後許可
- 区分３　現物検査　現物を検査後許可

輸入通関では、税関への輸入申告と関税や諸税の納税申告の２つの手続きを行いますので、輸入者は税関の輸入許可（I/P）[*1]を得て、関税や消費税等の諸税を納付した後に貨物を引取ることができます。

その他の特別な輸入通関手続き

» 指定地外検査、艀中扱い、本船扱い

輸入申告は貨物を保税地域に搬入後行うことが原則ですが、「他所蔵置許可場所」の許可と「指定地外検査」の申請、および「艀中扱い」や「本

＊1　I/P：Import Permit

船扱い」申請の例外規定が設けられています。

» 予備審査制度

貨物が日本に到着する前に輸入申告書類を税関に提出して、税関の審査・検査要否の事前通知を受けることができる制度で、生鮮貨物やクリスマス商品等、急いで貨物を引取りたい場合に活用されます。航空貨物で検査の不必要な貨物であれば、貨物到着確認後直ちに輸入許可を受けられる到着即時輸入許可制度もあります。

» 輸入許可前引取承認制度（BP[*2]）

税関長の承認のもとで輸入許可前に貨物を引取ることのできる制度で、関税額に相当する担保提供が前提条件となります。この制度の適用が認められるのは、貨物を保税地域に留めておくことが適切でないと認められる危険物や変質のおそれのある商品および荷揚げ後に数量を確定する契約で貨物の到着時点では課税価格が確定していない商品に限られます。輸入者は３カ月以内に本申告（IBP[*3]）を行い、関税・消費税等を納付した後、輸入許可が下ります。

» 特例輸入申告

貨物のセキュリティ管理とコンプライアンス（法令遵守）の体制が整備された輸入者を特例輸入者として税関長が認定し、輸入手続きに優遇措置を与える制度です。特例輸入申告の場合、輸入申告時の申告項目が削減されるほか、貨物の日本到着前に輸入申告し、許可を受けることができます。また、輸入申告と納税申告は分離されるので、納税は後日まとめて行うことができます。

» 納期限延長制度

税額に相当する担保を税関に提出することを前提条件として、関税や消費税の納付を一定期間猶予する制度で、個々の申告毎に延納する個別延長方式、１カ月間の申告をまとめる包括延長方式、特例輸入者に適用される特例延長方式の３種類の方法があります。

» 保税運送（Transportation in Bond）

輸入未通関の貨物をインランドデポ（内陸蔵置場）などのほかの保税地域に回送する際に必要な手続きです。

＊2　BP：Before Permit

＊3　IBP：Import permit of the goods delivered Before Permit

▶輸入許可通知書(Import Permit)(NACCSのプリントアウトの例)

〈SEA/IMP〉

輸入許可通知書

1 / 2

代表税番	申告種別	区分	あて先税関	部門	申告年月日	申告番号
2701L	**IBP**	**G2**	**OSAKA**	**01**	**20XX/07/09**	**111-2345-XXXX**

(輸入申告情報) 申告条件 [H]　　申告予定年月日 **20XX/07/09** 本申告 [*]

輸入者　**P0001DAXX-0000 KANKI TRADING CO., LTD**
住所　**1030000 TOKYO TO CHUO KU**
NIHONBASHI 1-1-XX (輸入者情報)
電話　**033262801X**
税関事務管理人
輸入取引者
仕出人　**COAL EXPORT CORP. BEIJING** (輸出者情報)
住所　**JIANGUO ROAD CHAOYANG,**　国コード **CN**
輸出の委託者　**BEIJING, CHINA** (通関業者情報)
代理人　**1TYSD YASUDA SOKO CO., LTD.**　通関士コード **XXXX**　検査立会者

B/L番号 (1) **SK-QIOS-001XX**
(2)
(3)
(船積情報) (4)
(5)
船卸港 **JPOSA OSAKA - OSAKA**
積出地 **CNSHP QINHUANGDAO**
積載船(機)名 **9999 TWIN BRIDGE**
入港年月日 **20XX/07/09**

蔵置税関 **XX-XX**　貨物個数 **1 VO**
保税地域 **4EWXX**　貨物重量 **40,000.000 TNE**
コンテナ本数　本
最初蔵入年月日　一括申告 [ ]
貿易形態別符号 **47**　調査用符号
記号番号 **N/M**

貿易管理令 [ ] 輸入承認証 [ ]
関税法70条関係許可承認
共通管理番号 (輸入許認可情報)
食品 -
植防 -
動検 -
輸入承認証番号等 (1)
(2)
(3)
(4)
(5)

仕入書番号 **B CE0011XX**
仕入書番号(電子) (契約・価格情報)
仕入書価格 **A FOB - USD 4,000,000.00**
運賃 **A USD 800,000.00**
保険 **A USD 50,000.00**
通関金額 **USD 4,850,000.00**
評価 **0**
補正
事前教示(評価) 1　2
BPR合計 **4,850,000.00** 計算 [ ]
原産地証明 [ ] 戻税申告 [ ] 内容点検結果 [ ]

	税科目	税額合計	欄数
D	関税	**0**	**0**
F	消費税	**¥30,555,000**	**1**
A	地方消費税	**¥8,245,000**	**1**

(課税情報)

通貨レート USD **100**
納税額合計 **¥38,800,000**
担保額
納期限延長 [ ] 都道府県 **27**
口座 [**C**]
納付方法 [ ]
構成 **2** 枚 **1**

記事(税関)

記事(通関) **XXXX1234** (関係者照会用情報)　利用者整理番号 **00XXX**
記事(荷主) **KTIMP001XX**　社内整理番号 **ABCDXXX**
荷主セクションコード **KTIM**　荷主 Ref No. **KIXXX**　利用者整理番号 **KTIMXX**

[税関通知欄]
関税法第67条の規定により、あなたが申告した貨物の輸入を許可します。 (輸入許可情報)
○○**税関支署長**
輸入許可日 **20XX/07/10**　審査終了日 **20XX/07/10**　事後審査

(注) この申告に基づく処分について不服があるときは、その処分があったことを知った日の翌日から起算して2月以内に税関長に異議申立てすることができます。
(注) この申告による課税標準又は納付すべき税額に誤りがあることがわかったときは、修正申告又は更正の請求をすることができます。なお、輸入の許可後、税関長の調査により、この税額等を更正することがあります。

輸入許可通知書（つづき）

2 / 2

代表税番	申告種別	区分	あて先税関	部門	申告年月日	申告番号
2701L	**IBP**	**G2**	**OSAKA**	**01**	**20XX/07/09**	**111-2345-XXXX**

〈01 欄〉統合先欄
品名 **COAL**
税表番号 **2701.11**
申告価格（CIF） **¥485,000,000**

品目番号 **2701.11-0005** 価格再確認［ ］
数量（1） **40,000.000 TNE**
数量（2）
課税標準数量

（課税情報）

関税率 **G FREE**
関税額 **¥0**
減免税額

輸入令別表 特恵［ ］
BPR 按分係数
BPR 金額 **4,850,000**
蔵置種別［ ］ 運賃按分［ ］ 原産地 **CN CHINA**

減免税 法令別表
欠減控除数量

－ 内国消費税等（1） **消費税** 種別 **F2**
課税標準額 **¥485,000,000** 課税標準数量
税率 **6.3%**
税額 **¥30,555,000** 減免税
減免税額 条項

－ 内国消費税等（2） 地方消費税 種別 **A2**
課税標準額 **¥30,555,000** 課税標準数量
税率 **17/63**
税額 **¥0,245,000** 減免税
減免税額 条項

－ 内国消費税等（3） 地方消費税 種別
課税標準額 課税標準数量
税率
税額 減免税
減免税額 条項

適正輸入通関

適正な輸入通関を行うためには、各種制度の理解と社内における管理体制の徹底が重要になります。

申告納税方式

輸入貨物は、申告者が自らの責任で税番を決定し申告価格を算出する申告納税方式が一般的にとられています。虚偽や間違った申告には、関税法による罰則が法人や場合によっては実行した個人にも科せられますので、正しい申告を行うことが重要です。

なお、入国者の手荷物や20万円以下の郵便物にかかる関税は税関が関税を決める賦課課税方式がとられています。

適正輸入通関とは

申告納税方式において適正な輸入通関を行うには、正確な貨物情報の把握と法令の理解のうえ、申告価格を正しく算出することが求められます。関税の計算は、「課税価格（申告価格）×関税率」で算出されます。関税がゼロの品目であっても、消費税は課せられますので、申告価格の正確性は常に求められ、たとえば商品サンプルを無償で輸入する場合であっても、有償取引を想定した適正価格で申告を行う必要があります。

関税評価制度

課税価格を法律（関税定率法）の規定に従って決定することを関税評価と呼びます。日本では、課税価格（すなわち申告価格）は、輸入港到着価格（すなわちCIFまたはCIP価格）と定められていますので、インボイス金額に含まれていない運賃や保険料、あるいは別途支払いを行った仲介手数料や無償提供した物品等の費用などがあれば、それらの費用を加算して課税価格を算出します。なお、多くの国は日本と同様にCIFまたは

CIP価格を基準としていますが、アメリカやカナダのようにFOB価格を基準とする国もあります。

評価申告

関税評価に際して、インボイス、運賃や保険の明細書などの添付書類で簡潔に説明できない加算・減算要素がある場合には、税関に評価申告書を提出して、その要素と金額を申告します。

たとえば輸入者が無償で提供した材料や別途支払った契約金や手付金などが加算要素としてあげられます。減算要素には、輸入港到着後の内陸輸送費など日本国内で発生した費用などが考えられます。

評価申告には、輸入申告の都度行う個別申告と、継続的な取引の場合に一定期間適用を受ける包括申告があります。

関税評価の事前教示制度

輸入を予定している商品の関税評価の方法に不明なことがあれば、税関の解釈を事前に文書で照会し、回答を得ることができる事前教示制度が設けられています。輸入者はこの制度を活用することによって、原価計算の精度を上げることができます。

税関による事後調査

申告納税制度を補完するために、税関職員が輸入者を訪問し、適正な輸入通関が成されていたかを調査する事後調査の制度が敷かれています。事後調査では、契約内容、取引実態、輸入申告価格の決定方法などの調査が行われ、関税・消費税などの納税不足に対しては加算税が課されることとなります。

▶日本の原則的な課税価格の決定方法

課税価格	=	現実支払価格	+	加算要素
			−	減算要素

現実支払価格

現実に支払われたまたは支払われるべき価格。インボイス価格に、別払いされた 債務の弁済や相殺金額を加え、輸入港到着後の運送や保険費用などの控除すべき費用などを減算した価格のことです。価格調整条項の付いた契約の場合は、調整後の金額が現実支払価格となります。

加算要素

関税定率法第 4 条に規定される運賃等の額

例
- 輸入港までの運賃や貨物保険料
- 輸入取引で買手が負担した仲介手数料、容器や包装の費用
- 買手により無償提供された材料、部品、工具、鋳型など
- 買手が支払うロイヤルティやライセンス料
- 輸入貨物の処分等による収益で売手に帰属するもの

減算要素

インボイス価格に次のような費用が含まれている場合は減算できます。

例
- 輸入港到着後の運賃、保険料など
  (参考：コンテナ輸送における輸入港のターミナルハンドリングチャージは到着後の費用と解されます)
- 輸入関税

関税率のしくみ

関税率のしくみは次の通りです。

関税率の種類

日本の関税率には、国内法で定められた国定税率と条約で定められた協定税率に分類されます。国定税率には、長期的に適用される基本税率、一時的に適用される暫定税率、開発途上国からの輸入品に適用される特恵税率があります。協定税率には、WTO協定に基づく税率と経済連携協定（EPAやFTA）に基づく税率があります。

適用される優先順位は原則として、①特恵税率②協定税率③暫定税率④基本税率となっています。関税率は、税関のＨＰに掲載されている実行関税率表で閲覧できます。実行関税率表には、縦軸に商品名と税表番号、横軸に関税の種類が記載されています。

税率の形態

税率の算定には、従価税、従量税、混合税の基準が用いられます。

従価税は、輸入品の価格を基準とする一般的な課税形態です。従量税は、個数、容積、重量などの数量を基準として課税する形態です。混合税は、従価税と従量税を組合せて課税する形態で、従価・従量選択税（選択税）と従価・従量併用税（複合税）があります。

特殊関税

不公正な貿易取引や輸入急増等の事情がある場合に、国内産業を保護する目的で、貨物、輸出者、輸出国等を指定して賦課する特殊関税があります。特殊関税には、相殺関税、不当廉売関税（ダンピング防止税）、緊急関税（セーフガード）、報復関税があり、WTO協定で発動の要件や手続きが定められています。特殊関税は国定税率や協定税率に追加して課せられます。

商品分類と税表番号

貿易取引で取り扱われる商品は、H.S. コードと呼ばれる世界共通の番号で輸出入の管理が行われています。H.S. コードは、1988 年に結ばれた条約「商品の名称および分類についての統一システム」(Harmonized Commodity Description and Coding System) により策定され、商品を 10 桁の数字で表記し、最初の 6 桁の数字を世界共通とし、残る 4 桁は各国が自由に使用できる構成となっています。

日本の税表番号（税番）も 6 桁の H.S. コードの後ろに輸出入統計分類用として 3 桁、NACCS 用として 1 桁を使用しています。

▶H.S.コード

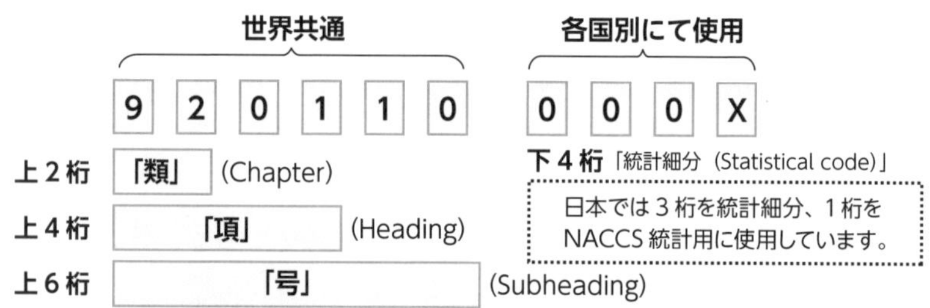

日本の統計番号 H.S.CODE			品名
第 92 類			楽器並びにその部分品及び附属品
	92.01		ピアノ（自動ピアノを含む。）、ハープシコードその他鍵盤のある弦楽器
	9201.10	000	アップライトピアノ
	9201.20	000	グランドピアノ
	9201.90	000	その他のもの
	92.02		その他の弦楽器 （たとえば、ギター、バイオリンおよびハープ）
	9202.10	000	弓で弾くもの
	9202.90	000	その他のもの

▶実行関税率表の例

統計番号 Statistical code		品名 Description	関税率 Tariff rate					関税率(経済連携協定) Tariff rate(EPA)																			関税率 Tariff rate	単位 Unit		他法令 Law
番号 H.S. code			基本 General	暫定 Temporary	WTO協定 WTO	特恵 GSP	特別特恵 LDC	シンガポール Singapore	メキシコ Mexico	マレーシア Malaysia	チリ Chile	タイ Thailand	インドネシア Indonesia	ブルネイ Brunei	アセアン ASEAN	フィリピン Philippines	スイス Switzerland	ベトナム Viet Nam	インド India	ペルー Peru	豪州 Australia	モンゴル Mongolia	TPP11 (CPTPP)	欧州連合 EU	英国 UK	日米貿易協定 US◆1	I	II	
07.01		ばれいしよ(生鮮のもの及び冷蔵したものに限る。)																											
0701.10	000	種ばれいしよ	5%		3%	無税		無税		無税	無税	無税	無税	無税	無税	無税	無税	無税	無税	無税	無税	無税	無税	無税	無税			MT	FD PL
0701.90	000	その他のもの	5%		4.3%		無税	無税		無税	無税	無税	無税	無税	無税	無税	無税	無税	無税	無税	無税	無税	無税	無税	無税	無税		MT	FD PL
07.02																													
0702.00	000	トマト(生鮮のもの及び冷蔵したものに限る。)	5%		3%		無税	無税	無税	無税	無税	無税	無税	無税	無税	無税	無税	無税	0.3%	0.3%	無税	1.1%	無税	無税	無税			KG	FD PL
07.03		たまねぎ、シャロット、にんにく、リーキその他のねぎ属の野菜(生鮮のもの及び冷蔵したものに限る。)																											
0703.10		たまねぎ及びシャロット																											
		1 たまねぎ	10%		8.5%																								
	011	一 課税価格が1キログラムにつき67円以下のもの					無税	1.1%	無税	0.5%又は((73.70円－課税価格)×1/16)/kgのうちいずれか低い税率	1.1%	無税	1.6%	1.6%	5%	無税	2.1%	2.1%	3.2%	0.8%	無税	4.6%	4.2%	4.3%	4.3%	4.2%		KG	FD PL
	012	一 課税価格が1キログラムにつき67円を超え73円70銭以下のもの		(73.70円－課税価格)/kg			無税	1.1%又は((73.70円－課税価格)×2/16)/kgのうちいずれか低い税率	無税	0.5%又は((73.70円－課税価格)×1/16)/kgのうちいずれか低い税率	1.1%又は((73.70円－課税価格)×2/16)/kgのうちいずれか低い税率	無税	1.6%又は((73.70円－課税価格)×3/16)/kgのうちいずれか低い税率	1.6%又は((73.70円－課税価格)×3/16)/kgのうちいずれか低い税率	5%又は(73.70円－課税価格)/kgのうちいずれか低い税率	無税	2.1%又は((73.70円－課税価格)×4/16)/kgのうちいずれか低い税率	2.1%又は((73.70円－課税価格)×4/16)/kgのうちいずれか低い税率	3.2%又は((73.70円－課税価格)×6/16)/kgのうちいずれか低い税率	0.8%又は((73.70円－課税価格)×1/11)/kgのうちいずれか低い税率	無税	4.6%又は((73.70円－課税価格)×6/11)/kgのうちいずれか低い税率	4.2%又は((73.70円－課税価格)×3/6)/kgのうちいずれか低い税率	4.3%又は((73.70円－課税価格)×3/6)/kgのうちいずれか低い税率	4.3%又は((73.70円－課税価格)×3/6)/kgのうちいずれか低い税率	4.2%又は((73.70円－課税価格)×3/6)/kgのうちいずれか低い税率		KG	FD PL

出所：税関のHP

04-07

各種制度

AEO制度

AEO制度を活用することで、輸出入業務の効率化を図ることができます。

日本のAEO制度*

貨物のセキュリティ管理とコンプライアンス（法令遵守）体制が整備された事業者に対し、税関手続の緩和や簡素化策を提供する制度が世界各国で策定されており、日本においても世界税関機構が採択した国際標準に則ったAEO制度が設けられています。

日本のAEO制度は、2006年に輸出者を対象に導入され、その後輸入者、倉庫業者、通関業者、運送者、製造者に対象が広げられ、特定輸出申告制度、特例輸入申告制度、特定保税承認制度、認定通関業者制度、特定保税運送制度、認定製造者制度の各制度が設けられています。また、AEO制度を持つ2国間で、AEO事業者を相互に承認し一貫したセキュリティ管理を行う相互承認も米国やEU他の諸国と進められており、AEO事業者の輸出入通関の利便性は高まっています。

AEO事業者認定の手続き

AEO事業者の認定は、税関に申請書を提出し審査を受けて取得します。審査内容は、安全保障貿易や通関に関する社内管理体制、規則や業務手順の整備、貨物の管理状況、帳簿の保管、内部監査体制、通関に関わるコンプライアンス体制や社内教育など多岐の項目にわたります。

＊ AEO制度：Authorized Economic Operator Program

▶日本のAEO制度

制度名	AEO事業者名	主な内容
特定輸出申告制度	AEO輸出者 AEO Exporter	保税地域外の自社の倉庫等で輸出許可取得が可能となる 税関審査・検査の簡素化が可能となる
特例輸入申告制度	AEO輸入者 AEO Importer	納税のための審査・検査が基本的に省略される 貨物の引取り後に納税申告を行うことなどが可能となる
特定保税承認制度	AEO倉庫業者 AEO Warehouse Operator	保税蔵置場を設置することなどが可能となる
認定通関業者制度	AEO通関業者 AEO Customs Broker	輸出者の委託を受けた貨物について保税地域外にて輸出許可取得が可能となる 輸入者の委託を受けた貨物について貨物の引取り後に納税申告を行うことが可能となる
特定保税運送制度	AEO運送者 AEO Logistics Operator	個々の保税運送の承認が不要となる
認定製造者制度	AEO製造者 AEO Manufacturer	製造者以外の輸出者が輸出通関手続を行う場合でも、保税地域外にて輸出許可取得が可能となる

出所：税関HPをもとに作成

04-08 各種制度

Trading

その他の通関に関わる制度

その他の通関に関わる制度には、次のようなものがあります。

ATAカルネ

ATA カルネとは、「物品の一時輸入のための通関手帳に関する通関条約」(ATA 条約)に基づく通関手帳のことです。商品見本や展示品を条約加盟国に持込み、業務終了後にその国から持出すとき、ATA カルネを利用することにより、税関でその都度通関書類を作成することなく免税扱いにより輸出入通関手続を迅速に行うことができます。有効期間は1年以内で、利用者は ATA カルネの有効期間内に品物を持出す義務があります。日本での発給手続きは、日本商事仲裁協会が行っています。

なお、ATA カルネはフランス語で、Admission Temporaire(一時輸入)と Carnet(手帳)を組合せた造語です。

国際郵便物の輸入通関手続き

外国から送られてきた信書以外の国際郵便物は、課税価格が 20 万円以下の場合は、税関が関税を決める賦課課税方式がとられます。税関検査の結果、郵便物に税金がかからない場合は、名宛人に直接郵便物が配達されます。

関税など税金が課せられる場合は税関から送付される「国際郵便物課税通知書」に従って税金を納付し、郵便物を引取ることができます。課税価格が 20 万円を超える場合は、一般の貨物と同様に申告納税制度に基づいて輸入(納税)申告を行います。

輸入許可後の書類の整備と保存

輸入許可を取得し貨物を引取った後、輸入者はインボイス、パッキングリスト、船荷証券のコピーなど通関に関する帳簿や書類を整備保存し、税関からの求めがあれば提出します。関税法において、輸入許可貨物に関わる帳簿（品名、数量、価格、仕向人の名称、輸入許可年月日、許可番号等を記載）の備付けは7年、書類の保存義務は5年間と規定されています。書類には、輸入許可貨物の契約書、運賃明細書、保険料明細書、インボイス、パッキングリストなどが含まれます。また、関係書類が電子メール化されている場合には、そのメールを輸入許可日の翌日から5年間保存義務があります。

輸出入申告官署の自由化

税関への輸出入申告は、貨物が蔵置されている場所を管轄する税関官署に対して行うことを原則としていましたが、この原則を維持しつつ、2017年10月より、AEO事業者（AEO輸出者、AEO輸入者、AEO通関業者を利用した申告）については、いずれの税関官署においても輸出入申告を行うことが可能となりました。

法人番号の導入

税関への輸出入申告に使用する輸出入者コードには、税関輸出入者コードとJASTPRO*コードが使用されていましたが、2017年10月より法人番号が追加されました。法人番号は、国税庁が公表している法人識別番号で13桁のコードですが、これに本支店識別用として4桁を加えた17桁を輸出入者コードとして使用しています。

＊JASTPRO : Japan Association for Simplification of International Trade Procedures 日本貿易関係手続簡易化協会

04-09 各種制度

輸出入通関と貿易手続きの電子化

日本の輸出入通関と貿易許認可取得手続きはナックスによって連携されています。

貿易手続きの情報プラットフォーム

ナックスは税関での輸出入通関手続に加え、各種貿易手続きの申請や情報伝達など各種業務のプラットフォームとして利用されています。

・税関業務：輸出入申告等の受理、許可・承認の通知など
・通関業務：輸出入通関のための税関手続きなど
・荷主業務：船積指図やインボイスの登録業務など
・関係行政機関業務：輸出入関連手続きの受理、許可・承認の通知など

貿易管理（経済産業省）	輸出証明書等手続き（農林水産省等）
食品衛生手続き（厚生労働省）	医薬品医療機器等手続（厚生労働省）
検疫手続き（厚生労働省）	港湾手続き（国土交通省等）
動植物検疫手続き（農林水産省）	乗員上陸許可手続き（法務省）

・保税蔵置場業務：貨物搬出入についての税関手続きなど
・船会社と代理店業務：入出港の税関や港湾関係省庁手続きなど
・コンテナヤード業務：コンテナの積おろし、搬出入の税関手続きなど
・海貨・NVOCC 業務：バンニング情報の登録や混載貨物の手続きなど
・航空会社業務：入出港の税関、入管、検疫手続きなど
・機用品業務：貨物の搬出入についての税関手続きや在庫確認など
・混載業務：混載貨物の税関手続き、情報管理など
・航空貨物代理店業務：保税蔵置場に対する搬入伝票の作成など
・銀行業務：関税等の口座振替による領収
・損害保険業務：輸入申告等で使用する包括保険料指数手続きなど
・管理統計資料：入力された情報をもとに各種管理統計資料を作成、提供

出所：NACCS センター HP より作成

決済 のしくみと書類

貿易取引の代金決済は主に送金と荷為替手形により行われています。

外国為替のしくみ

貿易取引の代金決済の多くは銀行を経由して外国為替のしくみを使って行われます。

外国為替とは

為替とは、離れた場所にいる２者の間の決済を現金の移動を伴わずに銀行を通して行うしくみのことで、国内の決済であれば内国為替、海外との決済であれば外国為替と呼ばれます。

為替のしくみを利用することにより、現金輸送のリスクを回避し、信用力のある銀行を介することで安全な代金決済を行うことができます。

日本の場合、外国為替取引は、外為法と外国為替令により管理されており、支払い相手先や対象となる役務の内容により、許可・承認・届出が義務付けられています。

コルレス契約

内国為替の場合、銀行間の決済は日本の各銀行が日本銀行に設けている当座預金口座での振替により行われます。外国為替の場合は、日本銀行のような集中決済銀行は存在しないため、外国の銀行と資金決済を行う為替業務の契約を行い双方で口座を持合って決済を行います。この銀行間の契約をコルレス*契約と呼んでいます。

また、お互いに口座を持合っていない場合には、双方の銀行が預金口座を開設している第三の銀行を介して決済を行います。このように、外国為替のしくみを利用することにより、貿易取引の代金決済を安全に行うことができます。

＊コルレス銀行：Correspondent Bank

▶為替のしくみ

内国為替のしくみ

日本銀行
入金
A 銀行の口座
引落し
B 銀行の口座
A 銀行
B 銀行
支払い
送金依頼
売手 X
買手 Y

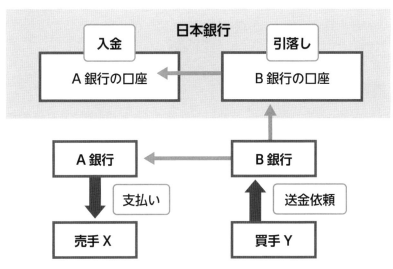

外国為替のしくみ

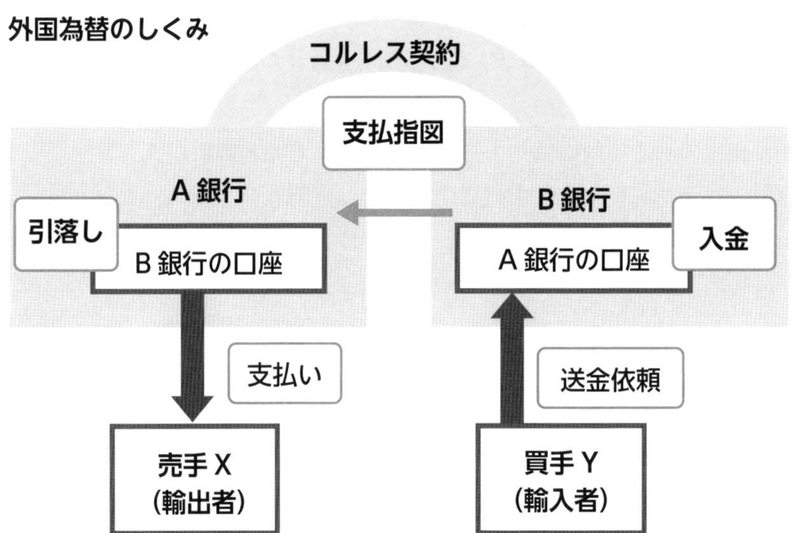

外国為替相場

外国為替相場の概要は次の通りです。

東京外国為替市場

ニューヨーク、ロンドン、東京など世界の外国為替市場では世界各国の通貨が売買されています。東京外国為替市場でも、銀行や為替ブローカーが外為取引を行っており、銀行間の直物相場（インターバンクレート）は刻々と変動しています。一方、日本の銀行は、顧客企業に対してその日一日適用するレートを固定しており、米ドルとユーロの相場を毎日10時ごろに公表しています。このレートを公示仲値（Central RateまたはTTMレート）と呼び、銀行と顧客との各取引に適用される為替レートの基準値となります。米ドルとユーロ以外の通貨の対円相場は米ドルとの交換レートから間接的に算出されています。

直物相場(Spot Rate)と先物相場(Forward Rate)

銀行と輸出入企業の間の外為取引には、当日に売買を実行する直物取引と、将来のある時期に実行することを予約する先物取引があります。貿易取引の決済で銀行と外貨を売買する場合は直物取引を行い、このときに適用される相場は対顧客直物相場となります。先物取引は、将来の為替取引を予約する取引で、このときの適用相場は先物相場となります。

売相場と買相場

外為取引での「売り」と「買い」は銀行を主体として呼び方が決められます。日本の輸入者が米ドル建て輸入取引を行ったとき、輸出者に支払う米ドルを銀行から購入します。この場合、銀行は米ドルを売ることになりますので売相場が適用されます。日本の輸出者が米ドル建て輸出取引を行い、受取った米ドルを銀行に売って円貨を受取る場合、銀行は米ドルを買いますので買相場が適用されます。

対顧客直物相場（輸入為替）

» 電信売相場（TTSレート[*1]）

輸入者が電信送金を行うために銀行から外貨を購入するときに適用されるレートで、仲値（TTM）に銀行手数料（1円）を加えています。

» 一覧払輸入手形決済相場（ACCレート[*2]）

輸入者が信用状付き一覧払い条件の手形決済のために輸入地の銀行と決済するときのレートです。輸出地の銀行で荷為替手形が買取られた時点から輸入者が決済するまでの期間、輸入地の銀行は代金の立替えを行ったことになりますので、この間のメール期間に相当する金利をTTSに加えています。

» 現金売相場（CASH売レート[*3]）

銀行が外貨現金を売るときのレートで、現金の保管や輸送の費用をTTSに加えています。

対顧客直物相場（輸出為替）

» 電信買相場（TTBレート[*4]）

輸出者宛に電信送金されてきた外貨を日本円に換えるときの交換レートで、仲値（TTM）から銀行手数料（1円）を引いています。

» 信用状付一覧払輸出手形買相場（ASBレート[*5]）

輸出地の銀行が信用状付き一覧払い条件の手形を買取るときに適用されるレートです。銀行は荷為替手形を買取ってから荷為替手形が輸入地の銀行に届くまで手形代金を立替えることになりますので、この間のメール期間に相当する金利をTTBレートから差引いています。

＊1 TTSレート：Telegraphic Transfer Selling Rate
＊2 ACCレート：Acceptance Rate
＊3 CASH売レート：Cash Selling Rate
＊4 TTBレート：Telegraphic Transfer Buying Rate
＊5 ASBレート：At Sight Buying Rate

» 現金買相場（CASH買レート[*6]）

銀行が外貨現金を買取るときのレートで、現金の保管や輸送の費用をTTBから差引いています。

» 期限付手形買相場（Usance Bill Buying Rate）

輸出地の銀行が期限付き手形（P.220）を買取るときに適用されるレートです。期限付き手形は一覧払に比べさらに銀行の立替え期間が長くなりますので、ASBレートに期日分の金利分を差引いたレートとなります。

＊6　CASH買レート：Cash Buying Rate

▶対顧客直物為替公示相場(米ドル建て)の例

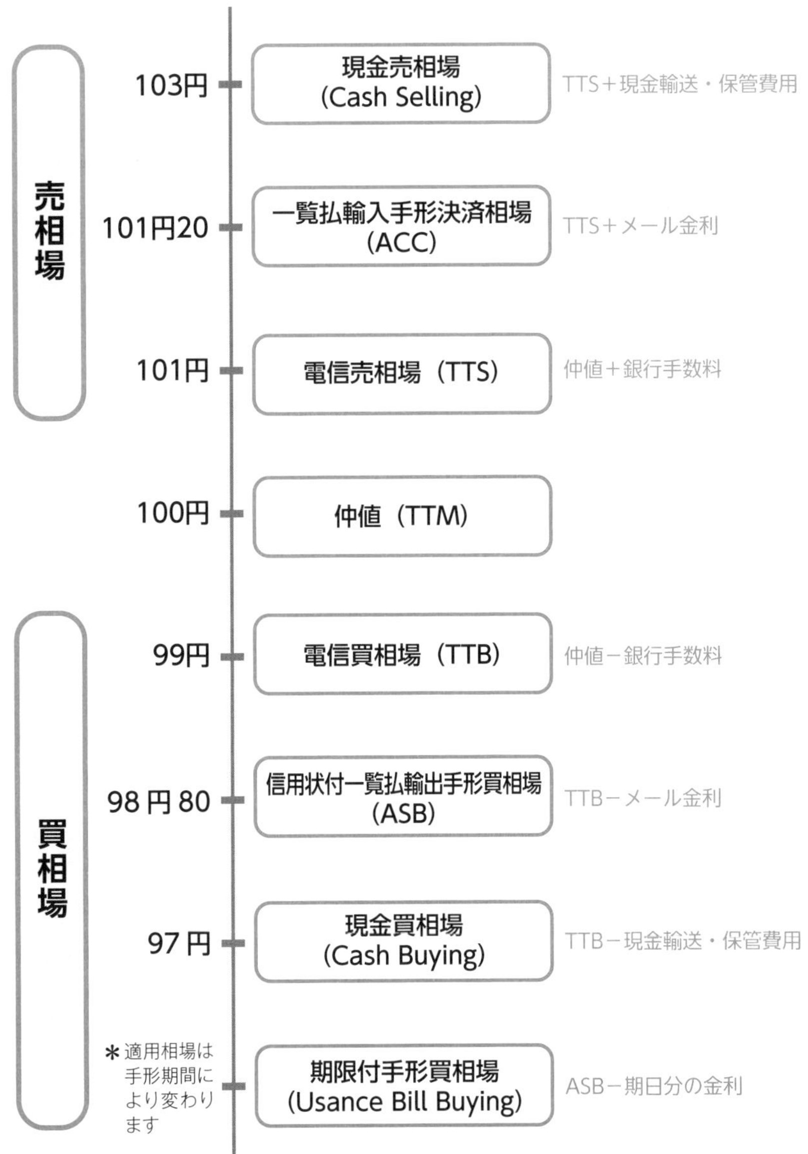
売相場
103円
現金売相場
(Cash Selling)
TTS＋現金輸送・保管費用
101円20
一覧払輸入手形決済相場
(ACC)
TTS＋メール金利
101円
電信売相場（TTS）
仲値＋銀行手数料
100円
仲値（TTM）
買相場
99円
電信買相場（TTB）
仲値－銀行手数料
98円80
信用状付一覧払輸出手形買相場
(ASB)
TTB－メール金利
97円
現金買相場
(Cash Buying)
TTB－現金輸送・保管費用
＊適用相場は手形期間により変わります
期限付手形買相場
(Usance Bill Buying)
ASB－期日分の金利

05-03

外国為替

為替先物相場と為替予約

先物為替予約は、為替変動リスクへの一般的対処方法です。

為替先物相場（Forward Rate）

為替先物相場とは、将来のある時期に為替取引を予約する契約（先物予約）を行ったときに適用される円貨と外貨の交換レートの相場のことです。先物相場は当該２国通貨の金利差により形成されます。すなわち、２国の通貨に金利差があると、金利の高い通貨の先物相場は直物に比べて金利差分安くなり、金利の低い通貨の先物相場は高くなります。

銀行は先物相場については直物のような対顧客相場の公表は行っていませんが、気配値を公示して契約時に個別に建値を行っています。

先物為替予約

先物為替予約は将来の確定日あるいは特定期間内に、一定の価格で外貨を売買することを取引銀行に予約することです。輸出者や輸入者が外貨建て売買契約を締結した場合、契約時と代金決済時の間に為替レートが変動するリスクに晒されています。先物為替予約は、この為替変動リスクを回避する手段として、利用されています。

たとえば、3カ月後に100万ドルの輸出代金入金予定のある輸出者であれば、取引銀行に対して3カ月後に100万ドルの買予約（輸出者が受取った米ドルを銀行が買取る予約）を行っておきます。予約時点での直物相場が100円で先物相場が97円であったとすれば、輸出者は9700万円で採算を確定することができます。3カ月後、為替の直物相場が円安で105円になっていても、円高で95円になっていても、輸出者は予約通りに代金決済時に9700万円を受取ることとなります。

先物為替の受渡し時期

先物為替予約には、予約の実行日を特定して決めておく「確定日渡し」と、一定の期間内であれば任意の日に予約を実行できる「期間渡し」があります。期間渡しには5月渡しのように実行月を決めておく「暦月渡し」、予約日を基準に決めた1ヶ月の期間内に予約を実行する「順月渡し」、10月20日から11月10日のように任意の期間を設定する「特定期間渡し」の方法があります。

▶為替予約の例

為替予約　買予約と売予約

輸出者	船積後、外貨入金予定あり （銀行に外貨を売却予定あり）	買予約 （銀行が外貨を買う予約）
輸入者	船積後、外貨支払い予定あり （銀行から外貨を購入予定あり）	売予約 （銀行が外貨を売る予約）

為替予約の受渡し時期

		予約の実行日	例
確定日渡し		将来の特定日に実行	10月13日渡し
期間渡し （オプション渡し）	暦月渡し	特定のカレンダー月の中で任意の日に実行	10月渡し
	順月渡し	予約日を基準に1カ月間を取決め、その期間内で任意の日に実行	10月13日～ 11月12日
	特定期間渡し	特定の期間内の任意の日に実行	10月20日～ 11月10日

為替変動リスクへの対策

為替変動リスクを減少させるには、一般的な先物為替予約のほかに、オプション取引などの手法がとられています。

通貨オプション取引

通貨オプション取引とは、将来の特定日あるいは特定期間内に、外貨を売る権利（プットオプション）あるいは買う権利（コールオプション）を購入する取引で、輸出者や輸入者はオプション料を引受人に支払うことでその権利を取得します。先物為替予約との違いは、特定日や特定期間が到来したときに、輸出者や輸入者はその時点の直物為替相場と比較し、オプションを行使することが有利かどうかを判断し、不利と判断すればオプションを放棄できることにあります。

たとえば、直物売相場が100円のときに3カ月後に100万ドルの輸出代金入金予定のある輸出者が3カ月後に100万ドルを101円で売る権利（プットオプション）を1ドルに付き1円50銭のオプション料を支払い購入します。3カ月後に直物売相場が95円と円高になったとすれば、輸出者はオプションを行使して101円で売却します。もし3カ月後に直物売相場が105円の円安になったとすれば、輸出者はオプションを放棄して直物相場の105円で売却します。

通貨オプション取引は、期日の直物相場により権利行使か放棄の選択が可能であるため、為替相場変動が激しく先行きの不透明感が強いときに利用されています。

リーズ・アンド・ラグズ(Leads & Lags)

リーズ・アンド・ラグズは外貨建ての決済の時期を許容範囲内で早めたり遅らせたりすることにより為替リスクを軽減させる手法です。

▶通貨オプション取引の例

プットオプション（売る権利）

現在

輸出者：
行使価格　1ドル＝101円
期日3カ月先にて
ドルプットオプションを購入

3カ月後

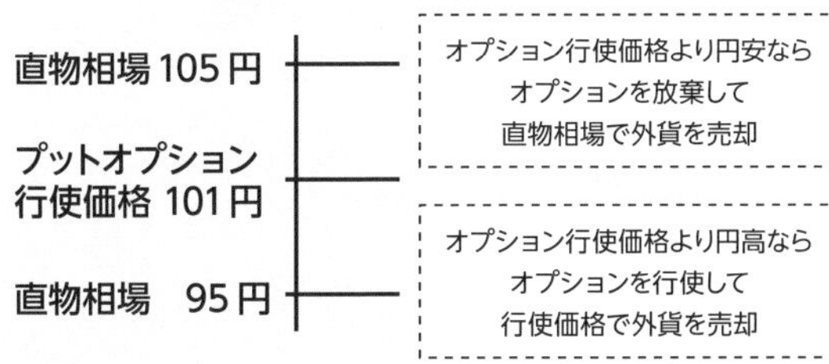
直物相場105円
プットオプション
行使価格 101円
直物相場　95円
オプション行使価格より円安なら
オプションを放棄して
直物相場で外貨を売却
オプション行使価格より円高なら
オプションを行使して
行使価格で外貨を売却

コールオプション（買う権利）

現在

輸入者：
行使価格　1ドル＝101円
期日3カ月先にて
ドルコールオプションを購入

3カ月後

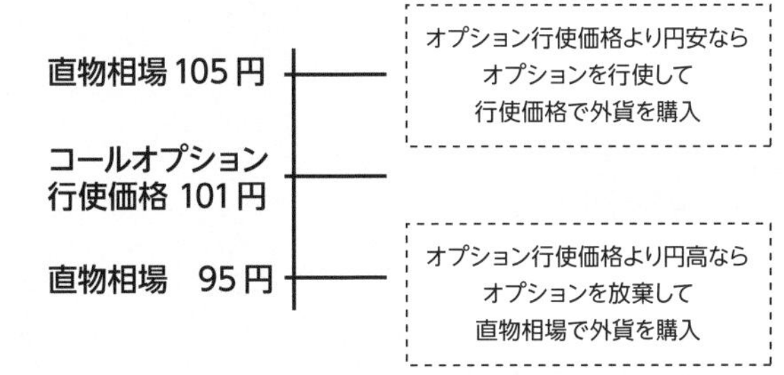
直物相場105円
コールオプション
行使価格 101円
直物相場　95円
オプション行使価格より円安なら
オプションを行使して
行使価格で外貨を購入
オプション行使価格より円高なら
オプションを放棄して
直物相場で外貨を購入

たとえば、6月積み米ドル建て輸出契約を持つ輸出者が、先行きドル安傾向を予測した場合には6月のできるだけ早い時期に船積みし、早く荷為替手形買取りに持ち込むことが考えられます。

リーズは早めること、ラグズは遅らせることを意味します。

マリー（Marry）

マリーは輸出代金で入手した外貨や手持ちの預金外貨を輸入代金の支払いに充てる手法で、外貨を円転しないことにより為替差損益の発生を抑える手法です。

たとえば、輸出入両方を行っている商社であれば、輸出代金で受取った外貨を輸入代金の支払いに充てる、輸出代金を外貨預金しておき輸入代金支払いに充てる手法があります。また、後述のインパクトローンを活用して、輸入代金の支払いにインパクトローンの借入を行い輸出代金で受取った外貨を返済に充てる手法もあります。

居住者間外貨決済

外為法では日本国内の居住者間の代金決済を外貨で行うことが認められていますので、貿易決済と国内決済を同じ通貨で行うことにより為替リスクを回避することができます。たとえば、輸出契約で入金した米ドルを国内の仕入れ先に米ドルで支払いに充てることが考えられます。

インパクトローン（外貨借入れ）

インパクトローンは外貨建ての借入れのことですが、その返済の原資にたとえば輸出契約で入金する外貨を充てて、為替差損益の発生を抑えることが考えられます。

円建て契約

貿易代金の決済を円建てで行うことにより、為替リスクを回避する手法です。海外客先に為替リスクをヘッジしたことになります。

ネッティング

海外客先とお互いに輸出入取引がある場合、債権債務を相殺して為替リスクのエクスポージャーを減少する手法です。主に、本社と海外支社支店などグループ企業間において利用されています（P.230）。

Trading

代金決済の業務

代金決済の業務は主として銀行を経由する送金決済と荷為替手形決済で行われます。

貿易代金決済の種類

貿易取引の代金決済は、主として銀行を経由する送金決済と荷為替手形決済が用いられます。輸出者にとってはいかに確実に代金を回収するか、輸入者にとっては契約通りの商品の引取りを代金決済と交換にいかに確実に行うかが関心事ですので、それぞれの決済方法の特徴を考慮して最適な決済方法を選択します。

送金決済の特徴

送金決済は、銀行手数料が比較的安いメリットはありますが、代金決済と船積書類の動きは関連付けられていません。したがって、この方法は代金前払いや後払い、あるいは輸出者の船積履行や輸入者の支払い実行には不安のない間柄、たとえばグループ企業間での決済方法として主に用いられています。

荷為替手形決済の特徴

荷為替手形決済は、為替手形（Bill of Exchange）と船積書類を一緒に銀行を経由して輸入者に送り、為替手形の決済と引換えに船積書類を引渡す方法です。この方法は船積み（モノ）と代金決済（カネ）が書類（カミ）により関連付けられているため、貿易取引の決済として広く用いられています。荷為替手形決済には、銀行の支払い確約が付いた信用状付き決済であるL/C[*1]決済と、銀行保証の付いていないD/P[*2]決済とD/A[*3]決済があります。

＊1　L/C：Letter of Credit
＊2　D/P：Documents against Payment
＊3　D/A：Documents against Acceptance

その他の決済のしくみ

送金決済や荷為替手形決済のほかに、輸出者と輸入者間で債権と債務を相殺決済するネッティング（P.230）などのしくみが利用されています。

▶決済手段の概要

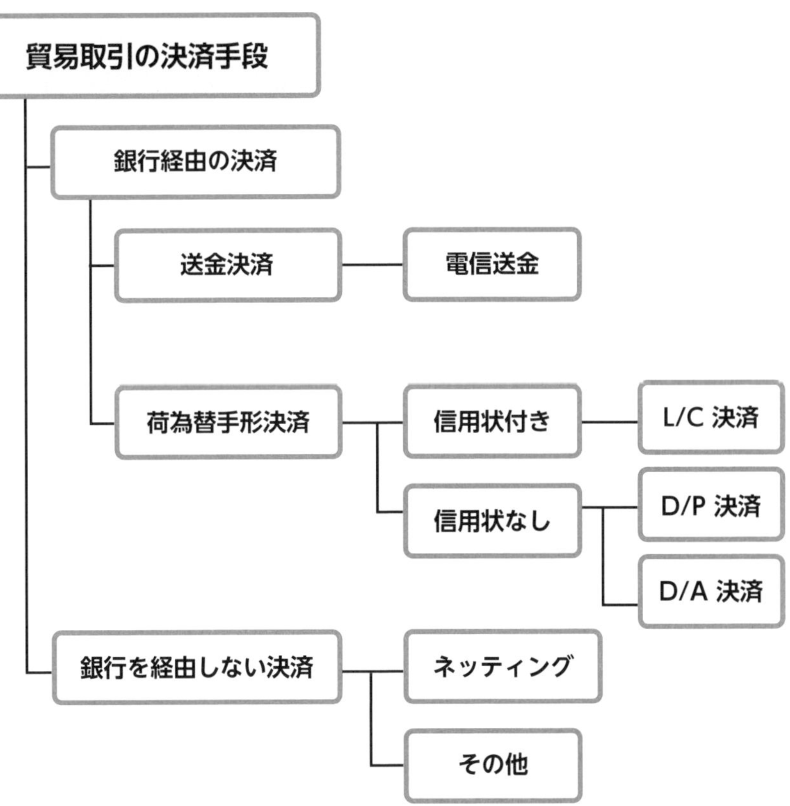

送金決済

送金決済では、電信送金が使われます。

送金決済の種類

送金決済は国内取引で銀行から代金を振込むのと同じしくみで、他国間で送金を行う決済方法です。送金決済には、銀行間の支払指示伝達をスイフト（SWIFT）* と呼ばれる国際銀行間通信システムを使う電信送金（Telegraphic Transfer）が使用されています。

スイフトはベルギーに本部を持つ民間組織で、銀行間国際通信システムの運営を行っており、外国為替業務を行う世界中の多くの銀行が加盟しています。

電信送金による決済の流れ

- 輸出者は輸入者に請求書を送り、送金を指示します。送金の時期は、前払いや後払いなど、契約時の取決めに従い、船積みを契約通り実行後、船積書類を輸入者宛にクーリエ便などで送付します。送金決済においては、代金決済と船積みはそれぞれ独立した動きとなります（①、⑤～⑩）。
- 輸入者は送金する金額と銀行手数料を取引銀行（仕向銀行となる）に支払い、電信送金を依頼します。外国送金依頼書には、送金金額、輸出者の名前と住所、被仕向銀行の名前と住所、などを記載します。送金依頼を輸入者の事務所のパソコンから仕向銀行にデータ送信するエレクトロニック・バンキングも活用されています（②）。
- 仕向銀行は、スイフトを使い支払銀行（被仕向銀行）に対して輸出者への支払指図を出します。輸出者への支払いは、即日あるいは翌営業日に行われます（③④）。

＊ スイフト：SWIFT（Society for Worldwide Interbank Financial Telecommunications／国際銀行間通信協会）

▶送金決済の流れ　（前払いの場合）

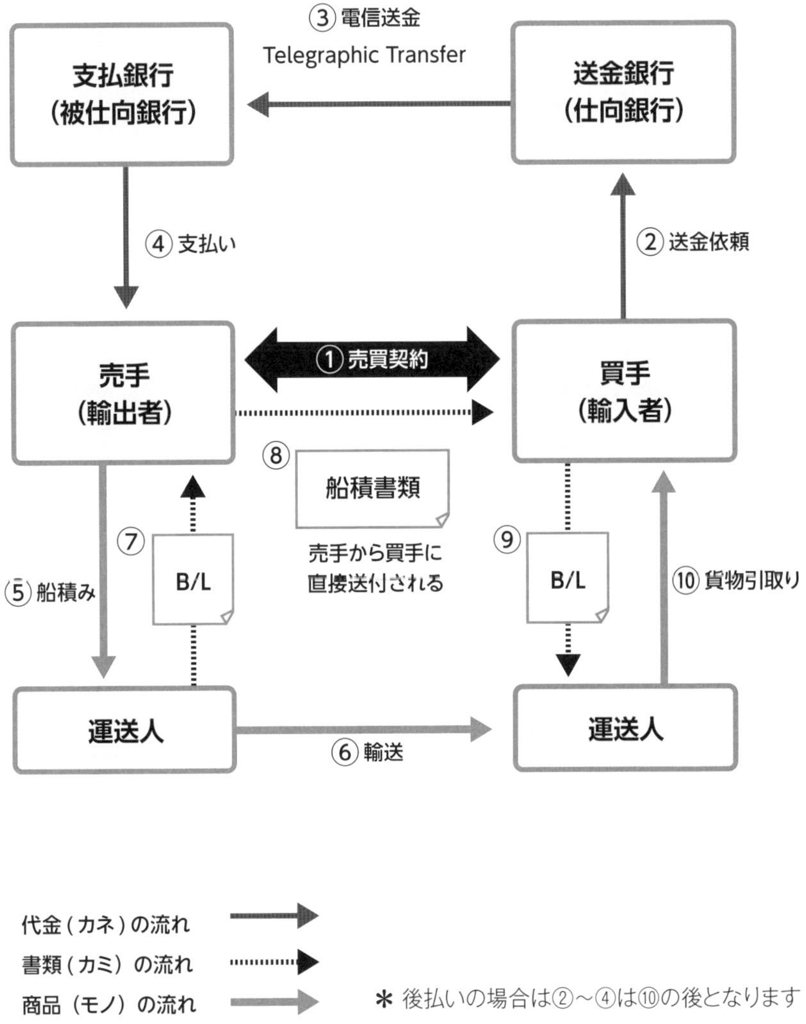

支払銀行（被仕向銀行）
③電信送金 Telegraphic Transfer
送金銀行（仕向銀行）
④支払い
②送金依頼
売手（輸出者）
①売買契約
買手（輸入者）
⑧ 船積書類
売手から買手に直接送付される
⑤船積み
⑦ B/L
⑨ B/L
⑩貨物引取り
運送人
⑥輸送
運送人

＊後払いの場合は②～④は⑩の後となります

荷為替手形決済のしくみ

荷為替手形は為替手形と船積書類のセットのことです。

荷為替手形決済とは

荷為替手形決済とは、輸出者が為替手形という支払い指図書と船積書類（船積みの証拠書類など）をセットにした荷為替手形を銀行に持込み、輸入者からの代金取立てを銀行に依頼するしくみです。

取立依頼を受けた銀行は輸入地のコルレス銀行に荷為替手形を送り、輸入者に為替手形の決済を求めます。輸入者は船積書類を点検のうえ、問題がなければ為替手形を決済（支払いまたは引受け）して船積書類を入手します。銀行は輸入者からの入金後、輸出者に回収した代金を支払います。

為替手形(Bill of Exchange)

為替手形は、手形の振出人が名宛人に対して一定の期日に手形金額の支払いを指図する有価証券で、通常はFIRSTとSECONDの2通セットにして発行することで、紛失事故に備えています。

船積書類(Documents)

船積書類は、契約通りに船積みを行ったことを輸入者が確認するための書類で、船荷証券、インボイス、パッキングリスト（梱包証明書）、保険証券、原産地証明書などの書類が含まれます。

輸入者はこれらの書類を使って輸送人からの貨物の引取りや輸入通関手続を行いますので、必要とする書類は売買契約の際に輸出者に要求しておきます。信用状付きの決済では、要求書類として信用状に明記されます。

信用状(L/C)*の機能

信用状は、信用状発行銀行から輸出者への支払い確約書です。

信用状の機能

信用状は、輸入者の依頼に基づいて輸入者の取引銀行が輸出者宛に発行する支払確約書で、信用状に記載された条件に合致した船積書類が添付された為替手形の支払いを信用状発行銀行が確約するものです。仮に輸入者が倒産などの事由で支払できなくなったとしても、信用状発行銀行が輸出者に対して行った確約は有効ですので、輸出者は信用状の条件を満たす荷為替手形を信用状の有効期限内に呈示することで、安全に代金回収を行うことができます。信用状は、輸入者の信用リスクを解消する機能を輸出者に提供しています。

信用状の条件を満たした荷為替手形は発行銀行の支払確約があるので、輸出者の取引銀行も買取りに応じやすく、輸出者は船積み後すぐに代金を回収することが可能となります。

信用状関係者の呼び方

信用状取引では依頼する輸入者は「発行依頼人」(Applicant)、発行する輸入者の取引銀行は「発行銀行」(Issuing Bank または Opening Bank)、信用状を受取る輸出者を「受益者」(Beneficiary)、発行銀行の指示を受けて輸出者に信用状を通知する銀行を「通知銀行」(Advising Bank)、荷為替手形を買取る銀行を「買取銀行」(Negotiating Bank) と呼んでいます。

＊ L/C：Letter of Credit

05-09

代金決済

信用状統一規則(UCP600)

UCP600により、信用状取引関係者の役割・責任や用語の定義が規定されています。

信用状統一規則とは

国際商業会議所（ICC）は、信用状付き荷為替手形による決済業務を円滑に進めるための規則として、信用状統一規則*を定めています。現在は2007年7月に改定された最新版（コード名UCP600）が使用されています。

信用状統一規則の原則

信用状統一規則には信用状の種類や銀行の義務など、信用状付き荷為替手形決済を行うときのルールを細かく規定しています。

とりわけ重要な原則としては「信用状の独立抽象性」（第4条）と「書類取引の原則」（第5条）があげられます。

「信用状の独立抽象性」とは、信用状は売買契約をもとにして発行されるものの、いったん発行された信用状は売買契約とは独立した別の取引となる原則です。従って、輸出者と輸入者は売買契約で合意した事項を正確に信用状に記載することが求められます。

「書類取引の原則」とは、信用状は書類取引であり信用状と合致するかどうかは書類のみで判断がなされるという原則です。すなわち、実際の商品（Goods）、サービス（Services）、契約履行（Performance）が書類に書かれた通りの状態であるかを確認する責任は銀行にはありません。

＊ 信用状統一規則：正式名は「ICC荷為替信用状に関する統一規則および慣例2007年改訂版」ICC Uniform Customs and Practice for Documentary Credit 2007 REVISION

▶ICC荷為替信用状に関する統一規則および慣例(UCP600)の内容

第1条	UCPの適用
第2条	定義
第3条	解釈
第4条	信用状と契約
第5条	書類と物品、サービスまたは履行
第6条	利用可能性、有効期限および呈示地
第7条	発行銀行の約束(Issuing Bank Undertaking)
第8条	確認銀行の約束(Confirming Band Undertaking)
第9条	信用状および条件変更の通知
第10条	条件変更
第11条	テレトランスミッションによる信用状・条件変更、および予告された信用状・条件変更
第12条	指定
第13条	銀行間補償の取決め
第14条	書類点検の標準
第15条	充足した呈示
第16条	ディスクレパンシーのある書類、権利放棄および通告
第17条	書類の原本およびコピー
第18条	商業送り状
第19条	少なくとも2つの異なった運送形態を対象とする運送書類
第20条	船荷証券
第21条	流通性のない海上運送状
第22条	傭船契約船荷証券
第23条	航空運送書類
第24条	道路、鉄道または内陸水路の運送書類
第25条	クーリエ受領書、郵便受領書または郵送証明書
第26条	“On Deck”、“Shipper's Load and Count”、“Said by Shipper to Contain”および運送費に追加された費用
第27条	無故障運送書類
第28条	保険書類および担保範囲
第29条	有効期限または最終呈示日の延長
第30条	信用状金額、数量および単価の許容範囲
第31条	一部使用または一部船積
第32条	所定期間ごとの分割使用または分割船積
第33条	呈示の時間
第34条	書類の有効性に関する銀行の責任排除
第35条	伝送および翻訳に関する銀行の責任排除
第36条	不可抗力
第37条	指図された当事者の行為に関する銀行の責任排除
第38条	譲渡可能信用状
第39条	代わり金の譲渡

電子呈示に関する「UCP600」への追補(省略)

05-10

代金決済

Trading

信用状の点検

信用状を受取れば、売買契約条件と相違がないか点検します。

信用状の接受

信用状は発行銀行の輸入者（発行依頼人）に対する与信行為となりますので、輸入者は銀行による審査を経て、信用状取引約定書などの契約を結び、売買契約の内容に従って信用状の開設を銀行に依頼します。信用状は通常はスイフト（P.210）により輸出国の通知銀行（Advising Bank）を経由して輸出者に届けられます。信用状を受取った輸出者は、信用状に記載されている各条件が売買契約の内容と合致しているか、また要求されている書類に矛盾がないかなどを点検し、もし相違点や矛盾があった場合は輸入者に信用状の条件変更（アメンド／P.224）を依頼します。信用状の条件変更には、当事者全員、すなわち依頼人、受益者、発行銀行およびもしあれば確認銀行の同意が必要となります。

信用状の主な点検事項

- 信用状開設依頼者と受益者の確認
- 信用状の金額が十分にあるか、有効期限に十分に余裕があるか
- 買取銀行は指定されているか（輸出者にとっては指定なしが有利）
- 為替手形の手形期間（一覧払い、期限付き）の確認
- 商品と数量、価格と取引条件（インコタームズ条件）
- 輸送手段、船積港と仕向港
- 船積期限（Latest date for shipment）の確認
- 分割船積（Partial shipment）、途中積替え（Transhipment）の条件
- 船荷証券や保険証券の条件の確認、Invoice、Packing List、原産地証明書、その他要求されている書類や部数に矛盾がないかなど。

▶スイフト(SWIFT)様式　信用状の例

MT=700　ISSUE OF A DOCUMENTARY CREDIT

SENDING BANK		MIDTOWN BANK NEW YORK U.S.A.（信用状開設銀行）
40A	FORM OF DOCUMENTARY CREDIT	IRREVOCABLE（取消不能信用状）
20	DOCUMENTARY CREDIT NUMBER	012ABCD3EF00XXX（信用状番号）
31C	DATE OF ISSUE	20XX-05-25（信用状開設日）
40E	APPLICABLE RULES	UCP LATEST VERSION（適用される信用状統一規則）
31D	DATE AND PLACE OF EXPIRY	20XX-07-15 IN BENEFICIARY'S COUNTRY（信用状有効期限）
50	APPLICANT	DILLON CORPORATION, U.S.A.（信用状発行依頼人） 20XX ATLANTIC STREET STAMFORD, CT. 06902 U.S.A.
59	BENEFICIARY	KANKI TRADING CO., LTD（信用状受益者） 1-1-XX NIHONBASHI, CHUO-KU TOKYO 103-0000, JAPAN
32B	CURRENCY CODE,AMOUNT	USD78,750.00（信用状金額）
39B	MAXIMUM CREDIT AMOUNT	NOT EXCEEDING（金額許用範囲）
41D	AVAILABLE WITH/BY	AVAILABLE ANY BANK BY NEGOTIATION（買取銀行指定の有無）
42C	DRAFTS AT	AT SIGHT FOR FULL INVOICE AMOUNT（手形期限）
42A	DRAWEE	MIDTOWN BANK NEW YORK U.S.A.（手形名宛人）
43P	PARTIAL SHIPMENTS	NOT ALLOWED（分割船積の可否の指示）
43T	TRANSHIPMENT	NOT ALLOWED（積替えの可否の指示）
44A	PLACE OF TAKING IN CHARGE/DISPATCH FROM・・・/PLACE OF RECEIPT・・・	YOKOHAMA, JAPAN（運送人の受取り場所）
44E	PORT OF LOADING/AIRPORT OF DEPARTURE	YOKOHAMA, JAPAN（船積港 / 空港）
44F	PORT OF DISCHARGE/AIRPORT OF DESTINATION	NEW YORK,NY U.S.A.（仕向港 / 空港）
44B	PLACE OF FINAL DESTINAITON /FOR TRANSPORTATION TO・・・/PLACE OF DELIVERY	NEW YORK CY（運送人から引渡し場所）
44C	LATEST OF SHIPMENT	20XX-06-30（船積最終期限）
45A	DESCRIPTION OF GOODS AND/OR SERVICES	COLD ROLLED STAINLESS STEEL SHEET IN COIL 15 COILS ABOUT 15 MT CONTRACT NO. KT150501X DATED 20XX.05.10 AT USD5,000.00 PMT CIP NEW YORK INCOTERMS(R) 2010（商品明細や貿易取引条件など）

46A　DOCUMENTS REQUIRED（要求書類）

\+ MANUALLY SIGNED COMMERCIAL INVOICE IN 3 COPIES INDICATING THIS LC NO.（インボイス３通）
\+ PACKIGN LIST IN 3 COPIES（パッキングリスト３通）
\+ FULL SET PLUS TWO NON-NEGOTIABLE COPIES OF CLEAN OCEAN BILLS OF LADING MADE OUT TO ORDER AND BLANK ENDORSED , NOTIFYING THE APPLICANT OF THIS L/C AND INDICATING THIS L/C NUMBER, AND MARKED FREIGHT PREPAID.（船荷証券オリジナル全通とコピー２通）
\+ INSURANCE POLICY OR CERTIFICATE IN 2/2 ORIGINAL FORM, BLANK ENDORSED, WITH CLAIMS IF ANY PAYABLE IN U.S.A. COVERING 110% OF THE INVOICE AMOUNT WITH MARINE INSTITUTE CARGO CLAUSE(A) WAR AND S.R.C.C.（保険証券オリジナル２通）
\+ CERTIFICATE OF ORIGIN IN DUPLICATE.（原産地証明書２通）

47A　ADDITIONAL CONDITIONS（追加条件）

\+ ALL DOCUMENTS MUST BE IN ENGLISH.

48　PERIOD OF PRESENTATION（手形提示期限）

DRAFTS AND DOCUMENTS MUST BE PRESENTED FOR NEGOTIATION WITHIN 15 DAYS AFTER DATE OF SHIPMENT BUT NOT LATER THAN L/C EXPIRY DATE.

49	CONFIRMATION INSTRUCTION	WITHOUT（確認銀行の有無）
57A	ADVISED THROUGH BANK	THE BANK OF NIHONBASHI LTD.TOKYO,JAPAN（通知銀行）
71B	CHARGES	ALL BANKING CHARGES OUTSIDE NETHERLAND ARE FOR ACCOUNT OF THE BENEFICIARY'S.

05-11 代金決済

信用状付荷為替手形決済(L/C決済)の流れ

信用状付荷為替手形決済の流れは次の通りです。

信用状付荷為替手形決済(L/C決済)の流れ

- 信用状付荷為替手形決済を決済条件として売買契約を締結します（①）。
- 輸入者は取引銀行と信用状取引約定書を結び信用状発行を依頼します（②）。
- 信用状発行銀行は、輸出国の通知銀行を経由して輸出者に信用状を発行します。現在はスイフト（P.210）による送付が一般的です（③④）。
- 輸出者は、信用状の条件や要求書類が契約内容と合致していることを確認のうえ、船積みを実行します（⑤⑥）。
- 船積み完了後、輸出者は船荷証券（B/L）やインボイスなど信用状に要求されている船積書類（Required documents）を揃え、為替手形を振出し、荷為替手形として信用状とともに買取銀行に持込み、買取りを依頼します。買取銀行が信用状に指定されていなければ輸出者は取引銀行に買取りを依頼します（⑦⑧）。
- 買取銀行の取扱いには、輸出者への手形代金支払いを銀行間決済完了前に行う「買取」と、完了後に行う「取立」があります。買取の場合、買取銀行は持ち込まれた書類を信用状統一規則のルールに従い点検し、問題がなければ輸出者に手形代金を支払い、その後信用状発行銀行に荷為替手形を送付し、銀行間決済を行います。取立の場合は、買取銀行は信用状発行銀行に荷為替手形を送付し、発行銀行による書類点検を経て手形代り金の入金を確認後、輸出者に手形代金を支払います（⑨⑩⑬）。
- 信用状発行銀行は、輸入者に船積書類到着案内を出し、輸入者との荷為替手形決済を行ったうえで輸入者に船積書類を引渡します（⑪⑫）。
- 輸入者は入手した船積書類を使い、船会社など運送人から貨物を引取り、輸入通関手続きを行います（⑭⑮）。

▶L/C決済の流れ （買取の場合）

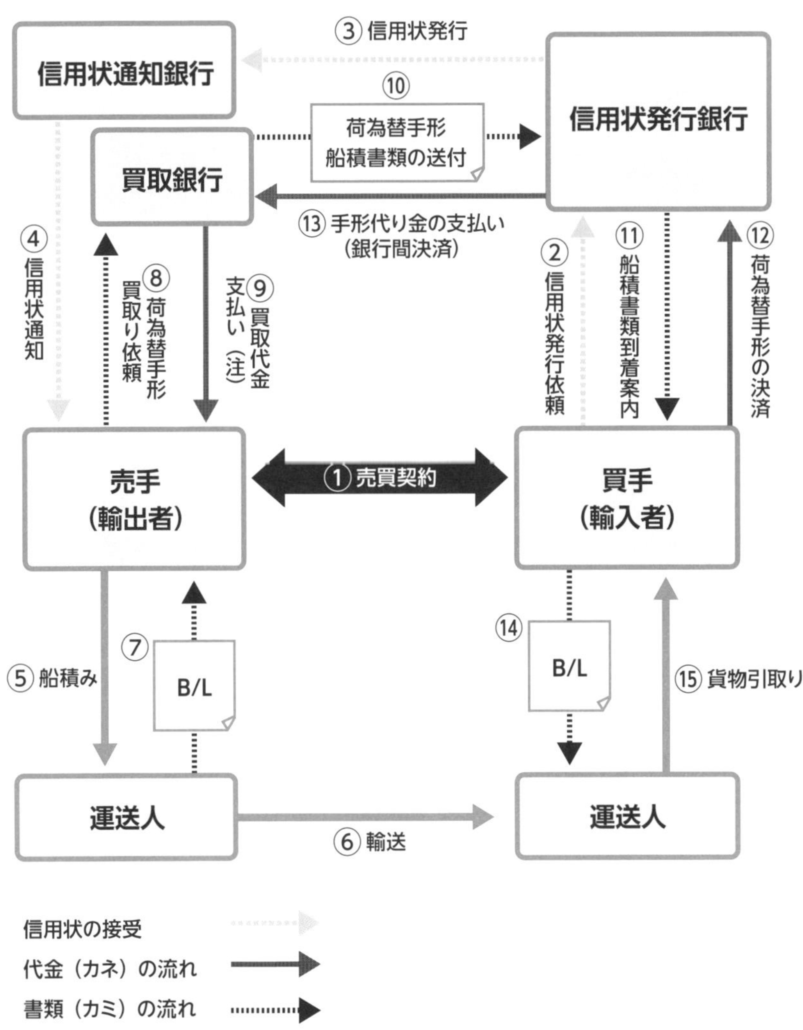

L/C決済の為替手形

L/C決済の為替手形の例は次の通りです。

L/C決済の為替手形(Bill of Exchange)

L/C 決済の場合、輸出者は信用状の指示に従って為替手形を作成しますが、一般的には、「振出人」は輸出者、「名宛人」は信用状発行銀行、「受取人」は買取銀行が記載されます。

また為替手形には、振出人、名宛人、受取人、手形番号、手形金額（数字と文字の両方)、振出地と振出日、手形支払期限のほか、インボイス番号などの一般記載事項に加えて、信用状番号、信用状日付、発行銀行、発行依頼者などの信用状情報が記載されます。

L/C決済為替手形の手形期間(Tenor)

L/C 決済の手形期間には、手形が名宛人に呈示された日が支払日となる一覧払い（At sight）と、支払いに猶予が設けられる期限付きがあります。期限付き条件には、呈示日から一定期間経過後を支払日とする一覧後定期払（例：At 60 days after sight）と船積日の翌日を起算日として支払日を決める確定日払い（At 60 days after B/L date）があります。

右ページの例は一覧払条件の為替手形です。期限付き条件の為替手形の場合は、手形期限の欄に Tenor を記入します。

▶L/C決済　一覧払(At sight)条件の手形例

Bill of Exchange

No. **123-456** (手形番号)　Place and Date **TOKYO JULY 1,20XX** (手形振出地と振出日)

For **US$74,250.00** (手形通貨と金額)

At XXXXXXX sight of this FIRST of Exchange (Second being unpaid)
(手形期限／㊟参照)

Pay to **THE BANK OF NIHONBASHI LTD.** (買取銀行) or order

the sum of **U.S.DOLLARS SEVENTY FOUR THOUSAND AND TWO HUNDRED AND FIFTY ONLY**
(手形金額を文字で記載)

Value received and charge the same to account of **DILLON CORPORATION** (L/C 発行依頼人)

Drawn under **MIDTOWN BANK NEW YORK, U.S.A** (L/C 発行銀行)

L/C No. **012ABCD3EF00XXX** (L/C 番号)　dated **MAY 25 20XX** (L/C 発行日)

To : **MIDTOWN BANK NEW YORK, U.S.A.**
(手形の名宛人 L/C 発行銀行)

Drawer: **KANKI TRADING CO., LTD**
輸出者署名
(手形の振出人 L/C 受益者)

Revenue Stamp

㊟：一覧後定期払の場合は、たとえば AT 60 DAYS AFTER SIGHT と記載し、
確定日払の場合は、たとえば AT 60 DAYS AFTER B/L DATE と記載します。

信用状の種類

信用状にはいろいろな機能や条件設定がありますので用途、目的に合わせて利用します。

取消不能信用状(Irrevocable Credit)

いったん発行された信用状は、関係当事者(発行銀行、依頼者、受益者、もしあれば確認銀行)全員の同意がなければ変更や取消しのできない信用状です。UCP600では信用状はすべて取消不能と規定しています。

確認信用状(Confirmed Credit)

信用力の弱い発行銀行や送金についてカントリーリスクのある国の銀行が発行する信用状に、他の国際的に信用力のある銀行がさらに支払保証を加えた信用状です。確認の方法には、信用状発行銀行からの依頼に基づいて行う通常の確認(オープン・コンファーム)と信用状発行銀行には通知せず受益者(輸出者)からの依頼により行う確認(サイレント・コンファーム)の2種類があります。このような確認の付いていない一般的な信用状は無確認信用状(Unconfirmed Credit)と呼ばれます。

リストリクト信用状(Restricted Credit)とオープン信用状(Open Credit)

荷為替手形の買取銀行が特定の銀行に指定されている信用状をリストリクト信用状、指定がない信用状をオープン信用状と呼びます。輸出者としては、自社の取引銀行で買取りが行えるオープン信用状のほうが有用です。

譲渡可能信用状(Transferable Credit)

受益者が信用状の使用権の全部または一部を他社に1回に限り譲渡できる信用状です。

回転信用状(Revolving Credit)

荷為替手形買取いにより減少した信用状の金額を、一定条件のもとで自動的に元の金額に更新させる信用状で、継続的な船積みを行う取引先の場合に用いられます。

05-14

代金決済

Trading

ディスクレパンシー発生時の対応

ディスクレパンシーが発生した場合は、状況を考えて最善策で対処します。

ディスクレパンシー（不一致：Discrepancy）

輸出者が買取銀行に呈示した荷為替手形の書類に信用状の条件と一致しない箇所があったときや書類に矛盾や不備があった場合、その書類には「ディスクレがある」と表現されます。

信用状統一規則では書類文面上の厳格一致を原則としていますので、単純なタイプミスや船荷証券の軽微なリマークなどもすべてディスクレの対象と成り得ますので、書類作成には細心の注意が必要です。

ディスクレがあった場合の対処方法には以下があげられます。

» 書類の訂正（Correction）

輸出者が作成するインボイスや為替手形、あるいは入手した船荷証券や保険証券などで訂正が可能な内容であれば、書類を銀行からいったん返却してもらい、信用状に合致する書類に差替えます。船積日などのように訂正ができないディスクレが発生した場合は、次に述べるアメンド、ケーブルネゴ、L/G ネゴ、取立扱いの手段で対処します。

» アメンド（Amendment 信用状の条件変更）

アメンドは信用状の条件変更を輸入者経由で発行銀行に依頼する方法です。信用状の条件変更には、輸入者、発行銀行、もしあれば確認銀行の同意が必要であるため、日数もかかるし輸入者には変更手数料が発生します。船積予定本船の遅れなどディスクレの発生が予期された場合には、輸出者はできるだけ早く輸入者に信用状のアメンド依頼を出し、銀行買取りの時点でのディスクレ回避に努めます。

» ケーブルネゴ（Cable Negotiation）

ケーブルネゴは輸出者の依頼を受けて、買取銀行が発行銀行にディスクレの内容を電信（スイフト）で伝えて買取りの可否を問合せ、発行銀行の承諾を得たうえで荷為替手形を買取る方法です。船積後で信用状のアメンド手続きを行う時間的余裕が残されていない場合の手段として用いられます。

» L/Gネゴ（Letter of Guarantee Negotiation）

L/G ネゴは、輸出者が買取銀行に「発行銀行が手形払いを拒否した場合には手形の買戻しに応じる」という主旨の念書（L/G）を差入れて、ディスクレを抱えたまま荷為替手形の買取りを行う方法です。この方法は信用状の本来の機能である発行銀行による支払確約は喪失しています。

取立扱い（Bill for collection）

上記いずれの手段もとれない場合、買取銀行は荷為替手形の買取りに応じず、取立扱いとします。つまり、信用状発行銀行に書類を送付し、発行銀行による支払いを確認したうえで輸出者への支払を行いますので、実質的には信用状の付かない荷為替手形による取立てと同じとなります。

アンペイド（支払拒絶：Unpaid）

発生したディスクレの内容を発行銀行あるいは輸入者が受入れることができない場合には、発行銀行は荷為替手形の支払いを拒絶する場合があります。この場合、書類はすべて輸出地の銀行に返送されることとなり、輸入者は貨物を引取ることはできません。このような事態になる前に輸出者は輸入者と協議して解決案を見出すことが必要です。

05-15

代金決済

信用状のない荷為替手形決済(D/P決済、D/A決済)の流れ

D/P、D/Aは、本来は船積書類の引渡し条件ですが、決済の呼び名として使われています。

D/P決済 D/A決済の流れ

信用状の付かない荷為替手形決済には、D/P[*1]決済とD/A[*2]決済があり、その流れは次の通りです。

- 輸出者は契約条件に従って船積みを実行し、船荷証券やインボイスなどの船積書類一式を為替手形に添付した荷為替手形として取引銀行に持込み、銀行に代金の取立てまたは買取りを依頼します。為替手形の名宛人は輸入者、手形期限はD/P決済の場合は一覧払(At Sight)、D/A決済の場合は期限付きとなります(①～⑤)。
- 買取/取立銀行は書類を点検し、問題がないかあるいは輸出手形保険付保などの条件が整えば輸出者に手形代金を支払います。買取りに応じられない場合は取立扱いとします(⑥)。
- 買取/取立銀行は、荷為替手形を輸入者の取引銀行(取立受任銀行)に送付し、手形代り金を請求します(⑦)。
- 輸入者の取引銀行は、輸入者に荷為替手形を呈示し、手形決済を求めます。D/P決済の場合は、輸入者が手形代金を銀行に支払うことと引換えに、銀行は船積書類を引渡します。D/A決済の場合は、輸入者が手形を引き受ける(Accept)ことと引換えに、銀行は船積書類を引渡します。手形の引受けとは手形期日の支払いを約束することで、輸入者は手形の裏面に記名捺印または署名します(⑧⑨)。
- 輸入者は入手した船積書類を使い、船会社など運送人から商品を引取り、輸入通関手続きを行います(⑪⑫)。
- 輸入者の取引銀行は、輸入者からの支払いを受けた後、輸出地の買取/取立銀行との銀行間決済を行います。取立扱いの場合は、この後に買取

＊1　D/P：Documents against Payment(手形代金払いと交換に書類を引渡す意)
＊2　D/A：Documents against Acceptance(手形引受けと交換に書類を引渡す意)

/取立銀行から輸出者に代金が支払われます。D/A決済の場合は、輸出者は手形期限まで代金回収を待つこととなります（⑩⑬⑭）。

▶D/P決済の流れ （買取りの場合）

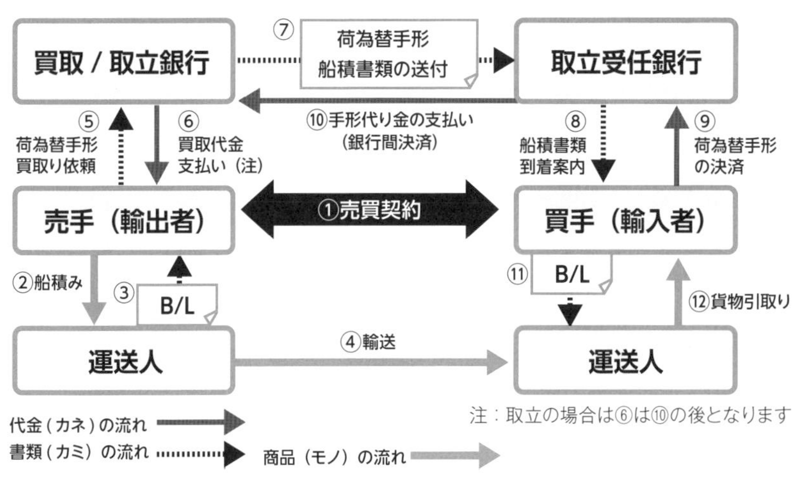

▶D/A決済の流れ （買取りの場合）

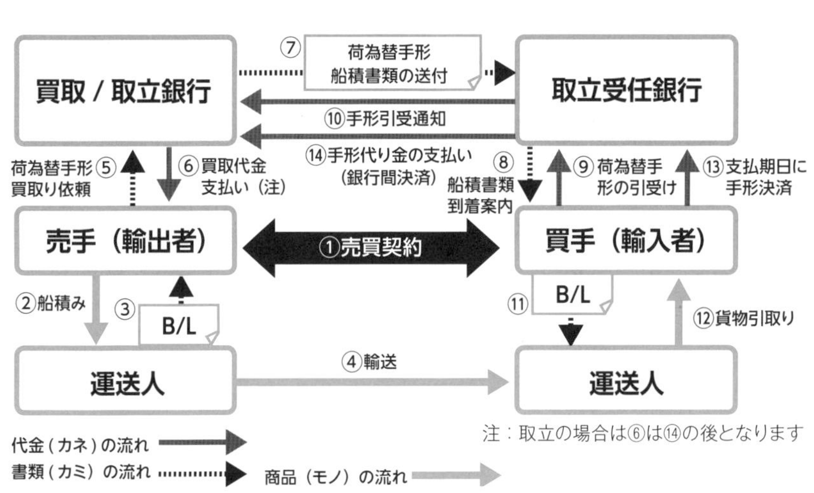

D/P決済、D/A決済の為替手形

D/P決済では一覧払い条件、D/A決済では期限付条件の手形期間の為替手形が振出されます。

D/P決済、D/A決済の為替手形(Bill of Exchange)

D/P決済とD/A決済の場合の為替手形は、「振出人」は輸出者、「名宛人」は輸入者、「受取人」は買取銀行（取立ての場合は取立銀行）が記載されます。また為替手形には、振出人、名宛人、受取人、手形番号、手形金額（数字と文字の両方）、振出地と振出日、手形支払期限のほか、インボイス番号などが記載されます。

D/P決済、D/A決済為替手形の手形期間(Tenor)

D/P決済は、書類（Documents）を支払い（Payment）と交換に引渡しますので、手形期間は一覧払い（At Sight）で作成されます。D/A決済では書類は手形引受け（Acceptance）と交換に引渡されますので、手形の支払い条件は期限付きで作成されます。期限付き条件には、一覧後定期払と確定日払い（P.220）があります。

取立統一規則(URC522)

D/P決済とD/A決済の取立業務を円滑に進めるため、国際商業会議所は「ICC取立統一規則の条文注釈」（URC522）を策定し、銀行の役割や義務を規定しています。

▶D/P決済の為替手形の例

Bill of Exchange
Documents against Payment

No. **456-789** (手形番号)　Place and Date **TOKYO JULY 1,20XX**
(手形振出地と振出日)

For **US$74,250.00** (手形通貨と金額)

At XXXXXXX ㊟ sight of this FIRST of Exchange (Second being unpaid)
(手形期限。一覧払いゆえ AT SIGHT とする)

Pay to **BANK OF NIHONBASHI LTD..** (買取/取立銀行) or order

the sum of **U.S.DOLLARS SEVENTY FOUR THOUSAND AND TWO HUNDRED AND FIFTY ONLY**
(手形金額を文字で記載)

Value received and charge the same to account of ....

Drawee:

DILLON CORPORATION
U.S.A.

手形の名宛人
(輸入者)

Drawer:

KANKI TRADING CO., LTD

輸出者署名
手形の振出人
(輸出者)

Revenue Stamp

㊟ **D/P 決済の場合は、「XXXX」と記載し、空欄を埋め、AT SIGHT(一覧払条件)とします。**
D/A 決済の場合は、この欄に手形期日を記載します。
例:90 DAYS AFTER B/L DATE

05-17

ネッティング

代金決済

Trading

ネッティングは取引企業間で一定期間の取引を集計し、受取金と支払金の債権債務を帳簿上で相殺し、差額を送金する方法です。

ネッティングとは

継続してお互いに輸出入取引を行っている企業の間で、一定期間の取引を集計し、受取金と支払金の債権債務を帳簿上で相殺し、差額を送金する方法をネッティングと呼んでいます。相殺を２者間で行うことをバイラテラルネッティング、多数の拠点の間で行うことをマルチラテラルネッティングと呼び、複数の海外子会社や支店を持つ企業グループ間の決済に利用されています。

ネッティングを活用することによって、輸出入者双方とも為替リスクと送金手数料を軽減する効果があります。

ネッティング決済を行うには、相手国の国内法がネッティング決済を許可している必要があります。日本を含め外国為替が自由化されている諸国間ではネッティング決済は普及していますが、相殺決済には制限が課せられている国もありますので、留意する必要があります。

▶ネッティングのしくみ

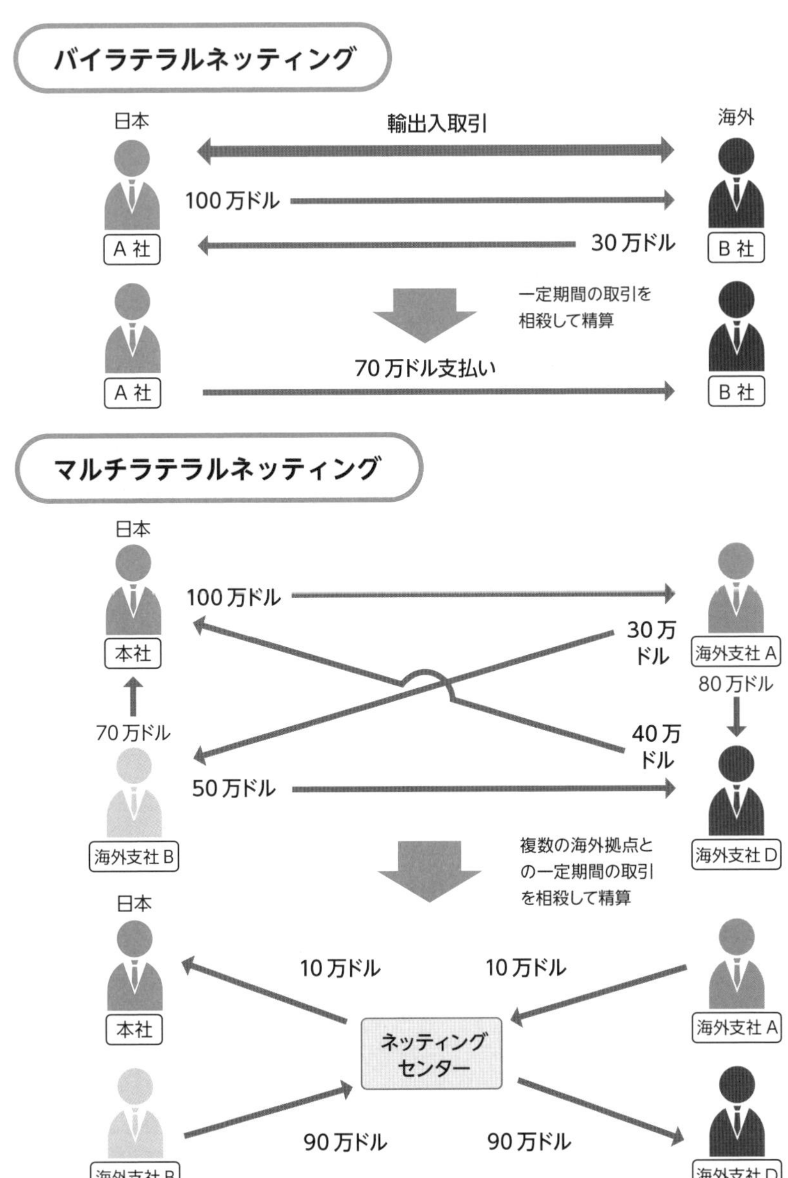
バイラテラルネッティング
日本
海外
輸出入取引
100万ドル
30万ドル
A社
B社
一定期間の取引を
相殺して精算
70万ドル支払い
A社
B社
マルチラテラルネッティング
日本
100万ドル
30万
ドル
本社
海外支社A
80万ドル
70万ドル
40万
ドル
50万ドル
海外支社B
海外支社D
複数の海外拠点と
の一定期間の取引
を相殺して精算
日本
10万ドル
10万ドル
本社
ネッティング
センター
海外支社A
90万ドル
90万ドル
海外支社B
海外支社D

貿易決済の電子化の動き

貿易決済の電子化も進められています。

TSU[*1]とBPO[*2]

TSUはスイフト（P.210）が開発した新しい貿易決済サービスで、従来は人の目で確認を行っていた船積書類の点検をTSUシステム上で機械的に行い決済を行うしくみです。輸出者と輸入者はそれぞれの取引銀行に売買契約のコピーを提出し、双方の銀行はTSUシステムに商品発注（Purchase Order）情報を入力し、POデータのマッチングを行います。輸出者は船積実行後、インボイスや船荷証券などの船積書類のコピーを取引銀行に提出し、銀行は商品出荷情報をTSUシステムに入力します。この商品出荷情報と先に入力されていた商品発注情報の照合がTSUシステム上で機械的に行われ、データの一致が確認されれば輸出者と輸入者に通知され、商品代金が輸入者の口座からの自動引落しにより実行されます。輸出者はデータ一致確認後、船積書類原本を輸入者に直接送付します。

BPOはTSUを補強する、荷為替手形決済における信用状（L/C）の役割を果たすしくみです。すなわち、輸入者の取引銀行がBPO発行銀行となり、商品発注情報と商品出荷情報のマッチング結果が一致した場合に、BPO発行銀行が輸入者に代わり代金決済を実行します。

＊1　TSU：Trade Services Utility
＊2　BPO：Bank Payment Obligation

輸出ファクタリングとフォーフェイティング

代金回収リスクへの対策も開発されています。

輸出ファクタリング

ファクタリングは、企業が持つ売掛債権をファクタリング会社に手数料を払って買取ってもらうしくみです。輸出ファクタリングは、このしくみを輸出取引の決済に応用したもので、輸入者が代金決済を実行できなかった場合にファクタリング会社が輸出者に代金を支払うしくみです。ファクタリング会社は事前に輸入者の信用調査を行い審査に合格した輸入者が対象となります。また、対象は輸入者の財務的信用リスク（貸倒れのリスク）に限定され、マーケットクレームによる不払いやカントリーリスクなどは対象外となっています。

フォーフェイティング

フォーフェイティングは、主に期限付き信用状付き荷為替手形取引において、信用状発行銀行または手形支払人の手形引受を前提条件として、輸出者の取引銀行が買戻請求権なし（Non Recourse）で手形を買取るしくみです。通常の荷為替手形の買取りは、もし手形が不渡りになった場合は銀行は輸出者に手形の買戻しを請求しますが、フォーフェイティングは銀行はこの権利を放棄するしくみです。フォーフェイティングでは、カントリーリスクもリスク対象に含むことが可能です。

その他の輸出代金回収リスク対策

その他、輸出代金回収リスクへの対策として、輸出手形保険や民間保険会社が提供する輸出取引信用保険があります。

輸出金融と輸入金融

貿易金融には、銀行が輸出者に行う輸出金融と、銀行や輸出者が輸入者に行う輸入金融があります。

輸出金融

船積前金融：輸出者が商品の生産や仕入れを行うための融資を輸出前貸と呼びます。基本的には国内融資と変わりませんが、為替リスクを回避するための外貨建て借入れ（インパクトローン）も利用されています。輸出前貸は、輸出代金の回収により返済されます。

船積後金融：船積後では、信用状付き荷為替手形を銀行が買取ることにより、その手形代金が回収されるまでの期間、銀行が資金を立替える金融となります。

輸入金融

輸入金融は、輸入者が代金決済段階で支払猶予（ユーザンス）を受ける金融で、輸出者によるシッパーズユーザンスと銀行ユーザンスに大別されます。

» シッパーズユーザンス

輸出者が輸入者に対して代金支払いに猶予を与えるもので、両者に信頼関係があることが前提となります。送金決済の場合は、輸出者は船積書類を輸入者に直送し、商品代金は合意した支払猶予期間が経過後、輸入者が送金します。荷為替手形決済の場合は、決済方法をD/A決済（P.226）とし、輸出者が期限付為替手形を振出し、輸入者が手形期日に銀行経由代金決済を行います。

» 銀行ユーザンス

- **本邦ローン**

本邦ローンは、日本の輸入取引において、輸入者の取引銀行が輸入者に支払猶予を与える金融で、銀行は対外決済を実行し輸入者には外貨貸付を行います。本邦の銀行が自己資金で融資することより、本邦ローンあるいは自行ユーザンスと呼ばれます。輸入側での融資ですので、金利は輸入者負担となります。本邦ローンはL/C決済、D/P・D/A決済いずれの場合でも利用できる一般的な輸入ユーザンスとなっています。

• 外銀アクセプタンス

信用状付荷為替手形決済において、本邦輸入者が名宛人を海外の銀行とした期限付為替手形を条件とする信用状を開設し、輸出者が振出した期限付為替手形を海外の銀行が引き受け、輸入者が手形期日に信用状発行銀行を経由して支払いを行う方式です。ニューヨークやロンドンなどの外銀が名宛人となり手形を引き受ける（Accept）ことより、外銀アクセプタンスと呼ばれます。買取銀行は、期限付手形の名宛人となっている外銀に手形を送付して引受けおよび割引を依頼し、輸出者には手形支払猶予（ユーザンス）期間の金利を差引いて支払を行います。

• B/C（Bill for Collection）ディスカウント

信用状の付かない荷為替手形決済（D/P・D/A決済）において、海外の輸出者が振出した期限付為替手形を輸出地銀行に買取ってもらい、輸入者が手形期日に支払いを行う方式です。輸出者と輸入者双方の信用が必要な方式で、グループ企業内決済の場合に利用されています。

• 輸入跳ね返り金融

輸入ユーザンス期間を使って商品の生産や販売を行って輸入代金決済のための資金の回収を図っても、さまざまな理由により支払期日に決済ができなくなることもあります。このような場合、支払期日以降も融資を継続するために、外貨建て融資を決済して続けて円建て融資に切換えることがあります。この金融を外貨建てから円建てに跳ね返ることより、輸入跳ね返り金融と呼んでいます。

また、輸入者が一覧払（At sight）為替手形を決済する場合に、銀行が円貨で融資を行うことを直跳ね金融と呼んでいます。

いずれの場合も、国内金融の範疇に入ると解されています。

船積書類 (Shipping Documents)

船積書類は輸出者から輸入者に流通します。

船積書類(Shipping Documents)とは

船積書類は、輸出者が契約通りに商品を船積み（あるいは航空輸送で搭載）したことを証明する書類の総称です。代表的な船積書類としては、インボイス（商業送り状）、パッキングリスト（梱包明細書）、船荷証券（B/L）、航空運送状（AWB）があげられますが、貿易取引条件により保険証券が加えられたり、輸入者の依頼により原産地証明書や各種検査証などの書類が追加されたりします。

貿易取引ではモノ（商品）とカネ（代金）を直接交換することはできませんので、モノを船積書類というカミに代えて、カミを流通売買することで代金を決済します。

輸入者は船積書類と引換えに代金決済を行いますので、運送人からの商品引取りや輸入通関手続きに必要とする書類をはじめ、輸出者の契約履行を確認するために必要な証明書や輸入者が手配する貨物保険料率に影響を及ぼす事項の確認書（例：船齢証明書や船級証明書）などを船積書類の一部に含むよう、契約時点および必要に応じて輸出者に要求しておくことが重要です。

船積書類の流れ

船積書類は輸出者から輸入者に送付されます。送付するルートは決済方法により異なります。すなわち、荷為替手形決済の場合には、荷為替手形の一部として銀行を経由して送付されます。送金決済やネッティングの場合には輸出者から輸入者に直接送付されます。

▶船積書類の例

信用状統一規則（UCP600）に規定されている書類			掲載ページ
	商業送り状	Commercial Invoice	239
	複合運送書類	Multimodal or combined transport document	166
	船荷証券	Bill of Lading	105
	海上運送状	Sea Waybill	145
	用船契約船荷証券	Charter Party Bill of Lading	125、143
	航空運送書類	Air Waybill	159
	道路、鉄道または内陸水路の運送書類	A road,rail or inland waterway transport document	-
	クーリエ受領書、郵便受領書または郵送証明書	A courier receipt post receipt certificate of posting	-
	保険証券、包括予定保険に基づく保険承認状または確定通知書	Insurance policy, insurance certificate or declaration under an open cover	263
その他の書類			
	パッキングリスト	Packing List	241
	原産地証明書	Certificate of origin	243
	特定原産地証明書	Certificate of origin　EPA form	245
	領事査証	VISA	249
	その他、輸出者と輸入者で合意した各種証明書 （例）　船齢証明書	Certificate of vessel's age など	250

05-22

船積書類

インボイス
(Invoice)

インボイスは代金請求や通関手続きなど、さまざまな場面で利用されます。

インボイス(Invoice)とは

インボイスは輸出者が輸入者宛に発行する「納品明細書」兼「代金請求書」で、正式には商業送り状（Commercial Invoice）と呼ばれます。インボイスには、その船積みに関連する以下の主要情報が記載されており、税関手続きや保険申込みなど、いろいろな場面で使用されています。

» 契約に関わる情報

輸出入者の名前と住所、契約番号、取引条件、決済条件など

» 商品に関わる情報

商品名、規格や型番、個数、梱包数、重量、容積、荷印など

» 船積に関わる情報

本船名、航空機便名、船積港、出港（予定）日、仕向港、引渡し場所

» 代金請求に関わる情報

単価、建値、請求総額、支払い方法、銀行口座、信用状番号など

その他の目的に応じたインボイス

» プロフォーマインボイス（Proforma Invoice)

許認可取得などを目的として船積前に作成する仮インボイスです。

» 税関用インボイス（Customs Invoice)

日本の税関では商業送り状の提出で事が足りますが、輸入国側の税関用インボイス作成を輸入者から求められることがあります。

» 領事送り状（Consular Invoice)

輸入国における不正輸入申告防止目的で、当該領事館に提出するインボイスです。現在は事例はほとんどみられません。

▶コマーシャルインボイス

KANKI TRADING CO., LTD
1-1-XX Nihonbashi, Chuo-ku
Tokyo, 103-0000, Japan

COMMERCIAL INVOICE

MESSRS	DILLON CORPORATION 20XX ATLANTIC STREET STAMFORD, CT. 06902 U.S.A. （輸入者名と住所）	DATE	JUNE 22,20XX （インボイス作成日）
		INVOICE NO.	KT0000111 （インボイス番号）
WAY OF TRANSPORTATION	BY SEA IN DRY CONTAINER（輸送方法）	CONTRACT NO.	KT150501X （契約番号）
VESSEL NAME	ABC RONDO（本船名）	ON OR ABOUT	June 20,20XX （船積日）
PORT OF LOADING	YOKOHAMA, JAPAN （船積港）	PLACE OF RECEIPT	YOKOHAMA CY （コンテナ受取地）
PORT OF DISCHARGING	NEW YORK,NY U.S.A. （仕向港）	PLACE OF DELIVERY	NEW YORK CY （コンテナ引渡地）
PAYMENT TERM	IRREVOCABLE L/C （決済条件）	DUE DATE	At SIGHT （支払い条件）

SHIPPING MARK	DESCRIPTION OF GOODS
DILLON CORPORATION NEW YORK COLD ROLLED STAINLESS STEEL SHEET IN COIL C/NO. 1/15 MADE IN JAPAN	COLD ROLLED STAINLESS STEEL SHEET IN COIL （商品名、規格など）

GOODS	QUANTITY	WEIGHT/ MEASUREMENT	UNIT PRICE	AMOUNT
（商品） COLD ROLLED STAINLESS STEEL SHEET IN COIL	（数量） 15 COILS	（売買単位となる重量または / 容積） 14.850 M/T (NET WEIGHT)	（単価） CIP NEW YORK CY US$5,000.00/MT	（請求金額） US$74,250.00

TOTAL QUANTITY	15 COILS （合計数量）	TOTAL AMOUNT	US$74,250 （合計請求金額）

OTHERS	・GROSS WEIGHT 15.000 M/T （総重量） ・L/C NUMBER 012ABCD3EF00XXX （信用状の要求により L/C 番号を記載したもの）

KANKI TRADING CORPORATION

（輸出者署名）

GENERAL MANAGER
EXPORT DEPT.

パッキングリスト (Packing List)

パッキングリストは、配送、荷捌きなどに利用される梱包明細書です。

パッキングリスト(Packing List)とは

パッキングリストは、貨物の梱包ごとの商品明細書で、梱包番号、荷印、各梱包の商品明細、個数、重量などが記載されます。パッキングリストは、輸入者が保管、配送、荷捌きのために使用します。

通常、パッキングリストは輸出入通関手続きの際に、インボイスとともに税関に提出し、税関職員による貨物の現物検査を行う際にも使用されます。一般的にパッキングリストはインボイスと同様の書式で作成されますが、価格や決済に関する情報は記載されません。

荷印(Shipping Marks)

荷印は、梱包の外面に表示して、その梱包内の商品明細のほか、荷主、荷受人、仕向地、荷扱い注意事項などが記載されます。輸入者側ではパッキングリストと荷印を照合しながら、荷捌きや商品配送の管理を行います。荷印と同様に、荷扱い注意事項（ケアマーク）も梱包の外面に貼付けられます。

▶荷印のサンプル

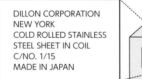

DILLON CORPORATION
NEW YORK
COLD ROLLED STAINLESS
STEEL SHEET IN COIL
C/NO. 1/15
MADE IN JAPAN

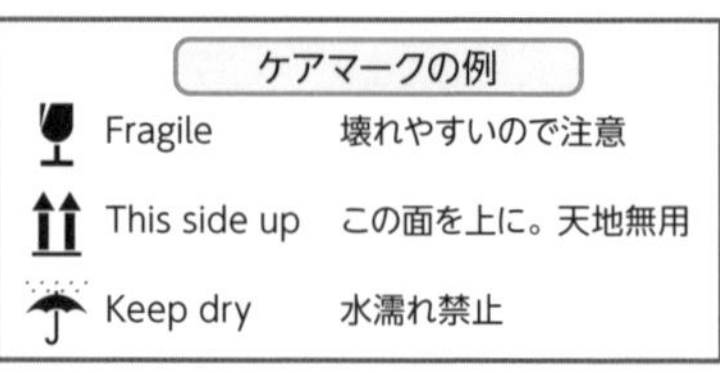

ケアマークの例
Fragile
壊れやすいので注意
This side up
この面を上に。天地無用
Keep dry
水濡れ禁止

▶パッキングリスト

KANKI TRADING CO., LTD
1-1-XX Nihonbashi, Chuo-ku
Tokyo, 103-0000, Japan

PACKING LIST

MESSRS	**DILLON CORPORATION 20XX ATLANTIC STREET STAMFORD, CT. 06902 U.S.A.** （輸入者名と住所）	DATE	**June 22,20XX** （パッキングリスト作成日）
		INVOICE NO.	**KT0000111** （インボイス番号）
WAY OF TRANSPORTATION	**BY SEA IN DRY CONTAINER** （輸送方法）	CONTRACT NO.	**KT150501X** （契約番号）
VESSEL NAME	**ABC RONDO** （本船名）	ON OR ABOUT	**June 20,20XX** （船積日）
PORT OF LOADING	**YOKOHAMA, JAPAN** （船積港）	PLACE OF RECEIPT	**YOKOHAMA CY** （コンテナ受取地）
PORT OF DISCHARGING	**NEW YORK,NY U.S.A.** （仕向港）	PLACE OF DELIVERY	**NEW YORK CY** （コンテナ引渡地）

SHIPPING MARK	DESCRIPTION OF GOODS
（荷印） **DILLON CORPORATION NEW YORK COLD ROLLED STAINLESS STEEL SHEET IN COIL C/NO. 1/15 MADE IN JAPAN**	**COLD ROLLED STAINLESS STEEL SHEET IN COIL** （商品名、規格など）

NUMBER	QUANTITY	NET WEIGHT	GROSS WEIGHT	MEASUREMENT
SKID NO. 1-15 （スキッド番号 1/15）	（数量） **15 COILS**	（正味重量） **14.850 M/T**	（梱包後の総重量） **15.000 M/T**	（梱包後の容積） **10 M3**
TOTAL	**15 COILS**	**14.850 M/T**	**15.000 M/T**	**10 M3**

OTHERS	**DETAILS OF WEIGHT FOR EACH COIL AS PER ATTACHED** （各コイル毎の重量明細は添付する旨の記載）

KANKI TRADING CORPORATION

（輸出者署名）

GENERAL MANAGER
EXPORT DEPT.

原産地証明書 (Certificate of Origin)

貿易取引商品の原産国を証明する公的書類が原産地証明書です。

原産地証明書(Certificate of Origin)とは

原産地証明書は、貿易取引商品の国籍を証明する公的書類で、日本では日本商工会議所等が発給機関となっています。原産地証明書は、輸入国における輸入関税率の決定のほか、セーフガード措置など通商手段を適用する際の判定資料としても使用されます。

原産地証明書の発給手順

輸出者は、商工会議所に会社と署名者登録を行ったうえで、船積ごとに原産地証明書の発給を申請します。申請は船積前に行うことが原則ですが、出航日から6カ月以内は船積前と同様に申請ができ、1年以内は別途資料の提出が求められます。原産地証明書は、偽造防止処理が施された商工会議所所定の書式が用いられ、輸出者は、証明発給申請書に記入・署名した原産地証明書とインボイスを添付して提出し、商工会議所の認証・署名を取得します。

原産地証明書の記載事項

原産地証明書には、インボイス情報（輸出者名、荷受人＝輸入者名、インボイス番号と日付、商品名、梱包数と数量、重量など）、輸送手段の詳細（船積情報、輸送本船名、積揚港、船積日など）、原産国名（COUNTRY OF ORIGIN、日本の場合はJAPAN）が記載されます。書式には、記載した事項が真実であることを輸出者が宣誓する文言（DECLARATION BY THE EXPORTER）が印刷されており、登録署名者が署名を行い、商工会議所の証明文言と署名を受けます。

▶原産地証明書

1. Exporter (Name, address, country) KANKI TRADING CO., LTD 1-1-XX NIHONBASHI, CHUO-KU （輸出者） TOKYO 103-0000, JAPAN TEL 03-3262-801X FAX 03-3262-802X	CERTIFICATE OF ORIGIN issued by The Tokyo Chamber of Commerce & Industry Tokyo, Japan
2. Consignee (Name, address, country) DILLON CORPORATION 20XX ATLANTIC STREET STAMFORD, CT. 06902 U.S.A. （輸入者名、住所、国名）	* Print ORIGINAL or COPY ORIGINAL 3. No. and date of Invoice INVOICE NO. KT0000111 DATE : JUNE 22, 20XX （インボイス番号と日付） 4. Country of Origin JAPAN （原産国）
5. Transport details FROM YOKOHAMA, JAPAN TO NEW YORK, U.S.A. BY MV"ABC RONDO" V-111 ON OR ABOUT JUNE 20, 20XX （積揚港、輸送本船名、船積日など）	6. Remarks （原則として空欄。必要に応じて L/C番号などを記載する）
7. Marks, numbers, number and kind of packages; description of goods DILLON CORPORATION NEW YORK COLD ROLLED STAINLESS STEEL SHEET IN COIL C/NO. 1/15 MADE IN JAPAN （荷印） COLD ROLLED STAINLESS STEEL SHEET IN COIL （商品名） （商品明細、数量など）	8. Quantity
9. Declaration by the Exporter The undersigned, as an authorized signatory, hereby declares that the above-mentioned goods were produced or manufactured in the country shown in box 4. Place and Date: Tokyo JUNE 22, 20XX （輸出者の宣誓と日付） (Signature) （輸出者署名登録者の署名） (Name) N.NOMA （輸出者、署名登録者氏名）	10. Certification The undersigned hereby certifies, on the basis of relative invoice and other supporting documents, that the above-mentioned goods originate in the country shown in box 4 to the best of its knowledge and belief. The Tokyo Chamber of Commerce & Industry （証明印） （商工会議所の証明文言と署名） (No., Date, Signature and Stamp of Certifying Authority) Certificate No. （証明書番号）

TOPPANFORMS 1-6 KANDA SURUGADAI, CHIYODA-KU, TOKYO, JAPAN Japan CCI Ref. No. 1701-A

© The Japan Chamber of Commerce & Industry TOKYO CCI Form CO 1999.10

05-25

船積書類

Trading

特定原産地証明書 (Certificate of Origin for EPA)

経済連携協定で取り決められた原産地資格を満たしていることを証明する公的書類が特定原産地証明書です。

特定原産地証明書とは

特定原産地証明書は、経済連携協定（EPA P.24）で取り決められた原産地資格を満たしていることを証明する公的書類で、輸入国側でEPAの関税優遇措置の適用を受けるために使用されます。

原産地の判定基準と特定原産地証明書の記載事項

特定原産地証明書には、通常の原産地証明書と同様の情報に加えて、当該経済連携協定名、H.S.番号、原産地判定基準が記載されます。原産地の判定基準は、H.S.コード（P.188）変更基準のほか、付加価値基準や加工工程基準など、各EPA協定により詳細が規定されています。

特定原産地証明書発給の手順

特定原産地証明書は、企業登録、原産品の判定依頼、証明書の発給依頼の順で進めます。企業登録は、商工会議所に登録申請メールを送り、必要書類を郵送後、審査を経て特定原産地証明書発給システムのユーザーIDとパスワードを取得します。原産品の判定依頼は、システムに商品のH.S.コードや原産地判定基準などを入力し、原産品であると認められた場合には原産品判定番号が付与されます。判定依頼は原則として生産者が行いますが、商工会議所の求めに応じて原産品を示す資料を提出できる場合には申請者（輸出者）が行うことも可能です。証明書の発給は、輸出者がシステムに必要事項（商品情報、輸入者、輸送手段、荷印など）を入力して行い、承認が下りれば所定の偽造防止処理が施された用紙にプリントし、宣誓署名を行ったうえで、商工会議所に持参し証明文言と署名を受けます。

▶特定原産地証明書

1.Exporter's name, address and country: KANKI TRADING CO., LTD 1-1-XX NIHONBASHI, CHUO-KU （輸出者名と住所） TOKYO 103-0000, JAPAN	Certification no. 1501234567XXX（証明書番号）	Number of page 1 / 1
2.Importer's name, address and country: （輸入者名と住所） PT XYZ STEEL CORPORATION, INDONESIA 11XX MENTENG, JAKARTA 10310, INDONESIA	AGREEMENT BETWEEN JAPAN AND THE REPUBLIC OF INDONESIA FOR AN ECONOMIC PARTNERSHIP （対象となる経済連携協定） EPA JAPAN-INDONESIA CERTIFICATE OF ORIGIN FORM JIEPA Issued in Japan	
3.Means of transport and route (as far as known) （輸送本船名、積揚港） DEPARTURE DATE APRIL 1, 20XX PORT OR DISCHARGE JAKARTA, INDONESIA NAME OF LOADING PORT YOKOHAMA JAPAN PER MV"CONCERTO" （船積日など）		

4.Item number (as necessary); marks and numbers of packages; number and kind of packages; description of good(s); HS tariff classification number	5.Preference criterion	6.Quantity or weight	7.Invoice number(s) and date(s)
HOT ROLLED STEEL SHEET IN COIL : 720825 （商品名とH. S. コード）	C （原産地判定基準）	NET 180 M/T （重量）	KT0000XXX MAY 1, 20XX （インボイス番号と日付）
Number and kind of packages: 12 COILS（包装、個数、数量、重量など）			

8.Remarks: ISSUED RETROACTIVELY
（L/C番号など自由記載）

9.Declaration by the exporter:	10.Certification
I, the undersigned, declare that: - the above details and statement are true and accurate. - the good(s) described above meet the condition(s) required for the issuance of this certificate; - the country of origin of the good(s) described above is JAPAN	It is hereby certified, on the basis of control carried out,that the declaration by the exporter is correct. Competent governmental authority or designee office: The Japan Chamber of Commerce and Industry
Place and date: TOKYO APRIL 1, 20XX Signature: （輸出者の宣誓と署名）	Stamp: 
Name(printed): N. NOMA（登録署名者名）	Place and date: TOKYO APRIL 2, 20XX（発行日） Signature:
Company: KANKI TRADING CO., LTD（社名）	（商工会議所の証明文言と署名）

05-26

船積書類

原産地証明の自己申告制度（自己証明制度／Self-certification system）

原産地証明を輸出入者が自己申告（証明）する制度も導入されています。

自己申告制度（自己証明制度）とは

日本が締結したEPAでは、前項の日本商工会議所が発行する「第三者証明制度」が用いられてきましたが、近年のEPAでは、輸出者（生産者を含む）または輸入者が自ら証明する「自己申告制度（自己証明制度とも呼ばれる）」が導入されています。

自己申告制度では、EPA税率の特恵待遇の要求を行う際に、輸入者は、以下のいずれかの方法で税関に輸入申告を行います。

輸出者が作成する原産地申告文による申告

原産地に関する申告文を、輸出者（または生産者）が作成し、インボイスなどに記載し、輸入者は輸入申告時に税関に提出します。申告文は、EPA協定により記載事項や文言が定められています（右ページ参照）。申告の正確性の説明責任は輸出者にあります。

輸入者の知識に基づく申告

輸入申告時に輸入者が、EPA協定に定める要件を満たした原産性を示す書類を、税関に提出します。この申請では、原産地に関する申告文は用いられません。税関に対する説明責任は輸入者にあるため、輸入者は輸出者から必要な情報を入手している必要があります。

原産地証明の根拠と書類保存義務

原産地証明の根拠となる書類は、採用する原産性の判断基準により異なります。判断基準には、完全生産品、原材料からのみ生産される産品、品目別原産地規則（PSR：Product Specific Rules of Origin）があります。

輸出者、輸入者は、輸入国税関からの問い合わせに備えて関連書類を保管する義務が協定に定められています。日本の場合は、国内法令でも書類の保管義務が定められています。

▶原産地に関する申告文（日EU・EPAの例）

日EU・EPAにおける輸出者による自己申告の場合、原産品申告書は仕入書その他の商業上の文書に、協定附属書3-Dに定められた申告文を用いて作成します。文言は和文のほか、英語を含むEUの諸言語で作成可能です。

○日EU・EPA協定（付属書3−D）が定める申告文（日本語）

（期間：……………から……………まで）

この文書の対象となる産品の輸出者（輸出者参照番号…………）は、別段の明示をする場合を除くほか、当該産品の原産地………が特恵に係る原産地であることを申告する。

（用いられた原産性の基準）
………………………………………………………

（場所及び日付）
………………………………………………………

（輸出者の氏名又は名称（活字体によるもの））
……………………………………………………………………………………

○日EU・EPA協定（付属書3−D）が定める申告文（英語）

(Period: from 22 June 20X1 **to** 22 June 20X2 **)**
The exporter of the products covered by this document (Exporter Reference No KT0000111**) declares that, except where otherwise clearly indicated, these products are of** Japan **preferential origin.**
(Origin criteria used) C1, E
(Place and date) 1-1-XX, Nihonbashi, Chuo-ku Tokyo, 22 June 20X1
(Printed name of the exporter) Kanki Trading Co., Ltd.

領事査証(VISA)その他の船積書類

その他の船積書類には、領事査証や輸入者から求められる証明書などがあります。

領事査証(VISA)とは

領事査証は、輸入国が書類の偽造や不正な価格申告を防止するために、輸出国の在日公館で書類認証を行う制度で、輸出者は輸入者からの依頼に基づいて在外公館で領事査証を取得します。輸入者は、輸入手続きの際に税関に提出します。

日本からの輸出であれば、輸出者は船積完了後に在日領事館に領事査証申請を提出し、発給を受けます。領事査証は輸出者が作成するインボイス（Commercial Invoice）に、領事査証のスタンプを押印して発給する方式が一般的に行われています。申請にはインボイスのほかに原産地証明書や船荷証券の写しの添付が求められる国もあります。査証の取得には思わぬ日数がかかる場合がありますので、信用状の要求書類に査証が含まれている場合には、信用状の買取期限に注意を払う慎重さが必要です。

領事査証は、世界的な貿易自由化の流れの中で徐々に廃止されていく傾向にありますが、中南米や中近東の国の一部では現在も輸入通関時の提出が義務付けられています。

その他の船積書類

輸入者との合意に従い、輸出者は各種証明書を船積書類の一部として送付します。たとえば、CPT 契約の場合に輸入者が貨物保険を手配する場合に割増保険料の支払いを避けるために輸出者が手配する本船の船齢制限を付けてその証明書（船齢証明書／ P.250）を求める場合があります。その他、商品によっては成分証明書や非被曝証明書など輸入者の要望や輸入国の規制などにより、各種証明書が求められることとなります。

▶領事査証の例

قيمة الفاتورة :

Invoice Value : **50,000.00**

（インボイス金額）

Embassy of the United Arab Emirates
TOKYO
Consular Section

سفارة دولة
الإمارات العربية المتحدة
طوكيو
الشعبة القنصلية

No. : **0011XX** :الرقم

Date طوكيو **APRIL 5, 20XX** :التاريخ

نصادق على صحة توقيع وختم غرفة تجارة وصناعة
We certify Stamp & Sign. of Chamber of Commerce & Industry
دون تحمل السفارة أية مسؤولية تجاه المحتويات
This Embassy not responsible for the contents of the documents

CONSUL القنصل

Saeed Ali Al-Nowais
Ambassador

Seen by
The Tokyo
Chamber of Commerce & Industry

（商工会議所署名）

APRIL 6, 20XX

（商工会議所のインボイス証明。インボイスの表面に記載されるのが一般的）

▶その他の証明書の例（船齢証明書）

ABC CONTAINER LINE

xxxx Chiyoda-Ku,
Tokyo Japan
Tel 03-5204-xxxx
Fax 03-5204-yyyy

Date June 20, 20XX

To : whom it may concern

CERTIFICATE

Ship	M/V"ABC RONDO"	（本船名）
Voyage	V-111	（航海番号）
Flag	PANAMA	（船籍）
Built	SEP. 2011	（建造年月）

WE CERTIFY THAT THE AGE OF VESSEL IS FIVE (5)
YEARS OLD.
（証明文言）

Yours faithfully,

ABC LINE
LINER DEPARTMENT

GENERAL MANAGER
（船会社署名）

保険
のしくみと書類

貿易取引で発生するさまざまなリスクに対応して
各種保険が開発されています。

06-01

保険

Trading

貨物海上保険の必要性

貨物海上保険により、輸送中の事故による損害はカバーされます。

運送人の責任と支払限度額

貿易輸送中に貨物が損傷を受けたり、船の沈没などの理由で消滅してしまったりした場合、荷主は運送人に損害賠償を求めますが、貿易輸送を行う運送人の責任範囲や支払限度額は条約によって限定されているため、十分な補償を受けることは難しいのが実情です。海上輸送における運送人の責任範囲や限度額については、ヘーグ・ルールとヘーグ・ヴィスビールール（P.137）が世界的に広く適用されています。この条約では、運送人の責任は通常の航海に耐えうる堪航能力を持った船舶の提供と荷役中の過失などの商業過失に限定されており、航海中に荒天遭遇により発生する海水侵入や荷崩れによる損害など自然現象に起因する損害は運送人の免責事項となっています。

また、運送人の賠償責任限度額については、１梱包もしくは１単位当たり666.67SDRまたは総重量1kgにつき2SDRのいずれか高いほうとする限度額（パッケージリミテーション）が定められています。その結果、貨物損傷の多くの原因となる輸送中の自然現象に起因する損傷は運送人免責となり、また仮に運送人の商業過失を証明できて賠償責任を問えたとしても、限度額の範囲内でしか賠償請求できないこととなります。

また、国際航空輸送については、ワルソー条約（日本は1953年に批准）とモントリオール条約（日本は2000年に批准）により航空運送人の責任や賠償責任額が規定されており、パッケージリミテーションは1kg当たり19SDRと限定されています。

貨物保険が提供する補償範囲と限度額

一方、貨物海上保険は、自然現象や商業過失を含めて輸送中の危険を広い範囲でてん補しており、保険引受け金額も商品価値全体をカバーするしくみとなっています。つまり荷主は貨物海上保険を付保すれば、事故が起きた際の金銭的損害の補てんに十分備えることができるので、貿易取引において必要不可欠な手続きとなっています。

▶ヘーグ・ルール、ヘーグ・ヴィスビールールの主な内容

適用される輸送	・船荷証券が締約国で発行される輸送 ・締約国からの輸送 ・条約の適用に合意している輸送
適用される契約	船荷証券が発行される海上輸送契約 (用船契約自体への適用はないが、契約に織り込むことはできる)
責任主体	運送契約の当事者である運送人
責任区間	船積みから荷揚げまで
運送人の義務	航海開始時点で、船舶（人的も含む）の堪航能力を担保すること。
責任限度額	梱包単位当たり、666.67SDRまたは総重量1kg当たり2SDRの高いほう（注）
免責事由	海固有の危険、航海過失、火災（故意過失を除く）

(注)：コンテナ貨物の場合、B/Lに記載されている梱包単位が積荷の単位とみなされますが、記載のない場合はコンテナが積荷の単位となります。

Trading

貨物海上保険の基本事項と料率

貨物海上保険の保険料率はさまざまな要素を勘案して算定されています。

保険契約と被保険者

貨物海上保険は、損害保険会社が保険を引受けており、海上保険の名はついていますが、航空輸送や陸上輸送中の危険もカバーすることができます。輸出者と輸入者は輸送中の危険を背負ったときに自らを被保険者として貨物海上保険を付保することが原則ですが、CIFとCIP契約の場合は、輸出者が輸入者のために保険契約を結び保険証券に裏書して被保険者の権利を輸入者に移転させます。

保険価額(Insured Value)と保険金額(Amount Insured)

保険価額とは、保険を付けることのできる最大限度額で、通常は輸入港到着価格であるCIF価格（またはCIP価格）に10%を加えた価額となります。保険金額は、保険をかける金額のことで、通常は保険価額と同額で付保し、これを全部保険（Full Insurance）と呼んでいます。保険契約者は保険価額より低い金額で保険をかけることはできますが、これは一部保険（Under Insurance）と呼ばれ、事故発生時には保険金を満額で受取ることはできなくなります。逆に保険価額以上に保険金額を設定して申込むことを超過保険（Over Insurance）と呼びますが、超過部分は無効となります。

保険料率

保険料率は保険金額に対してパーセントで表示され海上危険料率（Marine Rate）と戦争・ストライキ危険料率　（War&S. R. C. C.* Rate）の2本建てで設定されています（P.255）。

＊S. R. C. C.：Strikes Riots and Civil Commotions（P.257）

海上危険料率は、保険条件、貨物、梱包、本船の種類や船齢、航路、過去の損害率など、蓄積されたデータをもとに各保険会社が算定しています。

戦争・ストライキ危険の保険料率は、世界の政治情勢などに影響される特殊なリスクであるため、英国保険マーケットの料率を参考に算定されています。また、事故のリスクの高い、老齢船や低い船級（Class）の船舶で輸送される場合には割増保険料（Additional Premium）が別途課徴されます。

▶保険料率算定するための主な要素

貨物の種類	貨物の性質や状態
輸送用具	船舶か航空機か、船舶であれば、コンテナ船か在来型船舶か、船舶の大きさや種類、船級や船齢など
輸送経路	輸送ルートの政治状況や盗難の危険性など
輸送時期	ハリケーンなどの季節要因など
梱包や積付け	梱包状態、積付け場所が船倉内か甲板上かなど
過去の損害率	過去の契約における保険金支払い実績（LOSS RATIO）

▶保険料率と保険料の計算例

(保険金額)		(保険料率)	(保険料)
US＄1,000,000	×(Marine)	0.4500%	＝US＄4,500.00
〃	×(War & S. R. C. C.)	0.0500%	＝US＄500.00
〃	×(Total)	0.5000%	＝US＄5,000.00

06-03 保険

貨物海上保険の基本条件と戦争約款、ストライキ約款

貨物海上保険の条件は、ロンドンで作成された協会約款が広く使用されています。

MARフォームが主流

貨物海上保険の契約内容を記載している保険証券にはSGフォームとMARフォーム（Marineフォームの略称）があり、現在はMARフォームが主流となっています。MARフォーム用の約款はJoint Cargo Committee（ロイズと保険会社の合同委員会）が定めた2009年版協会約款が最新版で、海上危険、戦争危険、ストライキ危険の3つの危険に分けて協会貨物約款、協会戦争約款、協会ストライキ約款が作られており、これら3つの約款はセットで付保されます。

協会貨物約款(Institute Cargo Clauses 1/1/09)

輸送中の危険には、沈没や座礁など自然現象に起因する航海中の事故のみならず、荷役中の貨物落下や盗難など人為的な要因による事故などさまざまな危険が含まれていますので、貨物の性状、梱包、輸送用具などを考慮して選択できるように3種類の基本条件が設定されています。てん補する範囲は（A）条件、（B）条件、（C）条件の順に広く、保険料率はてん補範囲の広さに応じて高くなります。

» I.C.C.（A）

てん補範囲の一番広い条件で、海上輸送中の事故に限らず、陸上での荷役中の事故や盗難などすべての危険（保険の免責事項は除く）を一括カバーします。機械や家電製品など製品類にはこの条件が使用されます。航空輸送の場合には、航空輸送に特化されたI.C.C.（AIR）という条件が使用されます。

» I.C.C.（B）

この条件では、てん補する危険を個別に列挙する形式をとっています。具体的には、海水や河川の水ぬれ損害と、火災、爆発、座礁、沈没、転覆、衝突、地震、噴火、雷などの危険をカバーしています。バルクキャリアで輸送されるばら穀物貨物などにこの条件が使用されます。また、必要に応じて、雨淡水濡れ損（RFWD：Rain、Fresh Water Damage）や盗難/抜荷/不着（TPND：Theft、Pilferage、Non Delivery）などの危険を追加付保することもできます。

» I.C.C.（C）

火災爆発などの重大事故、共同海損犠牲など列挙された危険を担保する最も範囲の狭い条件で、追加付保できる危険もI.C.C.（B）に比べ限定されています。水濡れにも強い鉱石類や鉄屑などの貨物にこの条件が使用されます。

協会戦争約款（Institute War Clauses（Cargo）1/1/09）

戦争約款では、戦争、内乱、革命、謀反、反乱などの危険、およびそれら危険から生ずる捕獲・だ捕など、さらに平常時であっても遺棄された機雷のような遺棄兵器による危険を担保します。

協会ストライキ約款（Institute Strikes Clauses (Cargo) 1/1/09）

ストライキ約款は、ストライキ（Strikes）、暴動（Riots）、騒乱（Civil Commotions）などにより生じる貨物の滅失/損傷をてん補し、S.R.C.C.と略されます。テロ行為による損害は、本約款で補償されます。ただし、ストライキによる労働力不足などから生じる損失は補償されません。

貨物海上保険の免責事由

貨物海上保険では、偶発的な事故とは認め難い下記のような損害や巨大リスクである原子力危険等は免責事由となっています。

- 被保険者の故意の違法行為
- 梱包の不十分/不適切
- 貨物固有の性質/欠陥、通常の漏損、通常の重量/容積の減少等
- 運送の遅延、船主等の支払い不能（一部救済措置あり）
- 原子力危険

海賊(Piracy)危険について

2009年版I.C.C.約款においては、海賊危険はマリンリスクとして整理され、I.C.C.（A）（B）（C）、いずれの条件でもてん補されています。

▶協会貨物約款(I.C.C.)による保険基本条件とてん補範囲

主な損害の種類	基本条件		
	I.C.C.（A）	I.C.C.（B）	I.C.C.（C）
火災・爆発 船舶、艀の沈没・座礁 陸上輸送用具の転覆・脱線 輸送用具の衝突 投荷	○	○	○
共同海損（救助料、継続運搬費用、損害防止費用）	○	○	○
波ざらい	○	○	△
海・湖・河川の水の輸送用具・保管場所等への浸入	○	○	△*
積込み荷卸し時の水没・落下による梱包1個ごとの全損	○	○	△
悪意ある行為、破壊行為またはサボタージュ、海賊による損害	○	△	△
地震・噴火・雷	○	○	●
その他の損害 例：雨や雪による濡れ・破損・まがり・へこみ・盗難・漏出・不足・汚染・混合等	○	●	●

○　てん補している

△　自動付帯される追加危険担保約款によりてん補される（*は全損のみ）

●　てん補しない。ただし、別途特約を付帯して、てん補することは可能

Trading

貨物海上保険の保険期間

貨物海上保険の期間については次の通りです。

貨物海上保険の保険期間

協会貨物約款I.C.C.（A）（B）（C）の保険期間は、倉庫間条項（Warehouse to Warehouse Clause）により、保険証券に記載されている船積港の保管倉庫搬出から仕向港にある最終倉庫その他の保管場所にて輸送手段から荷おろしが完了するときまでの全輸送区間と規定されています。

但し、海上輸送においては、仕向港で本船から荷おろしを完了した日から60日経過すれば、たとえ最終倉庫に到着していなくても保険は終了するタイムリミットがあります。航空輸送の場合には、タイムリミットは荷降ろし後30日と規定されています。

ストライキ約款の保険期間

協会ストライキ約款の保険期間は協会貨物約款と同様に倉庫間条項が適用されます。

戦争約款の保険期間

協会戦争約款の保険期間は貨物が本船に積込まれてから荷おろしまでと、貨物が海上にある区間に限定されています。

ただし、積替港においては、第1船から荷おろし後15日以内のその港にある間は担保されます。

航空機積込みの貨物についても、航空機積載中のみが保険期間となります。

▶貨物海上保険の保険期間

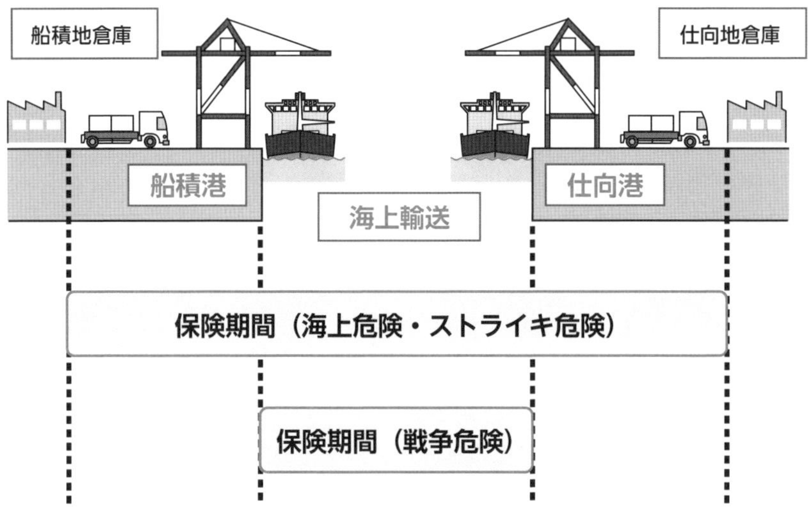

▶保険期間の終期

海上危険とストライキ危険	保険証券記載の仕向地の最終倉庫または保管場所での荷おろし完了まで。（倉庫間約款による） 　または 海上輸送では、本船からの荷おろし完了後60日経過時点。航空輸送では、航空機からの荷おろし完了後30日経過時点まで。 　または 保管のための倉庫で荷おろしが完了、あるいは輸送用具等を使用することを選んだ時点まで。
戦争危険	本船から荷おろしされた時点まで。 　または 積替港において、本船到着日の午後12時から起算して15日を経過した時点まで。

保険証券 (Insurance Policy)

保険証券は保険求償を行う際に必要です。

貨物海上保険証券(Insurance Policy)

保険会社は貨物海上保険引受の証明書として保険契約者に貨物海上保険証券を発行しています。保険証券は保険の中心地である英国式の様式が用いられており、現在はMARフォーム(P.256)と呼ばれる英文証券が普及しています。保険証券は有価証券ではありませんが、CIP契約とCIF契約においては、輸出者は保険証券に裏書を行うことにより被保険者の権利を譲渡し、船積書類の一部として輸入者に送付します。保険証券の主な記載項目は次の通りです。

» 被保険者と保険の対象物に関する情報

被保険者、インボイス番号、予定保険証券番号、商品名、梱包状態等

» 輸送手段に関する情報

本船名や航空機便、船積港、船積日または予定日、仕向地等

» 保険条件に関する情報

保険条件、保険金額、保険区間、クレーム発生時の支払地、保険求償代理人等

» 保険契約に関する事項

担保危険、免責事由、保険期間、協会約款等各種約款

保険承認状(Insurance Certificate)

実務的には、保険承認状(Insurance Certificate)と呼ばれる裏面の契約詳細の記載を簡略化した書式も使用されており、保険証券と同様に取扱われています。荷為替手形決済における要求書類として「Insurance Policy or Certificate」と記載されることもよく見られます。

▶保険証券（インシュランスポリシー）

SOMPO JAPAN INSURANCE INC.

HEAD OFFICE: X-X, Nishi-Shinjuku 1-Chome, Shinjuku-ku, Tokyo, 160-XXXX, Japan

MARINE CARGO INSURANCE POLICY

Assured(s), etc.（被保険者） KANKI TRADING CO., LTD
1-1-XX NIHONBASHI, CHUO-KU
TOKYO 103-0000, JAPAN

Invoice No. INVOICE NO. KT0000111（インボイス番号）

Amount insured U.S.$81,675.00（保険金額）

POLICY No. SJ15001XX（保険証券番号）

Claim, if any, payable at/in U.S.A.

BY
S.J. INSPECTION AND TESTING CORPORATION
XX PARK AVE. NEW YORK, N-Y. 10XXX, U.S.A.
PHONE 212-XXX-XXXX FX 212-XXX-XXXX
（保険求償代理人）

Conditions:
INSTITUTE CARGO CLAUSE(A) WAR AND S.R.C.C.
（保険条件）

Local Vessel or Conveyance | From (interior port or place of loading)

Ship or Vessel: ABC RONDO（本船名） | From: YOKOHAMA, JAPAN（船積港） | Sailing on or about: JUNE 20, 20XX（船積日）

To/Transhipped at: NEW YORK, U.S.A.（仕向港） | Thence to (by connecting conveyance, if any)

Subject-matter insured
COLD ROLLED STAINLESS STEEL SHEET IN COIL
15 COILS
14.850 M/T (NET) 15.000 M/T (GROSS)
（保険の対象物、商品名、数量、重量など）

Subject to the following Clauses as printed overleaf unless expressly excluded, specially arranged or replaced
Institute Cargo Clauses
Institute War Clauses (Cargo)
Institute War Clauses (sendings by Post) (applying only to Parcel Post)
Institute Strikes Clauses (Cargo)

In the case of Co-Insurance, Sompo Japan Insurance Inc. shall act on behalf of the Co-Insurers mentioned in this document, who shall each be independently liable only for their respective subscriptions hereto as specified.

In construing the intention of this policy, precedence must first be given to the attached wordings/sheets with proper sealing, if any, before applying the wordings printed in the policy.

In container (except open-top &/or flat rack container and the like), under deck &/or on deck.

Marks & Numbers as Invoice No. specified above. Valued at the same as Amount insured.

Place & Date signed in TOKYO JUNE 22, 20XX（保険証券発行場所と発行日）

Numbers of Policies issued TWO（発行された正本数）

IMPORTANT

PROCEDURE IN THE EVENT OF LOSS OR DAMAGE FOR WHICH UNDERWRITERS MAY BE LIABLE

LIABILITY OF CARRIERS, BAILEES OR OTHER THIRD PARTIES

It is the duty of the Assured and their Agents, in all cases, to take such measures as may be reasonable for the purpose of averting or minimising a loss and to ensure that all rights against Carriers, Bailees or other third parties are properly preserved and exercised. In particular, the Assured or their Agents are required: –

1. To claim immediately on the Carriers, Port Authorities or other Bailees for any missing packages.
2. In no circumstances, except under written protest, to give clean receipts where goods are in doubtful condition.
3. When delivery is made by Container, to ensure that the Container and its seals are examined immediately by their responsible official.
   If the Container is delivered damaged or with seals broken or missing or with seals other than as stated in the shipping documents, to clause the delivery receipt accordingly and retain all defective or irregular seals for subsequent identification.
4. To apply immediately for survey by Carriers' or other Bailees' Representatives if any loss or damage be apparent and claim on the Carriers or other Bailees for any actual loss or damage found at such survey.
5. To give notice in writing to the Carriers or other Bailees within 3 days of delivery if the loss or damage was not apparent at the time of taking delivery.

NOTE – The Consignees or their Agents are recommended to make themselves familiar with the Regulations of the Port Authorities at the port of discharge.

DOCUMENTATION OF CLAIMS

To enable claims to be dealt with promptly, the Assured or their Agents are advised to submit all available supporting documents without delay, including when applicable: –

1. Original policy of insurance.
2. Original or certified copy of shipping invoices, together with shipping specification and/or weight notes.
3. Original or certified copy of Bill of Lading and/or other contract of carriage.
4. Survey report or other documentary evidence to show the extent of the loss or damage.
5. Landing account and weight notes at port of discharge and final destination.
6. Correspondence exchanged with the Carriers and other Parties regarding their liability for the loss or damage.

☞ In the event of loss or damage which may involve a claim under this insurance, no claim shall be paid unless immediate notice of such loss or damage has been given to and a Survey Report obtained from this Company's Office or Agents specified in this Policy.

No claim for loss by theft and/or pilferage shall be paid hereunder unless notice of survey has been given to this Company's Agents specified in this Policy within 10 days of the expiry of this insurance.

(NS)

Notwithstanding anything contained herein or attached hereto to the contrary, this insurance is understood and agreed to be subject to English law and practice only as to liability for and settlement of any and all claims.

This insurance does not cover any loss or damage to the property which at the time of the happening of such loss or damage is insured by or would but for the existence of this Policy be insured by any fire or other insurance policy or policies except in respect of any excess beyond the amount which would have been payable under the fire or other insurance policy or policies had this insurance not been effected.

DUTY CLAUSE (applying only to Duty insured separately)

To pay partial loss sustained on duty imposed on the goods insured hereunder, by reason of the perils insured against, but subject to the policy terms of average; also to pay total loss if the goods are totally lost in accordance with the policy terms after the duty is paid.

In case of the insured amount of duty stated herein being in excess of the full amount of duty imposed on the goods insured hereunder according to the relevant regulations when they arrive at the final port of discharge named herein in sound condition, this Company's liability shall not exceed the amount of actual loss of duty.

In case of the insured amount of duty stated herein being less than the full amount of duty mentioned above, this Company's liability shall not exceed such proportion of the loss sustained on duty as the former bears to the latter.

The Assured shall, when this Company so elects, surrender the goods to the Customs Authorities and avoid duty payment, and in case of any reduction in duty the amount so reduced shall be deducted in settling any loss for which this Company may be liable.

Subject to the following Clauses as printed overleaf

Institute Malicious Damage Clause (applicable only when this clause is specially stated above)
Label Clause
Institute Dangerous Drugs Clause
Institute Radioactive Contamination, Chemical, Biological, Bio-Chemical and Electromagnetic Weapons Exclusion Clause
Wild Fauna and Flora Clause
Cargo ISM Endorsement
Termination of Transit Clause (Terrorism)

1/1/34 INSTITUTE REPLACEMENT CLAUSE (applying to machinery)

In the event of loss of or damage to any part or parts of an insured machine caused by a peril covered by the Policy the sum recoverable shall not exceed the cost of replacement or repair of such part or parts plus charges for forwarding and refitting, if incurred, but excluding duty unless the full duty is included in the amount insured, in which case loss, if any, sustained by payment of additional duty shall also be recoverable.

Provided always that in no case shall the liability of Underwriters exceed the insured value of the complete machine.

We, SOMPO JAPAN INSURANCE INC., hereby agree, in consideration of the payment to us by or on behalf of the Assured of the premium as arranged, to insure against loss damage liability or expense to the extent and in the manner herein provided.

In Witness whereof, I the Undersigned of SOMPO JAPAN INSURANCE INC., on behalf of the said Company have subscribed my Name in the place *specified above* to the policies, the issued numbers thereof being *specified above*, of the same tenor and date, one of which being accomplished, the others to be void, as of the date *specified above*.

For SOMPO JAPAN INSURANCE INC.

A. Signatory（保険会社の署名）

AUTHORIZED SIGNATORY

(99JH5642) 180992

06-06

保険

保険の申込み

貨物海上保険の申込みは、予定保険と確定保険の２段階で行います。

予定保険と確定保険

貨物海上保険の申込みは、船積予定が決まった段階で予定保険を申込み、船積み完了後に確定保険に切替える２段階の手順で進めます。保険会社は、保険の申込み前に発生した事故はカバーしませんので、この手順を採ることにより保険期間のすべてを付保することができます。

予定保険は、船積予定に基づいて予定保険申込書を保険会社に提出し、予定保険証券（Provisional Policy）を入手します。次に、船積みが完了した後に、保険会社に確定保険申込みを行い、保険料を支払います。保険会社は保険引受けの証として保険証券（Insurance Policy）または保険承認状（Insurance Certificate）を保険契約者である輸出者または輸入者に発行します。

包括予定保険契約（Open Policy または Open Contract）

包括予定保険契約（オープンポリシー）は、継続的に船積みされる貨物の予定保険を包括的に結ぶ保険契約です。オープンポリシーを結んだ保険契約者は特定の貨物のすべての船積みについて確定保険申込みを行うことを保険会社に約することにより、個々の予定保険申込みの手続きは省略されます。すなわち、保険の申込みは船積み実行後に確定保険申込書を保険会社に提出するだけで完了するので、事務省力化に効果があり、多くの企業が採用しています。特に船積み開始予定の情報がつかみにくく、個々に予定保険申込みを行うことが難しい輸入貨物の場合において、付保漏れ防止の効果があります。

▶保険申込書

CARGO APPLICATION TO SOMPO JAPAN INSURANCE INC.
外航貨物海上保険申込書
＊太枠の中をご記入ください

承認不要 承認済

(証券番号) No. 枝番 補足 通番

Notes(摘要)

消費税 M/T外 ① ボルドロNo. RE 受月

Assured (被保険者名)
KANKI TRADING CO., LTD.
1-1-XX NIHONBASHI, CHUO-KU
TOKYO 103-0000, JAPAN（被保険者）

1：O/P 2：O/C 3：Prov.
O/P, O/C, Prov. No.（予定保険証券、特約書、個別予定番号）
SJOP15001XX

Invoice No.(インボイス番号)
KT0000111

Conditions：(保険条件)
ALL RISKS [AR] / W.A. [WA] / F.P.A. [FP] / ✓ I.C.C.(A) [NA] / I.C.C.(B) [NB] / I.C.C.(C) [NC] / I.C.C.(AIR) [NIR] / その他・目 [OTO] / その他・着 [OTN]

追加条件コード
INSTITUTE CARGO CLAUSE(A)
WAR AND S.R.C.C.（保険条件）

WAREHOUSE TO WAREHOUSE

Claim, if any, payable at/in (保険金支払地)
U.S.A.
（保険金支払地）

Local Vessel or Conveyance (奥地輸送用具名)
From (interior port of loading)(奥地仕出港(地))

Ship or Vessel(本船名) 輸送用具コード
ABC RONDO

Voyage: at and from(積込港) 積地コード
YOKOHAMA

Sailling on or about(本船出帆日) 年 月 日
20XX/06/20

Voyage: to/via(荷卸港/積替港) 揚地コード
NEW YORK

Thence to (最終仕向港(地))(by connecting conveyance,if any) FPコード EI

Description of Goods, Quantity(貨物の明細、数量)

COLD ROLLED STAINLESS STEEL SHEET IN COIL

15 COILS

14.850 M/T (NET) 15.000 M/T (GROSS)

（保険の対象物）

船舶明細 建造年 G/T CLASS 船籍 船種 AP種類

Place & Date signed in(証券発行地、日)

Number of Policies issued(証券発行枚数)
TWO

部店	担当店	勘定先	統計1	統計2 N G	CB	INTEREST
KH	80	1123			11	699

共同保険

分担会社	割合%	分担会社	割合%
1. SOMPOJ		7.	
2.		8.	
3.		9.	
4.		10.	
5.		11.	
6.		12.	

保険金額
Cargo：(110)%of CIF 価格 Duty：( )%of CIF価格

4 FOBのEx. Rate / FOB価格
Freightの Ex. Rate / Freight(運賃)
3 C & FのEx. Rate / C & F価格
2 CIFのEx. Rate / CIF価格 U.S.$74,250.00
1 Amount insured(Cargo)(保険金額) U.S.$81,675.00
Amount insured(Duty etc.)(保険金額)
Prem.のEx. Rate

重要事項の説明および書面の交付を受け、また、「個人情報の取扱いに関する事項」に同意の上契約を申し込みます。
申込日 20XX年 6月 10日
KANKI TRADING CO., LTD.
輸出部長 T. YOSHINO ㊞
Signature of applicant(保険申込人署名)

AGENT/BROKER &/OR APPLICANT(代理店/保険仲立人名または保険申込人名)
SJ AGENCY
自己1 特定2

ご契約ありがとうございます。

AP区分
1:Age A.P. 2:Unclass A.P.
4:Rejection A.P. 5:Inland A.P. 6:Extension A.P.
7:その他A.P. A:1+2

NET-B % MIN. GP OUT

		PREMIUM(保険料)	AP
CARGO 1M RATE %(保険料率)(海上)	0.70000%（基本料率）	¥	
1W (戦争)	0.05000%（戦争特約料率）	¥	
1T (合計)	0.75000%（合計保険料率）	¥	
DUTY etc 2M (海上)		¥	
2W (戦争)		¥	
2T (合計)		¥	
AP 3 (合計)		¥	

成績補正 自店% / 代分 一括1 個別2 / 承認番号 8A 期限 年 月

BONUS % / A/c or Brage % / GG

担当店(コード)受付日

消し込みコード / アタッチ有 / 特殊処理 / 向聯 / オーバーレイ番号 / POLICY / CERT / 副COPY / SIGN COPY / SPN有 / SPN無 / 特殊 / DR / CK

	発送材態	督	届け先CD	届け先名	印刷部数	POLICY	CERT	副COPY	SIGN COPY	SPN有	SPN無	特殊	DR
1	Y01		1A111	カンキトレーディング（株）	2		3		3				
2	Y01		1B111	SJエージェンシー（株）								1	
3													
4													

(99)H5128) 159090 Ver1.00

保険求償の流れ

輸送中の事故が原因で商品が損傷を受けた場合は保険求償を行います。

保険求償を行う主体

貿易輸送中の事故で商品が損傷を受けた場合、被保険者は保険会社への保険求償の手続きを遅滞なく行います。保険求償は輸送中の危険を負担した側が行いますので、貿易取引条件がE、F、Cグループの規則の場合は輸入者が行い、Dグループの場合は輸出者が保険求償を行うこととなります。

損害発見後、まず行うべき3つのこと

» 事故通知

到着した貨物に損傷を発見した場合、保険求償者は、まず保険会社または保険証券に記載されている保険求償代理人（Claim Agent）に事故通知を行います。

» 損害拡大の防止

もし貨物をそのまま放置すると被害が広がるおそれがある場合は、そのダメージが広がらないように処置を施します。

» 運送人への求償権の留保

貨物の受取証（デバンニングレポートやボートノート）に損傷の事実を記録し、運送人に事故通知を行い、さらに賠償請求権を留保するクレーム通知書（P.268）を送付します。この時点では、事故の原因は特定できていない場合が多いのですが、船荷証券や航空運送状には「一定期間内にクレーム通知がなければ貨物は安全に引渡されたものと見做す」といった主旨の運送契約条項が記載されていますので、この期間内に運送人に対してクレームを留保する通知を出しておく必要があります。運送人に対するク

レーム通知書は、保険求償を行う際の書類の一部として後日保険会社に提出することとなります（P.270 参照）。

保険求償の手続き

保険求償の手続きは事故の内容や貨物の性状により異なります。貨物の滅失や員数不足などの損害であれば、損害を受けた貨物は目前にはありませんので、受渡し書類等で損害を立証して保険求償を進めます。損害を受けた貨物が目前にある破損や水濡れなどの損害であれば、保険会社はサーベイヤーを派遣し、貨物の損傷状況や事故原因の調査を行い、調査結果報告書（サーベイレポート／P.269）に基づいて、事故の原因が保険条件のてん補範囲であるかどうか、ダメージ品の処理方法が妥当であるかどうかなどを検証し、求償者と保険金の協定を行います。

保険求償に必要な書類

保険求償では、損傷による商品価値減の損害と商品の修繕や代替品手当に要した費用を求償できますが、保険金額が求償上限金額となります。求償手続きに必要な書類には、保険証券（または保険承認状）の原本（P.263）、インボイス（P.239）、パッキングリスト（P.241）、船荷証券（P.105）、運送人宛クレーム通知書（P.268）と運送人からの回答書、その他損害を証明するための重量証明書やボートノート（P.129、136）などの書類、修理費や代替品手当の費用を証明する帳票書類などがあります。保険会社は書類を審査のうえ、損害を受けた貨物の処分方法を求償者と打合せと損害額の協定を行った後、保険金を支払います。

▶運送人へのクレーム通知書（求償権留保の通知）の例

Japan Import Co., Ltd.
1-XXXX Nihonbashi Chuo-Ku
Tokyo Japan 103-XXXX

JI

Date: APRIL 11, 20XX

Messrs. ABC CONTAINER LINE (JAPAN) CO., LTD.
4-XX、Kojimachi Chiyoda-ku
Tokyo, Japan 102-00XX

（船会社）

NOTICE OF CLAIM

We regret to advise you that damage/loss was found in connection with undermentioned shipment.

Name of Vessel	M/V "ABC CONCERTO" V-11
Port of Loading	OAKLAND, C.A. U.S.A.（B/L情報）
Port of Discharging	YOKOHAMA, JAPAN
Date of Arrival	APRIL 10, 20XX
B/L No.	YMLUW160031631
B/L Date	MARCH 20, 20XX
Description of Goods	BABY LIMA BEANS
Description of Damage/Loss	SEA WATER DAMAGE（ダメージの内容）
Container No.	YMLU2390473

In consideration of this fact, we hereby declare that we reserve our right to file a claim with you when the amount of the claim is ascertained.
Please acknowledge this letter in writing.

（賠償請求権留保の文言）

Yours truly,

Japan Import Co., Ltd.

（輸入者署名）

MANAGER
IMPORT DEPT.

▶サーベイレポートの例

HEAD OFFICE
X-X, 1-CHOME HATCHOBORI, CHUO-KU
TOKYO 104-0032, JAPAN
TEL : 81-3-3552-XXXX
FAX : 81-3-3553-XXXX
URL http://www.nkkk.jp/

BRANCHES
ALL PRINCIPAL PORTS IN JAPAN

OVERSEAS OFFICES
THAILAND, SINGAPORE, MALAYSIA, PHILIPPINES, INDONESIA, CHINA, NETHERLANDS, SPAIN, HONG KONG

LABORATORIES
YOKOHAMA, OSAKA, SINGAPORE

Container cargo

INTERNATIONAL INSPECTION & SURVEYING
INSPECTIONS REQUIRED BY REGULATIONS FOR DANGEROUS GOODS, SOLID BULK SUBSTANCES AND NOXIOUS LIQUID SUBSTANCES
MARINE SURVEY AND CARGO INSPECTION
MARINE CONSULTANT
NON-MARINE ADJUSTING
PETRO-CHEMICAL SUPERINTENDING
LIQUEFIED GAS INSPECTION
CHEMICAL ANALYSIS
TANK CALIBRATION
SAMPLING AND TESTING
CARGO WEIGHING AND MEASURING

BRANCH NAME YOKOHAMA

(Ref.) AK011XX

Survey Report

Date : APRIL 13, 20XX
Report No. NKK1011XX

THIS IS TO CERTIFY THAT we, the undersigned, did survey and report upon damage to cargo as follows;

Applicant :	Japan Import Co., Ltd. （サーベイ依頼人）
Date of Application :	APRIL 11, 20XX （依頼日）
Surveyor in charge :	H.HASEGAWA （サーベイヤー名）
Place & Date of Survey :	AT THE XYZ WAREHOUSE OF YOKOHAMA ON APRIL 12, 20XX （サーベイ実施場所と日付）
Shipper :	U. S. Food Inc. （荷主）
Consignee :	Japan Import Co., Ltd. （受荷主）
Insurer :	OOOO Insurance Co., Ltd. （保険会社）
Policy No. & Amount Insured :	No. 000000 JPY 9,000,000.- （保険証券番号と保険金額）
Name of Carrying Vessel :	M/V "ABC CONCERTO" V-11 （本船名）
Description and Packing of the goods :	Baby Lima Beans in bulk （商品名と梱包状態）
Shipment from/to :	OAKLAND/YOKOHAMA （積・揚港）
Date the goods unloaded :	ON APRIL 11, 20XX （荷揚日）
Date the goods stored to the place where Survey held :	XYZ WAREHOUSE OF YOKOHAMA （サーベイ場所）
External Condition of Packages when stored :	Partly wet （貨物状況外観）
Container No.	YMLU2390473 （コンテナ番号）
Place and Date of unpacking ex Container :	AT THE XYZ WAREHOUSE OF YOKOHAMA ON APRIL 12, 20XX （デバンニング場所と日付）
Notice of claim against carrier :	MAILED ON APRIL 11, 20XX （輸送人へのクレームノーティスの情報）
Remarks on delivery :	（輸送時のリマークの情報）
Cause of Loss or Damage to the goods :	Sea water damage （商品損傷の原因）

代位求償

保険会社が損害賠償請求権を譲受け、運送人に行う賠償請求を代位求償といいます。

代位求償の流れ

輸出者や輸入者の保険求償業務は保険会社から保険金を受取った時点で完了しますが、運送人の賠償責任は依然として残っていますので、保険会社は、保険金支払いと交換に運送人への損害賠償請求権を譲受け、運送人への賠償請求を行います。この保険会社による求償を代位求償と呼んでいます。求償権の移転の手続きは、保険会社から送られてくる権利移転証（Letter of Subrogation）に保険求償者が署名し保険求償書類の一部として保険会社に提出して行います。

保険会社は権利移転証と損害を立証する書類を使って運送人に対する賠償請求を行い、支払った保険金の一部に充当することを図ります。なお、権利移転には、権利移転領収証（Subrogation Receipt）など同じ内容の書類が使用されることもあります。

▶代位求償の流れ

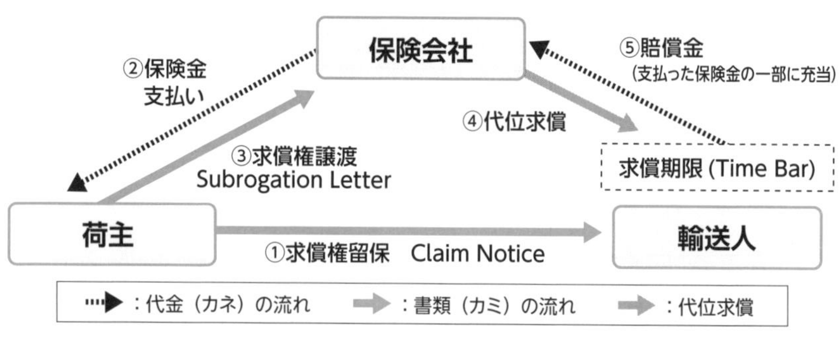

▶保険求償の一般的な流れ

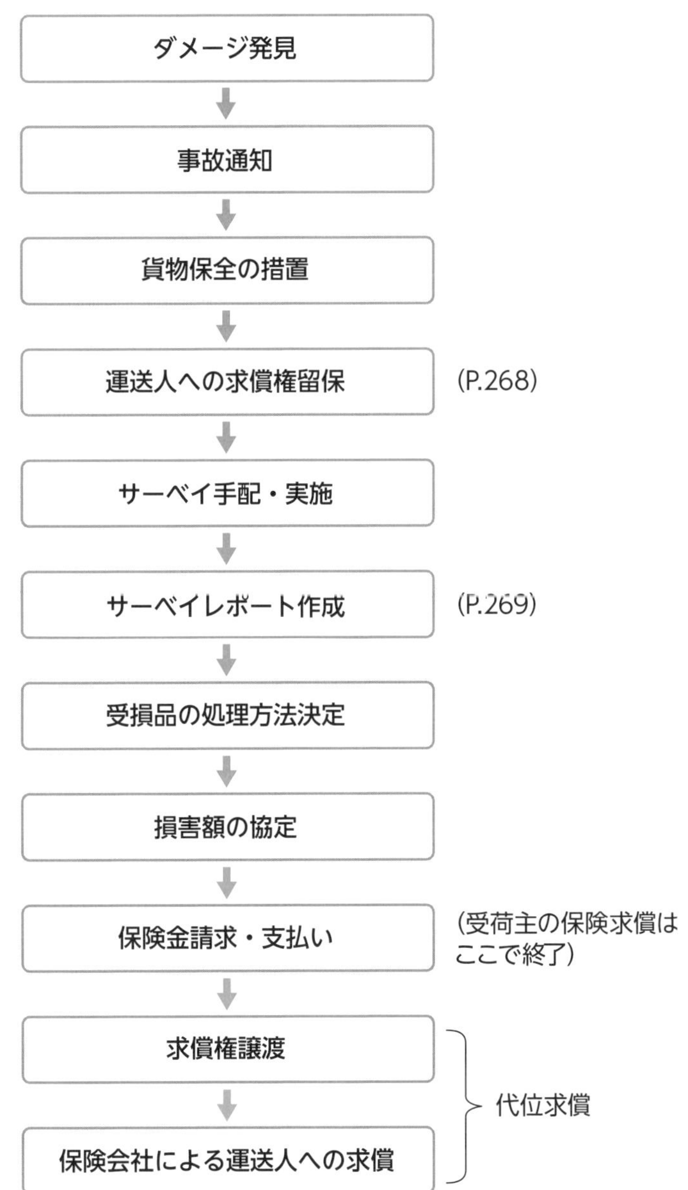
ダメージ発見
事故通知
貨物保全の措置
運送人への求償権留保
(P.268)
サーベイ手配・実施
サーベイレポート作成
(P.269)
受損品の処理方法決定
損害額の協定
保険金請求・支払い
(受荷主の保険求償はここで終了)
求償権譲渡
保険会社による運送人への求償
代位求償

06-09

保険

共同海損 (General Average)

共同海損は貨物の所有者と船主が共同で損害を分担する制度です。

共同海損の手続き

船舶の座礁や火災事故など、放置すれば船と貨物の双方が滅失する危険が発生したとき、その共同の危険を回避するために貨物の一部を投荷したり船舶を曳航して救助したりすることがあります。このとき、犠牲となった貨物の損害や救助に要した費用を船と貨物の所有者が共同して分担する制度が共同海損で、ヨーク・アントワープ・ルールという国際規則により精算方法が定められています。

共同海損に該当する事態が発生した場合、船会社は共同海損の通知書（G.A. Declaration Letter）を荷主に送付し、共同海損の精算を行うための各種書類の提出を求めてきます。

共同海損の精算手続きは複雑で、通常は船会社は専門家である共同海損精算人（G.A.Adjuster）に精算業務を委託します。一方、荷主は保険会社に保険証券（オリジナル）とインボイスや船荷証券のコピーなどの関連書類を提出し、保険会社から受取る共同海損保証状を船会社に渡して、貨物の引渡しを受けます。共同海損により貨物所有者の分担となる費用はI.C.C.（A）、（B）、（C）いずれの保険条件でもカバーされていますので、貨物保険が付保されていれば、荷主の手続きはこれで終了します。

▶共同海損の通知書(G.A. Declaration Letter)の例

本船 "AA MARU" がサンフランシスコ港の橋に接触して
共同海損 (General Average) が宣言されたケース

Message to be sent out by the Discharging Port Agents to all the Cargo Receivers

TO WHOM IT MAY CONCERN - Shipper/Consignee or Notify Party

Dear Sir/Madam,

MV"AA MARU"

10th November, 2014 – Contact with bridge at San Francisco

We regret to advise you that at 0930 on 10th November 2014, this vessel struck the Bay Bridge at San Francisco. As a result, the vessel sustained an ugly gash (50m) in the hull. The vessel is being detained at San Francisco pending decision for repairs…… (中略) ……

In the circumstances, we as the shipowners hereby declare GENERAL AVERAGE covering above casualty and also appoint our general average adjusters Messrs. ABC Average Adjusters Inc. with following details; - (以下省略)

06-10

その他の保険

輸出FOB保険

輸出FOB保険は、船積み前の危険をカバーする国内貨物保険の一種です。

保険期間の開始

I.C.C.（A）（B）（C）の保険期間の開始は、倉庫間条項（P.260）により、船積地の保管倉庫搬出と規定されていますが、FOB規則またはCFR規則の取引の場合、輸入者が手配する貨物海上保険の開始時期は輸入者の危険負担が開始するとき、すなわち本船上となります。このことを明記するために、保険会社によっては「FOB Attachment」という条項が付帯されることもあります。

一方、輸出者が手配する国内運送保険は国内輸送中と港湾地区倉庫保管内をカバーしているのが一般的です。このような場合、輸出者は港湾地区倉庫搬出から本船に積むまでの期間の危険をカバーする輸出FOB保険をかけて対処することができます。輸出FOB保険は国内保険ですので、一般的には地震とその関連する津波による損害はカバーされていないことに留意する必要があります。

CIF規則での輸出契約

CIF規則での輸出契約では、保険契約者である輸出者は倉庫間条項の付帯された保険を付保できますので、輸出FOB保険を手配する必要はありません。また、地震とその関連する津波による損害は、外航貨物海上保険I.C.C.（A）と（B）条件ではカバーされています。（P.256）

▶輸出FOB保険の概念図

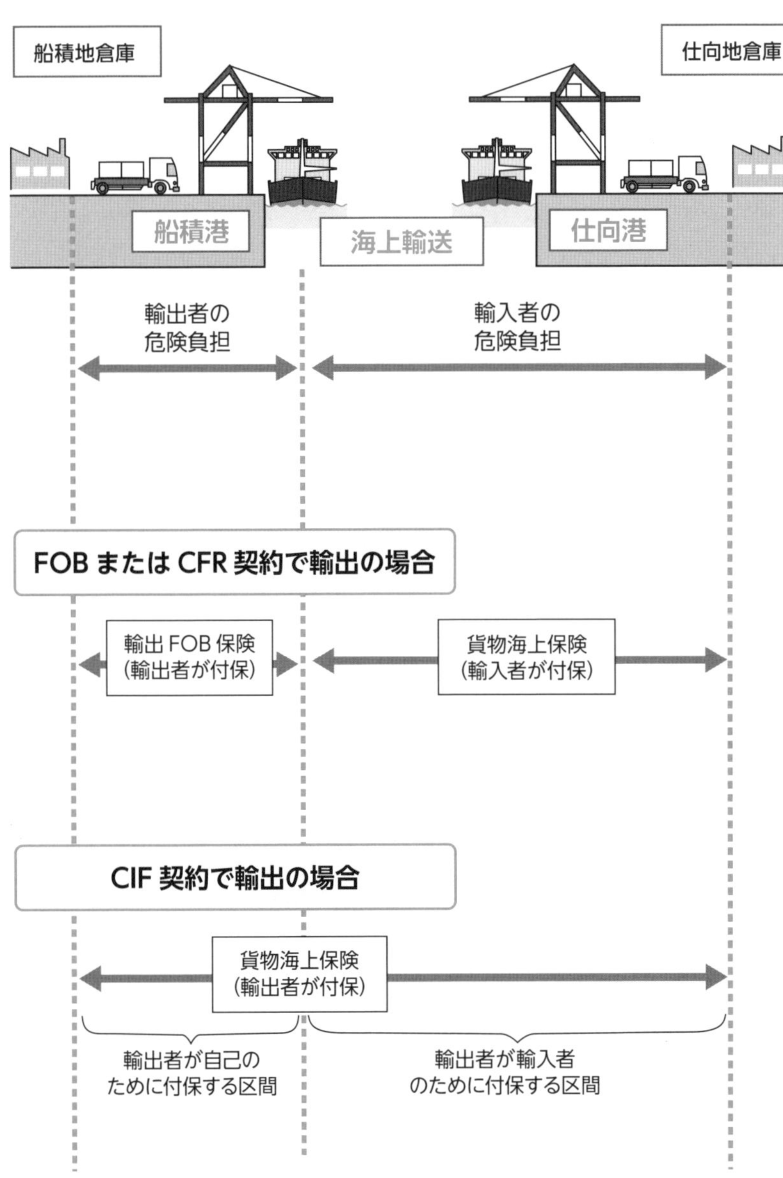

コンテナ輸送でインコタームズを誤使用したときの問題点

国際商業会議所は、コンテナ輸送の場合には、FCA、CPT、CIP のインコタームズ規則を使用するよう指示していますが、コンテナ輸送であるにもかかわらず船舶輸送のみに適した FOB や CFR 規則で輸出契約を結んだ場合、輸入者の危険負担開始はコンテナが本船に積込まれた時点となり、輸入者が手配する保険の開始時期も同時点からとなってしまいます。一方、輸出者は自らの危険負担はコンテナヤード搬入時点で終了していると思い込んでいることが多く、結果としてコンテナヤード搬入から本船積み込みまでの期間、輸出者は気付かぬままに危険を負担してしまうこととなります。

過去の大震災の例をあげるまでもなく、コンテナヤード内でも事故は起こりうることですので、インコタームズを正しく使用する、すなわちコンテナ輸送の場合はクラス1の FCA、CPT、CIP 規則を使用することが重要です。なお、輸出者が誤使用に気づいて輸出 FOB 保険を手配すれば、コンテナヤード保管中の危険をカバーすることが可能とはなりますが、輸出 FOB 保険は国内保険のため通常は地震とその関連する津波は免責事項であることに注意が必要です。外航貨物海上保険 I.C.C. (A) と I.C.C. (B) では地震とその関連する津波はカバーされますので、この観点からも、正しいインコタームズ規則の使用が求められます。

■FCA規則、FOB規則と保険区間の関係

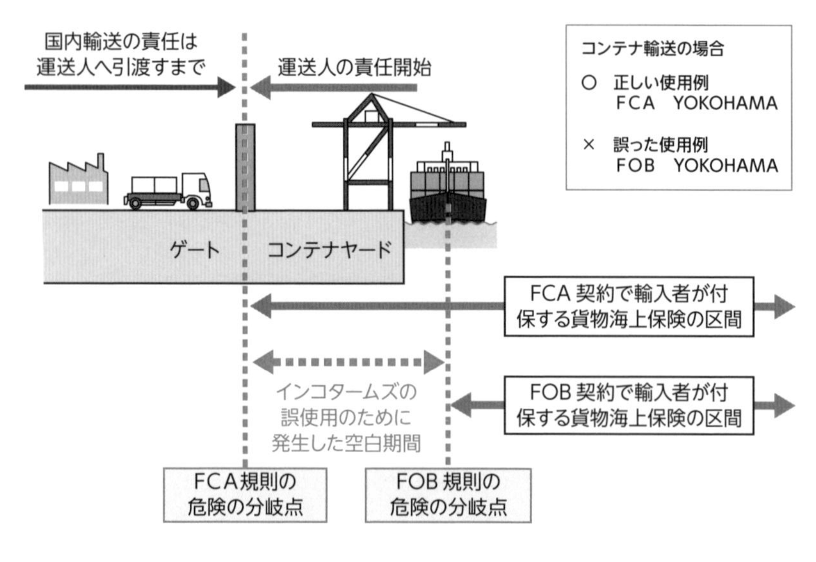

貿易保険

貿易保険は、信用危険と非常危険をカバーします。

貿易保険とは

輸出入貿易や海外への投融資取引を行う企業は、海外取引先の破産などにより代金回収が不能となる信用危険（Credit Risk、Commercial Risk ともいう）や、取引先自体には問題がなくても相手国の輸入制限や外貨送金遅延などの不可抗力的な非常危険（Country Risk、Political Risk ともいう）を抱えています。これら海外取引に係る信用危険や非常危険による損害をカバーする保険が貿易保険で、日本企業の海外での活動を支援しています。

貿易保険の種類

貿易保険は、株式会社日本貿易保険（NEXI*：全額政府出資）が保険引受けを行っています。貿易保険には、貿易取引に係る保険と、投融資に係る保険が各種設定されており、貨物が船積みできないことによる損失（船積み前のリスク）、商品代金や融資金が回収できないことによる損失（船積み後のリスク）、合弁事業などの継続不能や事業停止により投資資産が受ける損失（海外投資リスク）などの損失をカバーしています。

貿易取引の保険

貿易取引の保険には、輸出貿易や仲介貿易関連では、最も一般的な貿易一般保険のほかに、輸出手形保険、限度額設定型貿易保険、中小企業・農林水産業輸出代金保険、簡易通知型包括保険などがあります。

また、輸入貿易関連では前払輸入保険、投融資関連では、海外投資保険や海外事業資金貸付保険などが設定されています。

＊ NEXI：Nippon Export and Investment Insurance

貿易保険の申込み

貿易保険の申込みには、海外商社名簿への登録が必要です。

貿易保険の申込み

日本貿易保険（NEXI）は信用危険の引受けを行うに際して、事前に海外客先の信用状態の調査を行い、NEXI の与信審査基準による「格付」を設定し、「海外商社名簿」を作成して与信管理を行っています。新規客先の場合、与信審査には信頼できる調査機関の信用調査書と決算期２期以上の財務諸表を用いて行われます。また、海外商社名簿に登録された客先は、原則として年１回信用状態の再審査が行われます。

また、取引先国の非常危険の引受けについては、OECD による国ごとの債務支払い状況や経済・金融情勢等の分析評価に基づいて国カテゴリー表を作成して管理を行い、国・地域ごとの引受条件や金額枠などの引受方針を公表しています。

NEXIによる格付

NEXI は独自の格付制度で与信枠を分類しています。格付は２桁のアルファベットで表示され、１桁目は機関形態、２桁目は信用度合いを示します。民間企業は、EE、EA、EF、EC、ER で格付が表示されます。

名簿区分	定義	
G	Government	政府機関および国際機関など
E	Enterprise	民間企業
S	Security	銀行
P	Provisional	上記のいずれにも該当しないもの

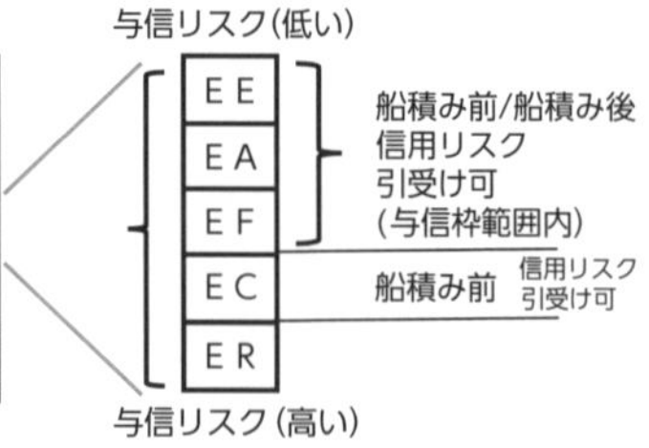

与信リスク(低い)
EE
EA
EF
EC
ER
与信リスク(高い)

EE・EA・EF：船積み前/船積み後 信用リスク 引受け可 (与信枠範囲内)
EC：船積み前 信用リスク 引受け可

▶貿易保険申込書の例

別紙様式第1－1

貿易一般保険申込書
（2年未満案件）
（輸出契約／仲介貿易契約）

20XX年3月3日

株式会社日本貿易保険　御中

貿易一般保険約款及びこれに関する規定並びに※　年　月　日付内諾番号　－　による内諾の内容を承認し、貿易一般保険（個別）手続細則の規定に基づき、次のとおり貿易一般保険を申し込みます。
※内諾の手続を要しなかった案件については内諾番号及び日付は記入不要です。

保険契約者
保険利用者コード: 123456000
住所: 東京都中央区日本橋 1-1-XX
企業名: Kanki Trading Co.,Ltd.
役職名: 代表取締役
氏名: 黒岩　章　印

被保険者
保険利用者コード: 123456000
住所: 東京都中央区日本橋１－１－ＸＸ
企業名: Kanki Trading Co.,Ltd.
役職名: 代表取締役
氏名: 黒岩　章　印

保険金受取人
保険利用者コード: 123456000
住所: 東京都中央区日本橋 1-1-XX
企業名: Kanki Trading Co.,Ltd.
役職名: 代表取締役
氏名: 黒岩　章　印

契約の相手方（必須）					
	契約者の名称	Thai Auto Parts Corporation		バイヤーコード（必須）※6桁	仕向国（必須）
	住所	XXX Bangkok 101, Thailand		100000	タイ（国コード:111）
	支払人の名称	Thai Auto Parts Corporation		バイヤーコード（必須）※6桁	支払国（必須）
	住所	XXX Bangkok 101, Thailand		100000	タイ（国コード:111）
	信用状発行（確認）銀行名	Bangkok Bank ※L/C決済の場合でL/C未開設の場合は本欄を空欄とし、右のL/C開設状況欄の「未開設」をチェックしてください	L/C開設状況 □未開設	バイヤーコード※6桁	保証国
	住所	YYY Bangkok 202, Thailand		000001	タイ（国コード:111）

契約の種別（必須）	契約締結日（必須）	契約発効日 ※契約発行条件が存在する場合に記入	契約番号（必須） ※英数字と記号のみ、最大25文字	担当部門 ※英数字と記号のみ、最大6文字	リファレンス番号 ※英数字と記号のみ、最大15文字
☑輸出契約 □仲介貿易契約	20XX年2月20日	20XX年2月20日	KTEXP000001		
	買契約の相手の所在国 ※仲介貿易契約の場合のみ記入		船積国 ※仲介貿易契約の場合のみ記入	契約の相手方と買契約の相手方との支配関係の有無 ※仲介貿易契約の場合のみチェック	
	（国コード:　）		（国コード:　）	□有 ※有の場合は信用免責	

案件概要 ※最大30文字	品名、型名又は銘柄、（HSコード）（必須） ※HSコードは6桁	船積予定時期（必須）	受渡の条件（必須）
タイABC社向け工作機械パーツ輸出案件	KT0000111 （HSコード: 848790）	20XX年4月1日から 20XX年4月25日まで	CIP

決済方法（必須）	20% Advanced Payment 80% L/C at sight

契約金額（建値）（必須）	保険価額（必須）	船積前対象額（FOB額）	船積後対象額（建値）
通貨: US$ 契約金額: 1,000,000.0		金額: 980,000	金額（元本）: 800,000 （金利）:
他の貿易保険契約（予定を含む） ※他の貿易保険契約がある場合のみチェック	付保率（必須）	船積前付保率	船積後付保率
□貿易一般保険包括保険（鋼材） □その他（　）		非常危険: 95 % 信用危険: 80 % ※非常危険は60-95%の間で任意に設定可能 ただし、左記鋼材包括の場合は0-35%の間で任意に設定可能 ※信用危険は0%、60-80%の間で任意に設定可能 非常危険の付保率を上回らないこと	非常危険: 97.5 % 信用危険: 90 % ※非常危険は0%、97.5%、100%のいずれか ただし、左記鋼材包括の場合は0%、37.5%、40%のいずれか ※信用危険は0%、90%のいずれか

重要事項説明書等確認欄（必須）	「重要事項説明書」及び商品パンフレット を受領し、又はホームページ（https://www.nexi.go.jp）からダウンロードして、その内容を確認・了解した。	☑はい	
連絡先（必須）	担当部課名: 輸出部 電話番号: 03-3582-XXXX	担当者名: 黒岩　修平 メールアドレス: kanki-export@kankitrade.com	

出所：NEXIのHPより作成

06-13

その他の保険

生産物賠償責任(PL)保険と企業総合賠償責任(CGL)保険

貿易取引等を行う企業はさまざまな賠償責任にさらされています。

製造物責任(Products Liability)とは

製造物責任（PL）とは、製品の欠陥が原因の事故で人や財物に傷害や損壊を与えた場合に製造者や販売者が負う損害賠償責任で、世界各国で法制化が進められています。日本においても1995年に製造物責任法（PL法）が施行されました。日本を含めて、各国のPL法では、PL責任の主体を製造者だけでなく、加工者、輸入者、販売者も製造者と同等の責を負うと規定しています。また、製造物の欠陥には、物品自体の欠陥のみならず使用方法や表示の不備なども含まれています。

このようにPL法は消費者保護の観点から販売者にも製造者と同等の責任を広い範囲で課しており、輸出入者は販売者としてPL責任を負っていることを自覚し、PL危険の回避対策や消費者からのクレームに対応する社内体制を整えるとともに、PL問題に直面した場合の損害のてん補策を講じる必要があります。PL訴訟は時として高額訴訟になりますので、輸出入者は国内外でのPL訴訟への備えとしてPL保険を購入することが一般的に行われています。

生産物賠償責任保険(PL保険)とは

PL保険は、被保険者が負担する法律上の賠償責任を負い被害者に支払わねばならない損害賠償金にてん補する保険で、身体賠償の場合の治療費や慰謝料、財物賠償の場合の損害額や修理費用、訴訟になった場合の訴訟費用や弁護士報酬などが保険金支払いの対象となっています。保険の引受けは損害保険会社が行っています。

PL保険料は、商品の用途や流通地域、売上高、商品の耐用年数、品質管理状況、過去の事故実績、必要とする保険金額、免責金額などの要素を考慮して見積もられます（P.282）。PL 保険は事故発生場所の区別により国内 PL 保険と海外 PL 保険に分けて設定されています。

国内PL保険

日本国内で流通する輸入商品は日本の PL 法で管理されます。商品の製造者は海外にいますが、国内の被害者が海外の製造者に賠償請求を行うことは困難なため消費者保護の観点より、PL 法は輸入者を含めた流通に係る企業に製造者と同等の責任を課しています。

海外PL保険

輸出商品は輸出相手国の PL 法で管理されます。海外における PL 訴訟リスクは複雑かつ多様で、賠償金も日本国内では考えられない高額になることもあります。海外の被害者が、自国の裁判所で日本の輸出者や製造者を提訴する手法もあり、輸出者は相手国での訴訟防御を的確に行う必要があります。海外 PL 保険は損害賠償金のてん補だけではなく、事故対応や訴訟対応のサービスの観点からも輸出者にとって有用な PL 対策となっています。

企業総合賠償責任保険（CGL：Comprehensive General Liability）

国内外で営業活動を行う企業は、PL リスク以外にも施設所有や賃貸者が抱える賠償リスクや工事や荷役作業などを請負った際に事故で他人に賠償責任を負うリスクなど、さまざまな賠償リスクを背負っています。これらの賠償リスクに対しては個別に対応する保険も作られていますが、企業活動に係る多様な賠償リスクを包括的にカバーする企業総合賠償責任保険（CGL 保険／ P.283）が保険会社により提供されています。賠償リスクを包括カバーすることにより、賠償リスクの全体管理や保険料コスト削減が図れます。

▶PL保険見積書の例

SS INSURANCE AGENCY
○○○○, Shinjuku-ku, Tokyo, Japan XXX-XXXX

SSI agency

PL保険見積書

見積り番号	**PL090011XX**	DATE	**20X1年2月1日**

1. 契約者（APPLICANT）	**KANKI TRADING CO., LTD**
2. 引受保険会社	**Sompo Japan Insurance Inc.**
3. 保険期間（POLICY PERIOD）	**20X1年4月1日 00:01(日本時間）より1年間**
4. 遡及日（RETROACTIVE DATE）	**20YY年4月1日**
5. 適用地域（POLICY TERRITORY）	**全世界**
6. 被保険者（INSURED）	**KANKI TRADING CO., LTD**
7. 対象製品・業務（PRODUCTS / OPERATION）	**被保険者が輸出する鉄鋼製品**
8. 保険金額（LIMITS OF LIABILITY）	**US$1,000,000.00**
9. 免責金額（DEDUCTIBLE）	**US$10,000.00**
10. 年間保険料（PREMIUM/YEAR）	**XXXX 万円**
11. 保険料計算の年間売上高（ESTIMATED ANNUAL SALES）	**100億円**

12. 主な適用約款（COVERAGE PART & ENDORSEMENT）

- **PRODUCTS & COMPLETED OPERATIONS LIABILITY INSURANCE COVERAGE PART**
- **PUNITIVE DAMAGES EXCLUSION CLAUSE**
- **NUCLEAR ENERGY LIABILITY EXCLUSION CLAUSE**
- **EARTHQUAKE EXCLUSION CLAUSE**
- **ASBESTOS EXCLUSION CLAUSE**
- **POLLUTION EXCLUSION CLAUSE**
- **PRODUCTS RECALL EXCLUSION ENDORSEMENT**
- **AMENDMENT OF SUPPLEMENTARY PAYMENTS PROVISION ENDORSEMENT**
- **CLAIMS MADE BASIS ENDORSEMENT**
- **COMBINED SINGLE LIMIT ENDORSEMENT**
- **JURISDICTION CLAUSE**
- **PREMIUM COMPUTATION ENDORSEMENT**
- **DATA RECOGNITION EXCLUSION CLAUSE**

（PL保険の各種追加条件や免責条件）

SS INSURANCE AGENCY　　TEL ○○○－△△△△
G. MANAGER M. TAKEUCHI　　FAX XXXX－XXXX

▶企業総合賠償責任（CGL）保険証書の例

This Declarations page, with Standard Provisions, Coverage Parts and Endorsements, if any, issued to form a part thereof, completes the below numbered General Liability Policy.

GENERAL LIABILITY POLICY

SOMPO JAPAN INSURANCE INC.

THIS IS A CLAIMS-MADE POLICY

DECLARATIONS Policy No. **1234XXXX**

Item 1. Named Insured and Address

KANKI TRADING CO., LTD
1-1-XX NIHONBASHI, CHUO-KU
TOKYO 103-0000, JAPAN （保険契約者）

The Named Insured is: individual☐ partnership☐ corporation☑ joint venture ☐
other ____

Item 2. Policy Period: From **1st APRIL, 20X1** to **1st APRIL, 20X2** （保険期間）
00:01 standard time at the address of the Named Insured as stated herein
Audit Period: Annual,unless otherwise stated ____

Item 3. Applicable Coverage Parts and Endorsements （契約対象となる保険種目の選択）
Coverage Part:
Comprehensive General Liability Insurance ☐
Owners', Landlords' and Tenants' Liability Insurance ☐
Manufacturers' and Contractors' Liability insurance ☐
Products and Completed Operations Liability Insurance ☑ （製造物賠償責任保険）
Contractual Liability Insurance (Designated Contracts only) ☐
Owners' and Contractors' Protective Liability Insurance ☐

Endorsement: （追加条項）
1. Punitive Damages Exclusion 2. Nuclear Energy Liability Exclusion 3. Earthquake Exclusion
4. Asbestos Exclusion 5. Pollution Exclusion( ) 6. Products Recall Exclusion
7. Amendment of Supplementary Payments Provision 8. Claims Made Basis
9. Combined Single Limit 10. Jurisdiction 11. Premium Computation

12. Data Recognition Exclusion

Item 4. Limits of Liability and Premiums

Coverages / Limits of Liability	Except Contractual Liability Insurance		Contractual Liability Insurance	
	A: Bodily Injury	B: Property Damage	Y: Contractual Bodily Injury	Z: Contractual Property Damage
each occurrence				
each person		――		――
aggregate			――	

Coverages / Limits of Liability	Coverages **A&B** （適用範囲）
	Combined Single Limit （限度額）
each occurrence	**US$1,000,000**
aggregate	**US$1,000,000**

Total Advance Premium	**¥XXX,XXX** （保険料）
Minimum Premium	

Item 5. Policy Territory: **Worldwide** （保険適用地域）

クレーム(Claim)と解決方法

クレームの内容により対処方法は異なります。

貿易におけるクレーム

貿易取引ではさまざまなトラブルが発生し、時として相手に対する損害賠償クレームに発展してしまいます。貿易取引のクレームは、運送中に発生した貨物の損傷である運送クレームと、契約不履行に関する貿易クレームに大別されます。なお、些細な問題を取上げて利を得ようとする行為は、マーケットクレームと呼ばれ貿易クレームとは別物とされています。

運送クレームへの対処

運送中に発生した貨物損傷の損害を売手と買手のどちらが負担するかは、貿易取引条件（インコタームズ／ P.54）により取り決められており、運送人に対して賠償請求を行いますが、多くの場合は貨物海上保険により損害額を回収することで解決が図られます。(P.252)

貿易クレームへの対処

貿易クレームは、品質不良、数量不足、到着遅延、代金支払い遅延など、相手方の契約不履行により被る損害への賠償を求める行為です。貿易クレームへの対処方法としては、売買契約の当事者間の合意で解決する和解(Amicable Settlement)、斡旋や調停（Mediation)、公正な第三者に解決案を一任する仲裁（Arbitration)、裁判所に提訴（Lawsuit）して法的手段に訴える訴訟などの対処方法があります。当事者間の話合いでは解決に至らないときは、仲裁か訴訟の選択を行うことになりますが、訴訟になると訴訟内容が公開され、また裁判が長引く可能性があるため、非公開で一審制で処理が行われる仲裁による解決が多く採られています。仲裁による解決を利用するには、売買契約締結時に仲裁条項あるいは仲裁約款を契約条件に挿入しておく方法が一般的です。仲裁条項には、仲裁機関、仲裁規則、仲裁地などのルールを記載します。また、クレーム発生後に仲裁の採用を当事者間で合意する方法もありますが、事後的に両者の合意を得ることに困難が伴う可能性があります。

日本の商事仲裁機関としては、日本商事仲裁協会があげられます。

仲裁条項の例

"All disputes・・・・・shall be finally settled by arbitration・・・・in accordance with the Commercial Arbitration Rules of the Japan Commercial Arbitration Association."

「すべての紛争は、日本商事仲裁協会の商事仲裁規則により最終的に解決されるものとする。」

索引

日本語語句

あ行

アメンド 224
アンペイド 225
委託加工貿易 14
一覧払輸入手形決済相場(ACC) 201
一般貨物賃率 154
インコタームズ 2020 54, 56, 80
インパクトローン 206
インボイス 238
ウイーン売買条約(CISG) 29
売約書 52
運賃支払い条件(定期船) 102
エアウェイビル 158
オープン信用状 222
オープントップコンテナ 88
オープンポリシー 264
オファー 46

か行

外銀アクセプタンス 235
外国為替及び外国貿易法 31, 33, 38
外国為替相場 198
海上運送状 144
外為法 31
回転信用状 223
買取銀行 213
カウンターオファー 46
確定保険 264
確認銀行 222
確認信用状 222
課税価格 186
為替手形 212, 220, 228
為替レート 198
簡易審査 173, 180
関税暫定措置法 31
関税定率法 31
関税評価制度 184
関税法 31
関税率 187
間接貿易 14
カントリーリスク 44, 277
規格売買 48
機器受渡書(EIR) 107, 110
企業総合賠償責任保険 281, 283
期限付手形買相場 201
基本運賃(定期船) 102

基本税率 187
キャッチオール規制 34
キャリアーズパック 94
協定税率 187
共同海損 272
緊急関税 187
グループA 35
クレーム通知書 266, 268
経済連携協定(EPA) 24
ケープサイズ 117
ケーブルネゴ 224
決済条件 49
現金売相場 201
現金買相場 201
原産地証明書 25, 242
原産地・船積規制制度 37
検数 112
現物検査 173, 180
検量 112
航海用船 118
航空運送状 158, 179
航空貨物デリバリーオーダー 164
航空貨物到着案内 163, 178
コールオプション 205
国定税率 187
国連武器禁輸国 35
個人輸入 14
コルレス契約 196
混載貨物 157
コンテナ扱い 174
コンテナシール 90
コンテナ船 84
コンテナ船の船荷証券 104
コンテナターミナル 92
コンテナディテンションチャージ 114
コンテナデマレージ 114
コンテナパッキングリスト(for CLP) 106, 109
コンテナ番号 90
コンテナフレートステーション 92
コンテナヤード 92
梱包明細書 240

さ行

サーチャージ 100, 102, 154
サービスコントラクト 103
サービスの貿易 15
サーベイヤー 267
サーベイレポート 269
最恵国待遇 24
最低料金(航空) 154
在来型貨物船 86
先物為替予約 202
先物相場 198, 202
サレンダードB/L 146
三国間貿易 14
暫定税率 187
直物相場 198
事後調査 185

事前確認品目 37
事前教示制度 185
実行関税率表 187, 189
シッパーズパック 94
シッピングマーク 171
指定地外検査 174, 180
指定保税地域 172
自動車専用船 85
自由貿易協定（FTA） 24
重量証明書 113
受益者 213
仕様書売買 48
譲渡可能信用状 222
書類審査 173, 180
申告納税方式 184
信用状 213, 216, 217, 222
信用状付一覧払輸出手形買相場（ASB） 201
信用状統一規則 214
信用状発行銀行 213, 218, 220
信用調査報告書 44
スイフト 210, 217
数量条件 48
製造物責任（PL） 280
税表番号 188
世界貿易機関（WTO） 22
専用船 84
総揚げ 127, 179
送金決済 210
総合保税地域 172
相殺関税 187

た行

ターミナル・ハンドリング・チャージ 103
代位求償 270
滞船料（不定期船） 123
代理店 16
他所蔵置 174
タリーシート 112
タリフレート 102
タンカー 85
タンクコンテナ 88
ダンレポート 44
チャーターパーティ B/L 125, 141, 143
仲介貿易 14
仲裁 284
直接貿易 14
直載貨物 156
直取り 127, 179
通貨オプション取引 204
通関時確認品目 37
通知銀行 213, 216
定期船 86
停泊期間計算書 131
ディスクレパンシー 224
デバンニング 98
デバンニングレポート 107, 111
電信売相場（TTS） 199, 201

電信送金 …… 199, 210
到着案内書 …… 129, 163
特殊関税 …… 187
特定原産地証明書 …… 25, 244
特定品目賃率(SCR 航空) …… 154
特定輸出申告 …… 174, 191
特例輸入申告 …… 181, 191
ドックレシート …… 106
特恵税率 …… 187
ドライコンテナ …… 88
トランパー …… 116
取消不能信用状 …… 222
取立統一規則(URC522) …… 228

な行

ナックス …… 173, 180
荷為替手形 …… 212
荷印 …… 171
日本版24時間ルール …… 178
荷渡指図書(D/O) …… 126, 129
ネッティング …… 207, 230
ネットワーク・ライアビリティ …… 165
納期限延長制度 …… 181

は行

バースターム …… 120
バーゼル条約 …… 26
売買契約書 …… 50
売約書 …… 50, 52
バイラテラルネッティング …… 230
ハウス・エアウェイビル …… 158
パッキングリスト …… 240
発注書 …… 50
パナマックス …… 117
早出料(不定期船) …… 123
ばら積み船(バルカー) …… 84
バルクローディングシステム …… 153
パレットローディングシステム …… 153
ハンディサイズ …… 117
バンニング …… 97
販売店 …… 16
ハンブルグ・ルール …… 137
引合い …… 46
評価申告 …… 185
標準品売買 …… 48
品質条件 …… 48
品目分類賃率(CCR 航空) …… 154
品目別運賃 …… 102
品目無差別運賃 …… 102
フォーフェイティング …… 233
複合一貫輸送 …… 165
複合運送証券 …… 165, 166
不知文言 …… 104
艀中扱い …… 174, 180
ブッキング …… 96
ブッキング確認書 …… 101
プットオプション …… 205
不定期船サービス …… 116
不当廉売関税 …… 187
船積依頼書(S/I) …… 124, 128, 172, 175

船積確認文言 104
船積指図書 128, 132
船積重量条件 49
船積書類 18
船積品質条件 48
船荷証券（受取式） 140, 142
船荷証券（記名式） 140, 143
船荷証券（故障付） 141, 143
船荷証券（指図式） 140, 142
船荷証券（サレンダード） 146
船荷証券（呈示期限切れ） 141
船荷証券（複合一貫輸送） 141, 165
船荷証券（船積式） 140, 143
船荷証券（無故障） 141, 142
船荷証券（用船契約） 141, 143
フラットラックコンテナ 88
フリータイム 114
プロフォーマインボイス 238
米国向け輸出24時間ルール 171
ヘーグ・ヴィスビールール 137
ヘーグ・ルール 137
ベリースペース 152
貿易取引条件 49
貿易保険 277
包括予定保険 264
報復関税 187
ボートノート 126, 129, 136, 267
保険求償代理人 266
保険証券 263
保証状荷渡し 148
保証状（リマーク消し） 129
保税運送 174, 181
保税工場 172
保税蔵置場 172
保税地域 172
保税展示場 172
ボックスレート 102
ホワイト国 35
本船扱い 174, 180
本邦ローン 234

ま行

マーケティング 42
マスター・エアウェイビル 158
マリー 206
マルチラテラルネッティング 230
メーツレシート 128, 133
モントリオール議定書 26
モントリオール条約 158

や行

輸出FOB保険 274
輸出関係他法令 31
輸出許可通知書 176
輸出承認申請書（E/L） 36
輸出申告 172
輸出入者コード 193
輸出ファクタリング 233
輸出貿易管理令 31, 32
輸送条件 49

ユニフォーム・ライアビリティ …… 165
輸入関係他法令 …… 38
輸入許可通知書 …… 182
輸入許可前引取承認制度 …… 181
輸入公表第一号 …… 37
輸入公表第三号 …… 37
輸入公表第二号 …… 37
輸入承認申請書(I/L) …… 39
輸入申告 …… 180
輸入跳ね返り金融 …… 235
輸入貿易管理令 …… 31, 37
輸入割当制度(IQ) …… 37
用船契約書 …… 128, 130
用船契約船荷証券 …… 125
予定保険 …… 264
予備審査制度 …… 181

ら行

ライナー …… 86
リーズ・アンド・ラグズ …… 204
陸揚重量条件 …… 49
陸揚品質条件 …… 48
リスト規制 …… 34
リストリクト信用状 …… 222
リマーク …… 129, 141
リリースオーダー …… 160
冷凍コンテナ …… 88

わ行

ワシントン条約 …… 27
ワッセナーアレンジメント …… 27
割増運賃 …… 100, 102, 154

英語語句

A

ACCレート …… 199
ACL業務 …… 106
AEO制度 …… 190
AG …… 28
AJCEP …… 24
AMS …… 171
Arrival Notice …… 129
Arrival Notice (Air) …… 163, 178
ASBレート …… 199
ATAカルネ …… 192
AWB …… 158, 179

B

B/E …… 212, 220, 228
Base Rate …… 102
Basic Sale and Purchase Agreement …… 51
Berth Term …… 121
Bills of Lading …… 104
B/L Instruction …… 106, 108
Boat Note …… 126, 129, 136
BP …… 181

BPO 232
BWC 28

C

C.Q.D. 123
C/O 242
C/P 128, 130
Cancelling Date 122
CASH売レート 199
CASH買レート 200
CCR（Air） 154
CFR 76
CFS 92
CFSカット 100
Charter Party B/L 125, 141, 143
CIF 78
CIP 64
CISG 29
Claim Notice 266, 268
Clean B/L 141, 142
CLP 106, 109
CMI統一規則 144
Collect 102
Combined Transport B/L 141, 166
Commodity Rate 102
Consolidation Cargo（Air） 156
Counter Offer 46
Country Risk 44, 277
CPT 62
CSI 171
C-TPAT 171
CWC 28
CY 92
CYカット 100

D

D/A決済 227
D/O 126, 129
D/O（Air） 164
D/P決済 227
D/R 106
DAP 66
DDP 70
Demurrage（Container） 114
Demurrage（Tramper） 123
Despatch Money 123
Detention Charge（Container） 114
Devanning Report 107, 111
Discrepancy 224
DPU 68

E

E/P 176
EIR 107, 110
EPA 24
EPA税率 25
Export License 36
EXW 58

F

FI ……… 121
FIO ……… 121
FO ……… 121
FAK ……… 102
FAS ……… 72
FCA ……… 60
FCL貨物 ……… 94, 96, 98
FOB ……… 74
FOB Attachment ……… 274
Forward Rate ……… 198, 202
Foul B/L ……… 141, 143
FTA ……… 24

G

General Average ……… 272
GATS ……… 15
GATT ……… 22
GCR（AIR） ……… 154

H

HAWB ……… 158
H.S.コード ……… 188

I

I.C.C.（A） ……… 256
I.C.C.（B） ……… 257
I.C.C.（C） ……… 257
Insurance Policy ……… 182, 262
IATA ……… 154
IBP ……… 181
Import License ……… 39
INCOTERMS 2020 ……… 54, 56, 80
Inquiry ……… 46
Invoice ……… 238
IQ品目 ……… 37

J

JASTPRO ……… 193

L

L/C ……… 213, 216
L/C決済 ……… 218
L/G ……… 129
L/Gネゴ ……… 225
Layday Statement ……… 131
Laydays ……… 122
LCL貨物 ……… 94, 97, 99
Liner Service ……… 86
Long Ton ……… 120

M

Mate's Receipt ……… 128, 133
MAWB ……… 158
Measurement ……… 112
Metric Ton ……… 120
Minimum Charge（Air） ……… 154
MFN税率 ……… 25
MTCR ……… 28
Multimodal Transport B/L ……… 141

N

NACCS ………… 173, 194
NEXI ………… 277
NPT ………… 28
N/R ………… 122
NSG ………… 28
NVOCC ………… 165

O

Offer ………… 46
On Board Notation ………… 104
Open Policy ………… 264
Order B/L ………… 140, 142

P

Packing List ………… 240
Prepaid ………… 102
Products Liability ………… 280

R

Received B/L ………… 140, 142
Release Order ………… 160

S

S/I (Shipping Instruction) ………… 124, 128, 172, 175
S/O (Shipping Order) ………… 128, 132
Sales Note ………… 52
SCR (Air) ………… 154
Sea Waybill ………… 144
SHEX ………… 123
SHINC ………… 123
Shipped B/L ………… 140, 143
Shipping Mark ………… 171
Short Ton ………… 120
Spot Rate ………… 198
Stale B/L ………… 141
Straight B/L ………… 140, 143
Straight Cargo (Air) ………… 156
Strikes Clauses ………… 257
Surcharge ………… 102
Surrendered B/L ………… 146
Survey Report ………… 269
SWIFT ………… 210, 217

T

Tally ………… 112
THC ………… 103
Tramper ………… 116
TRIPS ………… 23
TSU ………… 232
TTBレート ………… 199
TTSレート ………… 199

U

UCP600 ………… 214
ULD ………… 153
Unknown Clause ………… 104

V

VISA ……… 248

Voyage Charter ……… 118

W

WA ……… 28

War Clause ……… 257

WTO ……… 22

W.W.D. ……… 123

【著者紹介】

黒岩　章（くろいわ・あきら）

◉――貿易ビジネスコンサルタント。ジェトロ認定貿易アドバイザー（現AIBA認定貿易アドバイザー）。日本貿易学会正会員。

◉――1953年大阪生まれ。1976年神戸大学経済学部卒業、同年に総合商社丸紅株式会社に入社。運輸保険部にて鉄鋼製品、製鋼原料、穀物、肥料、砂糖、機械など多岐にわたる商品の貿易実務を行う。10年間の米国駐在を含む国際ビジネス経験が長く、商社、船会社、保険会社、フォワーダーなど貿易業界に幅広いつながりを持つ。2001年より伊藤忠丸紅鉄鋼株式会社に勤務し、物流保険部長、常勤監査役、コンプライアンス室シニアアドバイザーを経て、2018年同社退社。伊藤忠丸紅鉄鋼グループ企業に加え、国際商業会議所（ICC）日本委員会などにおいて貿易実務セミナーを行っており、わかりやすさで好評を得ている。

◉――著書に『改訂版 はじめての人の貿易入門塾』『改訂版 これならわかる貿易書類入門塾』（いずれも小社刊）がある。

改訂版　貿易実務完全バイブル

2021年9月2日　第1刷発行
2024年11月25日　第2刷発行

著　者――黒岩　章
発行者――齊藤　龍男
発行所――株式会社かんき出版
東京都千代田区麴町4-1-4 西脇ビル　〒102-0083
電話　営業部：03(3262)8011㈹　編集部：03(3262)8012㈹
FAX　03(3234)4421　振替　00100-2-62304
https://kanki-pub.co.jp/
印刷所――ベクトル印刷株式会社

　ISBN978-4-7612-7563-1 C0034